人力资源管理与实践研究

陈 静 牟 锐 张敬科 著

吉林科学技术出版社

图书在版编目（CIP）数据

人力资源管理与实践研究 / 陈静，牟锐，张敬科著
. -- 长春：吉林科学技术出版社，2023.6
ISBN 978-7-5744-0665-0

Ⅰ．①人… Ⅱ．①陈… ②牟… ③张… Ⅲ．①人力资
源管理－研究 Ⅳ．① F243

中国国家版本馆 CIP 数据核字（2023）第 136553 号

人力资源管理与实践研究

著　　　陈 静 牟 锐 张敬科
出 版 人　宛 霞
责任编辑　王天月
封面设计　树人教育
制　　版　树人教育
幅面尺寸　185mm×260mm
开　　本　16
字　　数　300 千字
印　　张　13.75
印　　数　1–1500 册
版　　次　2023年6月第1版
印　　次　2024年2月第1次印刷

出　　版　吉林科学技术出版社
发　　行　吉林科学技术出版社
地　　址　长春市福祉大路5788号
邮　　编　130118
发行部电话/传真　0431-81629529 81629530 81629531
　　　　　　　　　81629532 81629533 81629534
储运部电话　0431-86059116
编辑部电话　0431-81629518
印　　刷　三河市嵩川印刷有限公司

书　　号　ISBN 978-7-5744-0665-0
定　　价　85.00元

前　　言

随着信息时代的到来，当今社会的经济发展观念不断转变，逐渐倡导以人为本，把人作为社会发展的基础和前提。因此，如何充分发挥人力资源的优势，实现管理方式的创新，提高管理质量，为社会提供服务，已经成为当下人们关注的问题之一。本书先介绍了传统人事管理与现代人力资源管理的概念，再分析了两者的异同。

随着现代社会经济的快速发展，社会间企业的竞争也变得非常激烈，而企业的管理者为了能够在激烈的市场竞争中寻求稳定的发展，必须提高自身的管理水平。因此，必须要建立起一个完善的现代化企业管理制度，这其中关于人力资源管理制度的创新可以说最为重要，因为企业的发展需要更多优秀人才的支持，只有创新人力资源管理制度才能够帮助企业留住人才和培养人才，从而为企业的稳定发展提供强力保证。

人力资源管理创新有助于提高企业的竞争力。现代企业的竞争就是企业之间的人才竞争，并且随着企业的不断发展，人才在企业发展中的重要作用也越来越明显。因此，如何帮助企业掌握核心人才，对企业的长远发展有着非常重要的影响。一个完善的企业人力资源管理方法有利于帮助企业激发员工的工作积极性，能够使人才主动发挥自身的优秀才能，为企业的发展创造更多的经济价值，从而帮助企业提高在同行中的社会竞争力。

人力资源管理创新有助于打造企业优秀人才团队。企业人力资源管理创新，能够有助于企业自身团队建设，这是企业发展与企业管理水平提升的一个重要保障，因为通过不断的进行人力资源管理创新，能够增强企业自身管理团队的凝聚力，还能够提高企业管理者的管理水平。因此，为了能够使企业实现更加稳定的发展，就必须加强企业人力资源管理制度的创新与完善，通过建立一个完善的人才激励管理机制，帮助企业吸引人才，留住人才，从而更好地为企业创造价值。

由于笔者学识有限，撰写时间仓促，书中不足之处在所难免，恳请各位读者、专家不吝赐教。

目　录

第一章　人力资源管理概述

第一节　人力资源管理的基本概念

一、人力资源的概念与特征

资源泛指社会财富的源泉，是能给人带来新的使用价值和价值的客观存在物，在管理中，"人、财、物"中的"人"即人力资源。现代管理科学普遍认为，经营好企业需要四大资源：人力资源、经济资源、物质资源、信息资源。而这四大资源中，人力资源是最重要的资源。它是生产活动中最活跃的因素，被经济学家称为第一资源。

（一）人力资源的概念

人力资源的观点起源于20世纪60年代。人力资源是与自然资源或物质资源相对的概念，是指一定范围内人口总体所具有的劳动能力的总和，是指一定范围内具有为社会创造物质和精神财富、从事体力劳动和智力劳动的人们的总称。

对这一概念进行进一步解释：

①人力资源是以人为载体的资源，是指具有智力劳动能力或体力劳动能力的人们的总和。

②人力资源是指一个国家或地区有劳动能力的人口总和。

③人力资源与其他资源一样也具有物质性、可用性、有限性、归属性。

④人力资源既包括拥有成员数量的多少，也包括拥有成员的质量高低。它是存在于人体中以体能、知识、技能、能力、个性行为等特征为具体表现的经济资源。

（二）人力资源的特征

1. 开发对象的能动性

人力资源在经济活动中是居于主导地位的能动性资源，这与自然资源在开发过程中的被动地位截然相反。劳动者总是有目的、有计划地运用自己的劳动能力，能主动调节与外部的关系，具有目的性、主观能动性和社会意识性。劳动者按照在劳动过程开始之前已确定的目的，积极、主动、创造性地进行活动。能动性也是人力资源创造性的体现。

2. 生产过程的时代性

人是构成人类社会活动的基本前提。不同的时代对人才需求的特点不同，在其形成的过程中会受到外界环境的影响，从而造就不同时代特点的人力资源。例如，战争时代需要大量的军事人才，而和平年代需要各种类型的经济建设和社会发展方面的人才。

3. 使用过程的时效性

人力资源的形成、开发、使用都具有时间方面的制约性。作为人力资源，人能够从事劳动的自然时间又被限定在其生命周期的中间一段，不同的年龄阶段，劳动能力各不相同。无论哪类人，都有其最佳年龄阶段和才能发挥的最佳期。所以，开发和利用人力资源要讲究及时性，以免造成浪费。

4. 开发过程的持续性

物质资源一次开发形成最终产品后，一般不需要持续开发。人力资源则不同，需要多次开发，多次使用。知识经济时代，科技发展日新月异，知识更新速度非常快，人力资源一次获取的知识能量不能够维持整个使用过程，需要不断地积累经验，通过不断学习，更新自己的知识，提高技能，增强自我能力。这就要求人力资源的开发与管理要注重终身教育，加强后期培训与开发，不断提高其知识水平。因此，人力资源开发必须持续进行。

5. 闲置过程的消耗性

人力资源具有两重性，它既是价值的创造者，又是资源的消耗者。人力资源需要维持生命必不可少的消耗，同时具有使用过程的时效性。资源闲置，无论对组织还是对个体都是一种浪费。

6. 组织过程的社会性

人力资源活动是在特定社会组织中的群体活动。在现代社会中，在高度社会化大生产的条件下，个体要通过一定的群体来发挥作用，合理的群体组织结构有助于个体的成长及高效地发挥作用，不合理的群体组织结构则会对个体构成压力。人力资源的形成、使用与开发受社会因素的影响，包括历史、文化、教育等多方面。这就对人力资源管理提出了要求：既要注重人与人、人与团体、人与社会的关系协调，又要注重组织中团队建设的重要性。

二、人力资源管理的概念与特点

（一）人力资源管理的概念

人力资源管理是对人力资源的获取、使用、保持、开发、评价与激励等方面进行的全过程管理活动，通过协调人与事的关系，处理人与人的矛盾，充分发挥人的潜能，使人尽其才、物尽其用、人事相宜，从而达到人力资源价值的充分发挥，以实现组织的目标和个人的需要。对于概念的进一步理解：

①人力资源管理包括对人力资源进行量的管理和质的管理两方面。一方面，通过获取与整合，满足组织对人员数量的要求；另一方面，通过对人的思想、心理和行为进行有效管理，充分发挥人的主观能动性，以达到组织目标。

②人力资源管理要做到人事相宜。即根据人力和物力及其变化，对人力资源进行招聘、培训、组织和协调，使两者经常保持最佳比例和有机结合，使人和物都发挥出最佳效益。

③人力资源管理的基本职能包括获取、整合、激励、调控和开发，通过这一过程完成求才、用才、育才、激才、护才、留才的整个管理过程，这也是人力资源管理的六大基本任务。

（二）人力资源管理的特点

人力资源管理是一门科学，它具有以下特点：

1. 人力资源管理是一门综合性的科学

人力资源管理的主要目的是指导管理实践活动。而当代的人力资源管理活动影响因素较多、内容复杂，仅掌握一门知识是不够的。它综合了经济学、社会学、人类学、心理学、统计学、管理学等多个学科，涉及经济、政治、文化、组织、心理、生理、民族、地缘等多种因素。只有综合性的人力资源管理措施才能实现一个企业或组织健康、持久的发展。

2. 人力资源管理是一门实践性很强的科学

人力资源管理是通过对众多的管理实践活动进行深入的分析、探讨、总结，并在此基础上形成理论的科学，而产生的理论直接为管理实践活动提供指导，并且接受实践的检验。

3. 人力资源管理是具有社会性的科学

人力资源管理是一门具有社会性的科学，其内容和特点受社会文化、历史、制度、民族等社会因素的影响。所以，对人力资源进行管理，必须考虑到人力资源所处的社会环境。不同社会环境中的人力资源管理活动有着不同的规律，形成的管理理论也有其自身的特殊性。

4. 人力资源管理是具有发展性的科学

人力资源管理处于不断发展完善的过程当中，有些内容还要进行修改，还需要一个不断深入的认识过程，使之能够更有效地指导实践。人力资源管理的发展到目前为止经历了手工业制造、科学管理理论、人际关系运动、行为科学和学习型组织这五个阶段。

三、人力资源管理的基本职能

人力资源管理的基本职能有以下几个方面：

（一）获取

人力资源管理根据组织目标确定所需的人员条件，通过规划、招聘、考试、测评、选拔，获取组织所需的人力资源。获取是人力资源管理工作的第一步，是后面四种职能得以实现的基础。其主要包括人力资源规划、职务分析、员工招聘和录用。

（二）整合

整合是使被招收的员工了解企业的宗旨和价值观，使之内化为自己的价值观。通过企业文化、信息沟通、人际关系和谐、矛盾冲突的化解等有效整合，使企业内部的个体目标、行为、态度趋向企业的要求和理念，使之形成高度的合作和协调，发挥集体优势，提高企业的生产力和效益。

（三）激励

激励是指给予为组织做出贡献的员工奖酬的过程，是人力资源管理的核心。根据对员工工作绩效进行考评的结果，公平地向员工提供与他们各自的贡献相称的合理的工资、奖励和福利。设置这项基本职能的根本目的在于增强员工的满意感，提高其劳动积极性和劳动生产率，进而提高组织的绩效。

（四）调控

这是对员工实施合理、公平的动态管理的过程，是人力资源管理的控制与调整职能。它包括：

①科学、合理的员工绩效考评与素质评估。

②以考绩与评估结果为依据，对员工采用动态管理，如晋升、调动、奖惩、离退、解雇等。

（五）开发

这是人力资源开发与管理的重要职能。人力资源开发是指对组织内员工素质与技能的培养与提高，是提高员工能力的重要手段。它包括组织和个人开发计划的制订、新员工的工作引导和业务培训、员工职业生涯的设计、继续教育、员工的有效使用及工作丰富化等。

四、人力资源管理的目标与意义

（一）人力资源管理的目标

人力资源管理目标是指企业人力资源管理需要完成的职责和需要达到的绩效。人力资源管理既要考虑组织目标的实现，又要考虑员工个人的发展，强调在实现组织目标的同时实现个人的全面发展。

1. 改善工作生活质量，满足员工需要

工作生活质量可以被描述为一系列的组织条件和员工工作后产生的安全感、满意度及自我成就感的综合，它描述了工作的客观态度和员工的主观需求。良好的工作生活质量能够使工作中的员工产生生理和心理健康的感觉，从而有效地提高工作效率。

2. 提高劳动生产率，获得理想的经济效益

劳动生产率、工作生活质量和企业经济效益三者之间存在着密切的联系。从人力资源管理的角度讲，提高劳动生产率是要让人们更加高效而不是更加辛苦地工作。人力资源管理能够有效地提高和改善员工的生活质量，为员工提供一个良好的工作环境，以此降低员工流动率。通过培训等方法，实现人力资源的精干和高效，提高潜在的劳动生产率，从而获得理想的经济效益。

3. 培养全面发展的人才，获取竞争优势

随着经济全球化和知识经济时代的到来，人力资源日益成为企业竞争优势的基础，大家都把培养高素质、全面发展的人才当作首要任务。通过对人力资源的教育与培训、文化塑造，可以有效地提高人力资源核心能力的价值，获取竞争优势。

（二）人力资源管理的意义

随着知识经济时代的到来，人在组织发展和提高竞争力方面的作用也越来越重要，因而人力资源管理的意义就凸显出来，具体表现如下：

1. 有利于促进生产经营的顺利进行

企业拥有三大资源，即人力资源、物质资源和财力资源，而物质资源和财力资源的利用是通过与人力资源的结合实现的，即人力资源是企业劳动生产力的重要组成部分。只有通过合理组织劳动力，不断协调劳动对象之间的关系，才能充分利用现有的生产资料和劳动力资源，使它们在生产经营过程中最大限度地发挥其作用，形成最优配置，保证生产经营活动顺利地进行。

2. 有利于调动企业员工的积极性，提高劳动生产率

企业必须善于处理好物质奖励、行为激励及思想教育工作三方面的关系，使企业员

工始终保持旺盛的工作热情，充分发挥自己的专长，努力学习技术和钻研业务，不断改进工作，从而达到提高劳动生产率的目的。

3. 有利于减少不必要的劳动耗费

经济效益是指经济活动中的成本与收益的比较。减少劳动耗费的过程，就是提高经济效益的过程。所以，合理组织劳动力，科学配置人力资源，可以促使企业以最小的劳动消耗取得最大的经济成果。

4. 有利于企业实现科学管理

科学而规范的企业管理制度是现代企业良性运转的重要保证，而人力资源管理又是企业管理中最为关键的部分。如果一个企业缺乏优秀的管理者和优秀的员工，企业即使拥有再先进的设备和技术，也无法发挥效果。因此，通过有效的人力资源管理，加强对企业人力资源的开发和利用，做好员工的培训教育工作，是企业实现科学管理和现代管理的重要环节。

5. 有利于建立和加强企业文化建设

企业文化是企业发展的凝聚剂和催化剂，对员工具有导向、凝聚和激励作用。优秀的企业文化可以增进企业员工的团结和友爱，减少教育和培训经费，降低管理成本和运营风险，并最终使企业获得巨额利润。

五、现代人力资源管理与传统人事管理的区别

现代人力资源管理是由传统的人事管理发展进化而来的，但前者较后者的范围更广、内容更多、层次更高。其具体区别如下：

（一）产生的时代背景不同

人事管理起源于第一次世界大战期间，是随着社会工业化的出现与发展应运而生的。而人力资源管理是在社会工业化迅猛发展，科学技术高度发达，人文精神日益高涨，竞争与合作不断加强，特别是社会经济有了质的飞跃的历史条件下产生和发展起来的。

（二）对人的认识不同

传统人事管理将人视为等同于物质资源的成本，将人的劳动看作一种在组织生产过程中的消耗，把人当作一种工具，注重的是投入使用和控制。即人事管理主要关注如何降低人力成本，正确地选拔人，提高人员的使用效率和生产效率，避免人力成本的增加。

而人力资源管理把人视为组织的第一资源，将人看作"资本"。这种资本通过有效的管理和开发可以创造更高的价值，它能够为组织带来长期的利益。因此，现代人力资源管理更注重对人力的保护和开发。

（三）基本职能不同

传统人事管理基本上属于行政事务性的工作，其职能是具体的、技术性的事务管理职能，活动范围有限，短期导向，主要由人事部门职工执行，很少涉及企业高层战略决策。而人力资源管理的职能具有较强的系统性、战略性和时间的长远性。为实现组织目标，建立一个人力资源规划、开发、利用与管理的系统，可以提高组织的竞争能力。因而，现代人力资源管理与传统人事管理的最根本区别在于，现代人力资源管理具有主动性、战略性、整体性和未来性，更适合当今全球经济一体化的组织管理模式与发展趋势。

宝洁公司——员工能力与责任感是构成企业知识资源的基本动力。

美国宝洁公司是一家传统企业，已有 60 年的历史。进入新经济时代，宝洁公司运用新经济和新科技思想，激发员工的责任感与创造力，突出企业"人本资源"基本动力的再造与重塑，从而大大加快了企业科技创新与品牌创新进程。据悉，宝洁公司平均每年申请创新产品与技术专利近万项，成为全世界日用消费品生产中产品开发创新最多的公司。宝洁公司进入中国市场后，组成庞大的消费市场调查队伍，调动员工的工作热情，深入全国各地的大中城市家庭进行广泛调研。10 多年来，已创出海飞丝、玉兰油、飘柔等具有中国特色名字的知名品牌 7 个，这些产品与品牌在中国洗涤产品市场一直居于领先地位，在中国消费者中的信誉度和知晓度极高。

美国著名经济学家戴夫·尤里奇的最新理论，把知识资本简化为数学公式：知识资本＝能力 × 热情（责任感）。这一理论认为，能力强热情低的企业拥有天赋，但没有完成其任务的工作人员；而热情高能力低的企业拥有缺乏教育但很快能完成任务的工作人员。能力值或热情值低，都会导致总的知识本值明显下降，这两种情况都是危险的。宝洁公司的做法正是将知识资源开发利用战略目标锁定在创新人才及其创新能力、创新"热情"等无形资产拥有上，以最大限度地获取知识创新及开拓和占有市场的主导能力。近年来，美国企业除了突出人才等"知识经营"外，都高度重视挖掘员工"热情"这一无形的知识资本，以加速技术创新与资本增值。例如，提出"全面顾客关系协调"的观点，将企业员工纳入内部"顾客关系协调"内容，纷纷营造"维系人心环境"，充分尊重员工的自主创造性，激发创新热情；兴起"员工充电，老板出钱"浪潮，亮出"能力再造"新招，为企业技术创新不断注入活力。

当今经济已步入新经济时代，知识、智力、无形资产无所不在，知识成为经济诸要素中的决定要素，成为最重要的社会力量，决定社会和经济发展的前途和命运。面对新经济挑战，宝洁公司把掌握和运用知识的人才视为企业成功之本，重视员工能力与责任意识的培养，从过去的重视资本积累扩张转向重视人才和智能资本扩张管理，以拥有大量人才，拥有大量现代知识资本，创新管理理念，而成为市场竞争发展中的强者。

第二节　人力资源及其开发与管理

一、人力资源的地位和作用

对于所有组织来说，要实现组织目标，必须有人力资源、物力资源、财力资源和信息资源的投入。在这四种资源中，人力资源是最重要的资源，也是最关键的因素。原因是：

1.对于大多数的组织来说，人力资源的费用是该组织所提供的产品或服务中的主要成本。据统计，在化工和石油企业中，劳动力（人力）成本占总成本的25%～30%。而在一些脑力劳动力集中的组织机构中，如在科研和咨询服务型企业中，劳动力的费用占总成本的75%～85%。

2.人力资源是影响一个组织工作成绩和效果的决定性的关键因素。人操纵机器，人设计新产品，人提供各种相关的服务，人还决定组织的目标和经营策略。任何一个组织，没有必备的人力资源，没有人力资源同其他资源的有效结合，要实现组织目标是根本不可能的。

3.最重要的是人的创造力、潜能的发挥是无限的。它建立在包括管理、自身素质、目标激励、群体和组织影响等各种因素的交叉作用基础之上。人的这种潜能一旦转化成现实生产力，则成为企业最宝贵的财富。这是其他资源的价值所不可比拟的，这是我们对现代人力资源地位认识的前提。

二、人力资源管理的范围及目标

（一）人力资源管理的范围

大多数学者主张，现代企业人力资源管理的范围应包含以下几个方面：组织设计和组织发展与变革，工作分析与任职人员的条件，人力资源的计划配置与管理，人力资源与人力的招聘、考试、挑选、录用，工作绩效的考核与评价，工作职务的调动与提升，人员的教育、培训和开发，激励和奖惩制度，协调和处理劳资关系，工资薪金和福利，职业安全与卫生，退休抚恤和保险，人事资料的建立和运用，人事机构与人事人员的设置及工作态度的规定等。按比较通俗的提法把以上管理的范围概括为以下四方面：

1.求才

求才也就是企业吸引和寻求优秀人力资源，通过招聘考试加以选拔，并为之安排最合适的职务和职位。

2. 用才

获得人才后，企业就应当合理地使用人才，要通过工作分析、职位分类、绩效考核、职位调动和提升，根据每个人的个性、性格、气质、能力特点，扬长避短，恰当地分配工作，充分发挥人才的优点。

3. 育才

人才往往需要通过教育培训以进一步开发其潜力，企业通过提高人才的综合素质，结合组织目标发挥人才更大的作用。

4. 留才

通过求才、用才、育才之后，企业还要珍惜人才，想方设法留住人才，建立良好的工作环境，使之长期发挥作用。这与激励奖惩、人员流动、工资福利、职位的调任和提升、协调人际关系等均有密切的关系。

（二）人力资源管理的目标

以企业组织为主要领域的现代人力资源管理的工作目标，主要有以下四个方面：

1. 经济目标

通过人与事的恰当配合，使人尽其才、事得其人，以最少最优的人力投入，获得最大的工作成绩与效益的产出，使企业的生产力得到发展，利润得到提高。

2. 社会目标

要建立和谐的人际关系，使雇主与雇员之间关系合理、得失与共，能够和谐相处、共同努力；也要使企业与社会和国家之间的关系在协调一致的基础上，为社会不断做出积极的贡献；同时，企业人才即为社会人才，企业人力资源素质的提高，也是社会人力资源素质提高的基础。

3. 个人目标

要得到合理的待遇和个人的自身发展，是每个人的愿望。企业通过不断改善工作环境，提高职工工作和生活的质量，以消除职工身心不适和各种不良遭遇的影响，做到使职工个人获得稳定与合理的报酬和进一步发展的机会，让个人的理想、抱负、才能、知识和经验，都能得到充分的发挥和运用。

4. 技术目标

科技进步要求社会和企业每个成员提高业务水平。用科学的方法，解决组织中的人与事的问题，使人事管理的技能方法更为标准化、合理化和效率化。这不仅对企业有利，还对社会有利。

三、人力资源的开发与优化

人力资源开发与优化（Human Resource Development and Optimization）是 20 世纪 70 年代以来逐渐被广泛使用的一个新概念，它立足于更好地使用人的能力和不断激发人的潜能，从而提高人的整体价值。目前西方国家许多公司纷纷成立由最高主管部门参与的人力资源开发中心，或把"人事部门"改作"人力资源开发与管理部门"，以紧密结合生产经营管理活动来培育人才和用好人才。人力资源开发是一种把人力当作一种财富的价值观。开发的内涵则在于发掘人的潜能和提高人的素质与能力。这种理念和思路主张通过一系列的方法和途径来系统地开发人的潜在能力，从而更有效地实现组织和个人的目标。因为认识到"人"是一种可开发，也必须开发的"资源"，就必须改变过去人事部门只是消极地"管住人"的局面。现在企业认识到必须对人进行培训教育和开发，才能使人不断适应新的环境和目标要求，提高和发挥人的价值。在新技术革命时代，只有充分认识这一点，我们才能在激烈的竞争中，使事业长盛不衰并不断发展。人力资源开发和人力资源管理是同一范畴内的两个概念，彼此各有侧重。一般来说，人力资源开发是比较重视员工内在素质和潜能的提高，强调重视个人内在的个性特征和包括知识结构、观念、气质、能力等在内的综合素质在组织的目标和活动的发展中得到发展。而人力资源管理则比较强调外在组织的需要，把人作为资源进行配置和使用。更进一步地说，组织的成长发展、企业的兴旺发达需要具备有效的员工个人能力开发的机制，使事得其人、人尽其才、才尽其用，这就是人力资源开发的真正含义。人有人的价值。所谓人的价值就是指人的知识技术、潜力及能力在一定组织条件下的实现程度。每个人的个性、性格、能力、气质是不同的，也就是各有所长和所短，若一个企业的管理者和领导者能善于组合应用各人之所长，使他们在各展所长的同时，形成配合默契的协作，则每个人的能力和整个组织的工作效率和效益就能超越简单相加的结果，而产生一种价值量的创造性提升。

此外，在实现组织目标的过程中，采取积极的措施，使人与人、人与工作、人与组织之间相互一致，突出发挥优势互补、扬长避短的群体优化机制的作用，则能使企业人力资源的效能趋向于最佳利用状态。同时，不断引进高质量的人才和经常性地提高现有人力资源综合素质是人力资源开发与优化的一个重要方面。

总之，企业的人力资源管理、开发和优化是一个相辅相成、积极互动的机制。现代社会中，一个企业的兴衰成败，往往取决于这一机制是否能依托企业组织的系统功能和管理的职能而始终处于良好运行状态。

第三节　人力资源管理理念的演进

一、传统的人事管理阶段的特点

由于生产力发展相对落后、劳动力价格低廉，又缺乏系统的管理理论指导，企业在因袭管理时期，对人的管理主要集中于活劳动消耗的控制。因此，在管理理念上体现出以下特点：

（一）因人定酬，随机增薪

1. 把工作年限、个人资格和经历作为确定和增加工资薪金的依据

企业首先考虑员工所担任的工作与其所应具有的资格相适应，从而确定基础工资和薪金，并按工作年限、资历和企业盈利状况而增加工资报酬。传统人事管理者认为，员工工作年限越长、资历越久，知识经验就越丰富，对企业贡献也就越大，则其本事、地位和身份就更应受重视。

2. 企业以工作态度与同雇主的关系作为提升职务的依据

员工职务的提升主要看为雇主卖力的程度及年头的长短，论资排辈。这样使人只安于死守，不多考虑改革和创新，从而影响工作的效率和竞争性组织目标的实现。

（二）少有规章，人治为主

1. 人事管理随意化

企业一切人事管理均以雇主好恶、亲疏作为依据。雇主及其幕僚、工头集制定规矩与执行章法于一身，"言出法随"，使规矩偏向于任意和僵化两个极端。

2. 把人等同于其他资源，"见物不见人"

对人的管理侧重于指挥和监督。

3. 不重视研究人、关心人的需要

人是活的，是有思想、有感情、有需求的，他们的思想、感情、需求也会随着主客观环境的改变而有所变化，再加上各人有其个性、性格、气质、能力方面的差异，因此，企业单纯以繁多、详尽、僵死的法规来处理和解决活的人事问题，是不可能真正取得理想效果的。

（三）纯粹的雇佣关系，缺乏长期眼光

1. 特别强调按劳务市场规则来处理人事问题，假如程序上未做规定的，而实际需要的事也不能办，这样就会严重影响工作实效。

2. 忽视人的培养和能力开发，"养成"方式仅局限于师徒之间的"传、帮、带"。

3. 注重消极防御，把人事管理工作的重心放在专门处理威胁工作顺利进行的"头痛问题"上，制定各种防范性消极行为的规定，缺乏启发人们产生积极行为的措施。

4. 重罚轻奖，致使职工怕受罚而不愿和不敢做没有充分把握的事，缺乏创造性，墨守成规。

5. 多限制、少激励。对职工的行为，多以法规加以严格的限制，缺少必要的激励措施，致使职工对工作都处于消极被动状态。

二、科学管理的人事管理阶段的特点

19世纪末20世纪初，由于社会生产力的发展，机械的广泛应用和动力的改进，使过去许多由人工操作的工作逐步改由机器来代替，因此，企业不仅在生产速度上大大加快，还可以昼夜连续运转，这样就使人的劳动效率得到了极大提高。企业产品急剧增加，为了获取利润就必须把产品迅速销售出去，所以这又加剧了企业间的激烈竞争。为在销售竞争中取胜，企业则需设法降低产品销售价格；为降低售价企业更需要先降低产品成本，而要降低成本又需先提高工作效率。科学管理就在这种背景下产生，并以提高效率为其核心。科学管理的技术与方法，不但在工厂企业中推行，而且引入机关、学校、医院等其他各类组织中应用。科学管理阶段的人事管理的主要特点如下：

（一）制定科学的组织原则

在组织内部，企业根据工作性质、产品种类、工作程序、人员对象和地区范围的相同性及相近性，来划分部门和业务工作单位；根据管理幅度原理和控制的有效性来划分组织的不同等级层次，形成相对稳定的、等级森严的金字塔式的组织结构。

（二）重视工作效率和人力配置问题

1. 实现工作的高度专业化

通过动作研究和时间研究，人事管理人员把工作分解为许多简单的专业化操作的动作和程序，每个工人所掌握的工作方法简单化，熟练程度大大提高，避免了不必要的人力、时间的浪费。最为典型的是流水生产线。

2. 建立工作考核标准

管理人员对所属的职工在工作上应达到的要求，用书面条款加以规定，并作为考核和衡量工作绩效的依据。

3. 设立工作评价标准

管理人员规定操作程序与定额方法，用来评定员工工作的难易程度及对组织贡献的大小，并根据评定的结果制定岗位工作应具备的条件及应支付的工资薪金的高低。

（三）改进报酬制度，体现了"奖勤罚懒"的"胡萝卜加大棒"政策

1. 计时工资制

按工作时间的长短给予工资和薪酬，并分为年薪制、月薪制、周薪制、日薪制。

2. 计件工资制

根据所完成的工作件数多少，支付工资。

3. 职务工资制

根据处理工作所需知识技能、工作繁简难易程度，制定工资标准。

4. 奖励工资制

根据工作效率的高低和超额劳动的实绩分别支付具有等级差异的奖励性报酬。

（四）开始注重对职工的工作业务培训

通过实验，总结出一套科学的操作方法与程序，对职工进行培训，并普遍推广，改进管理者与职工的合作方式以提高工作效率。但是，科学管理并未把人力资源的地位提升到超越其他资源的层面，从而聚集于发掘其内在的动力。在今天看来，其作业导向式管理理念，在对待人的问题上存在明显的不足。

三、现代人力资源管理阶段的特点

（一）人事管理的领域进一步扩大，由人事管理传统的狭隘内涵延伸到整个社会环境

以往的人事管理的研究范围多限于人事业务本身，所以其视野和思路是有限的、封闭的、与外界隔绝的，这导致人事问题治标不治本。现代系统论的观点认为人事管理工作与社会环境有密切关系，要真正解决人事方面存在的问题，必须同时考虑与人事问题和企业目标相关的其他因素。过去的人力资源管理思想把人事工作总看作静态的、孤立的，因此把人事制度看作固定不变的，以不变的制度来对付变化着的环境，其效果和负面影响是可想而知的。自系统理论和权变理论形成以来，特别是在对人的价值观念进一步更新的情况下，动态的人力资源管理思想渐趋成熟。这一思想明确人事管理会影响到其他因素，而其他因素也会影响到人事管理。由于其他因素经常变化，因而处理人事工作的程序方法及原则，也需要随之经常修正和调整。

（二）强调组织的开放性与适应性

重视同社会的交流和联系。现代系统理论认为，组织是社会系统的一部分，它与社会系统结合在一起相互依赖、不断交流、密不可分。所以，组织已从封闭走向开放。组

织本身又自成一个具有整体性和目标性的系统，并由四个分系统所组成，即输入分系统（如从组织的外部环境——社会大系统中取得原材料和人力）、技术分系统也叫转化分系统（把原材料加工制成产品）、输出分系统（把加工成的产品输出给社会）、知识和信息分系统（包括处理工作的各种知识和信息）。同时，任何组织都更为重视环境因素。所谓环境，包括政治、经济、文化、人员、技术等因素，此种环境因素不但是经常变化的，而且对组织有很大影响，所以组织为求得生存和发展，就必须适应变化的环境而不断变革和发展自己的系统。现代管理强调组织的灵活性。所谓组织的灵活性，是指组织目标和组织结构要根据情况的变化而进行调整，组织内部的部门和等级的划分、集权和分权、人员的编制和定额等，都应随着目标的改变而不断修改和调整。这种组织的开放性、适应性和灵活性的观念，较之传统的、科学管理的人事管理阶段，已有很大转变。

（三）人事管理人员的专业化程度不断提高

人事管理从原来的执行性职能拓展到决策咨询、系统规划、战略研究和科学评价等多元职能，人事管理人员绝不是"办事认真者就能胜任得了"的，因而就要求管理人员素质不断提高，并向专业化方向发展。只有这样，人事管理人员才能胜任不断发展的现代人力资源管理的艰巨任务。

（四）人事管理的技术与方法的现代化

1. 从定性分析到定量分析

以往的人事管理，一般只进行定性分析，凭领导人和管理者的智慧经验做判断；忽视定量分析，致使所做的判断较为主观。在人员的选拔和人事的决策方面，定性分析和定量分析相结合，不仅可避免管理人员的主观片面性，同时也为考核、检验决策的成效提供客观、切实的标准。

2. 系统模型管理

以系统模型来表示各变量之间的关系，以现代管理规范和准则管理人事档案资源。

3. 应用计算机和现代高新技术

计算机应用于人事管理有四个特点：第一，计算机能做快速的计算与可靠的计算，只要数学模型是正确的，计算结果一定正确；第二，计算机能将大量的数据资料存储在体积很小的磁盘中；第三，计算机能从存储的资料中迅速检索所需资料；第四，计算机利用先进的软件可以迅速形成精确的方案以供决策，大大提高管理效能。计算机应用于人事管理使人事管理工作从手段到理念视野都进入了一个崭新阶段。

不难预料，随着 21 世纪科技进步和管理水平的提高，能紧跟知识经济时代潮流的企业必然在人事管理领域有更新、更大的发展。

第四节 人力资源的基本内容体系

人力资源管理是指企业的一系列人力资源政策及相应的管理活动。这些活动主要包括企业人力资源战略的制定、员工的招募与选拔、培训与开发、绩效管理、薪酬管理、员工流动管理、员工关系管理、员工安全与健康管理等，即企业运用现代管理方法，对人力资源的获取（选人）、开发（育人）、保留（留人）和使用（用人）等方面所进行的计划、组织、指挥、控制和协调等一系列活动，最终达到企业发展目标的一种管理行为。人力资源管理基本内容包括以下几方面：

1. 人力资源战略与规划

把企业人力资源战略转化为中长期目标、计划和政策措施，包括对人力资源现状分析、未来人员供需预测与平衡，确保企业在需要时能获得所需要的人力资源（包括数量和质量两个方面）。

2. 工作分析与设计

对企业各个工作职位的性质、结构、责任、流程，以及胜任该职位工作人员的素质、知识、技能等，在调查分析所获取相关信息的基础上，编写出职务说明书和岗位规范等人事管理文件。工作分析是人力资源各项工作的基础，工作分析的信息被用来规划和协调几乎所有的人力资源活动。

3. 员工招聘与录用

根据人力资源规划和工作分析的要求，为企业招聘、选拔所需要的人力资源并录用、安排到一定岗位上。

4. 员工培训与开发

通过培训提高员工个人、群体和整个企业的知识、能力、工作态度和工作绩效，进一步开发员工的智力潜能，以增强人力资源的贡献率，改进组织的绩效。

5. 绩效管理

对员工在一定时间内对企业的贡献和工作中取得的绩效进行考核和评价，及时做出反馈，以便提高和改善员工的工作绩效，并为员工培训、晋升、提薪等决策提供依据。

6. 薪酬管理

薪酬管理包括对基本薪酬、绩效薪酬、奖金、津贴及福利等薪酬结构的设计与管理，以激励员工更加努力地为企业工作。

7. 劳动关系管理

协调和改善企业与员工之间的劳动关系，进行企业文化建设，营造和谐的劳动关系和良好的工作氛围，保障企业经营活动的正常开展。

8. 国际人力资源管理

21 世纪的企业将面向全球经营与竞争，要获得其竞争优势，企业的人力资源管理工作也必须面对全球化，即在跨国经营环境下，掌握跨国文化下企业的人力资源管理问题，掌握影响国际人力资源的环境因素及国际企业人力资源开发与管理的过程。

9. 人力资源研究

企业要实现战略目标，管理者必须重视对人力资源管理工作的研究，即通过对企业人力资源管理者诸环节的运行、实施的实际状况、制度建设和管理效果进行调查评估，分析和查找企业人力资源管理工作的性质、特点和存在的问题，提出合理化的改革方案，使员工的积极性和创造性被充分调动起来。

第二章 人力资源管理的基本理论

本章主要论述人力资源管理的哲学和原理，"人"与"事"的矛盾规律以及如何运用这些理论做好人力资源管理工作，培养员工献身精神等问题。

第一节 人力资源管理的哲学

人的行为总是部分地建立在他个人所做的一些基本假设基础之上的，对于人力资源管理者来说，也是如此。

管理者对员工的一些基本假设，如他们是否值得信任、他们是否不喜欢工作、他们是否具有创造性、他们为什么以那样的方式做事、如何对待他们等，构成了管理者的人力资源假设。每一个管理者所做的每一项有针对性的人事决策，都反映出其人力资源管理的哲学。

这种哲学一部分是先天的，另一部分是后天形成的。一个人从开始工作就有某种管理哲学，它是建立在某个人的经历、教育以及其他一些背景情况基础之上的。但是这种哲学并不是固若顽石，而是随着一个人知识和经验的积累，不断发生变化的。

一、X 理论和 Y 理论

道格拉斯·麦格雷戈（Dong Las Megregir，1906—1964）认为，由于人有两种截然不同的本性，所以企业管理有两种可供选择的理论。麦格雷戈把这种完全对立的理论分别叫作 X 理论和 Y 理论。

（一）X 理论的假设

X 理论最核心的观点就是要证明人是"经济人"，对工人的管理可以用强制的和惩罚的方法，其基本观点如下所述：

（1）一般人天生是懒惰的，从本质上说都是不喜欢工作的，并且他们都尽可能逃离工作。因此，必须对他们实行强制性劳动。

（2）基于人对劳动有与生俱来的厌恶感这一特点，所以大多数人都必须进行强迫、控制及指挥，甚至要以严厉惩罚等方式给予威胁，才能促使他们按照人力资源规定的计划和目标尽到自己的努力。

（3）一般来说，大多数人都愿意被人指挥并且缺乏进取心、责任心，不愿对人和事负责，更不愿去冒大的风险。因此，必须有人指挥他们、管理他们，他们也宁愿接受指挥、接受他人的管理。

然而，一些管理人员的行为则反映出与 X 理论相对立的另一个极端，即 Y 理论的假设。

（二）Y 理论的假设

Y 理论是麦格雷戈在对"X 理论"这种传统的思想观念进行剖析和批判后提出的新理论。该理论的核心观点是，"人是自我实现人"，其主要观点如下：

（1）一般人在本质上并不厌恶工作，愿意为社会、为他人做贡献，因此要有意引导人们自觉地去工作。

（2）外部控制和惩罚威胁并不是能够使人们为组织目标而奋斗的唯一手段。

（3）激励人们的最好办法是满足他们的成就感、自尊感和自我实现感等此类的高层次需求。

（4）在适当的条件下，一般的人不仅愿意承担责任，而且会主动地去寻求责任感。

（5）较高的想象力、理解力、创造力等各种能力，是非常广泛地体现在每一个人身上的，而不仅仅集中在少数人身上。

（三）与 X 理论、Y 理论相对应的两种组织体系

任西斯·里卡尔特（Rensis Likert）认为，这两类基本假设很明显地存在于两种基本的组织类型或组织体系中，即组织体系 I 和组织体系 II。

在组织体系 I 中，表现为：第一，组织的管理实践所表现出来的是对下属没有信心也不信任。第二，下属是在威胁和惩罚之下被强迫工作的。第三，各种决策以及组织目标都是由高层制定的。第四，控制权高度集中于高层管理人员手中。在管理工作中，其中前两个方面表现出了管理者对下属的不信任，后两方面体现出管理者的独裁。

在组织体系 II 中，表现为：第一，组织的管理实践给人的感觉是对下属具有充分的信心和信任。第二，对工人的激励是借助管理参与和决策参与实现的。第三，决策权广泛分散而不是高度集中。第四，监督人员和下属之间的关系是具有包容性的和友好的。第五，控制的责任广为分散，较低层次的人也负有完全的责任。显而易见，前两方面表现出管理者对下属给予充分的信任并采取有效的激励手段，后三个方面体现了管理者与下属之间的民主。

二、复杂人假设（超 Y 理论）

沙因认为 X 和 Y 假设各自反映出当时的时代背景，并适合于某些人和某些场合。但是，人有着复杂的动机，不能简单地归为一种。

事实上，人的工作动机不仅受生理、心理、社会等因素的影响，还受时间等因素的影响。因此，他提出了复杂人的假设，其观点如下：

（1）人的工作动机复杂多变。人的工作动机不但是复杂的，而且变动性很大。每个人都有许多不同的需求，人的动机结构不仅因人而异，而且同一个人也因时而异、因地而异。

（2）人的动机模式是与组织相互作用的结果。一个人在组织中可以形成新的需求和动机。

（3）人的工作动机与所在的组织和团体有关。

（4）人的工作动机与所在的组织是否一致。一个人是否感到满足，肯为组织尽力，决定于他本身的动机结构与他同组织之间的相互关系。

（5）人的工作动机与管理方式有关。人可以依自己的动机、能力及工作性质对不同的管理方式做出不同的反应。

三、需求层次理论

美国著名的人本心理学家马斯洛将人的需要分为五个层次，即生存、安全、社会交往、受尊重、自我实现的需要。

（1）生存的需要

这是人的最原始、最基本的需要。同时，生理需要与高级需求不应该被当作互不相关的孤立现象来对待。当基本的需求得到了满足，新的、更高一级的需求又会出现，依次类推。我们所说的人类基本需求交织在一个有相对优势关系的等级体系中就是这个意思。

（2）安全的需求

当一个人的生理需求获得满足之后，就会出现马斯洛所说的安全需求。这包括防止自身的生理肌体遭受损害、防止疾病、防止经济灾难、要求劳动安全、生活有保障、避免感情上的打击和意外事件的发生等等。

一个生活不安的人，特别迫切需求稳定和秩序感，否则他们就总是处在一种紧张的、时时需要应付突发事件的惶恐状态，处于这种状态的人是不可能一心一意地从事劳动的。

（3）社会的需求

这主要包括友谊、爱情、归属等方面的需求。马斯洛指出，当一个人生理和安全的需求得到满足之后，这个人就开始追求与他人建立友情，即在自己的团体里求得一席之地。他会为达到这个目标不遗余力，也会把这个需求看得高于世界上的任何东西。

（4）尊重的需求

这种需求包括自我尊重和社会（他人）对自己的尊重两个方面。自尊，包括对获得信心、能力、本领、成就、独立、自由等方面的感知。社会（他人）对自己的尊重，包括接受、承认、关心、荣誉、威望、地位等方面。一个人如果有了足够的自尊心加之社会对他的认可，工作起来就会充满信心、事半功倍。

（5）自我实现的需求

这是最高一级的需求。马斯洛解释为这样一种需要："要求自己越来越成为自己要做的人，成为自己能够达到的最高限度的人。"马斯洛又把这种需要描述成"一种思想要变得越来越像人的本来样子，实现人的全部潜力的欲望"。一个人自我实现需求的满足将更提高这种需求的强度。

这五种需要的排列是由低层次向高层次迈进的。其中生存、安全需要属于物质层次的需要，而社会交往、受尊重、自我实现需要则属于精神层次的需要。

人们的这五种需求是同时存在的，但是在不同的时代、社会条件下，每种需要的强度是不同的。各自的需要强度不同，呈现出不同的需要结构。在集中需求中最强烈的需要起主导作用，称为主导需要。

需要产生动机，动机导致行为。在若干个动机中，总有一个动机强度是最大的，叫作优势动机。优势动机是人们行为产生的直接原因。

研究人们的需要层次及结构，是做好人力资源管理工作的基础和前提。

四、期望理论

维克多弗罗姆（Victor Vroom）认为员工选择做与不做某项工作取决于三个具体因素:

（1）员工对自己的某项工作的能力知觉。一般来说，如果员工相信自己能够做，则动机就会较强烈。反之，如果认为不能，动机将有所降低。

（2）员工的期望（或信念）。如果员工从事了某项工作，会带来渴望的结果，则反映出做该项工作的动机很强烈。相反，若员工总认为不会带来所期望的结果，则动机不定。

（3）员工对某种结果的偏好。如果一位员工真的希望加薪、晋升或其他结果，则动机很强烈。但如果认为是一个消极结果，如延长工作时间、合作者的忌妒等，就不会受到激励。

我们学习该理论，得到的启示是应该让员工感觉到他们具有完成工作任务的能力，对他们的工作成绩给予奖赏，且这种奖赏对他们而言是有价值的。

弗罗姆认为，人们从事某一工作的动机强度，或者被激发出的力量（积极性）大小，取决于目标价值（效价）大小和预计能够达到这个目标的概率（期望值）。用公式表示为：

动机强度 ＝ 效价 × 期望值

为了使动机强度达到最佳，弗罗姆提出了人的期望模式。根据人的期望模式，为了有效地激发人的动机，需要正确处理好努力与成绩的关系、奖励与个人需要的关系。

五、公平理论

公平理论是美国心理学家史坦斯·亚当斯（J.Stacey Adams）提出的一种激励理论。他所确立的公平理论解释了员工的公平感是如何影响他们行为的。他发现，员工的工作动机，不仅受到其所得绝对报酬的影响，而且受到相对报酬的影响，即一个人不仅关心自己收入的绝对值（自己的实际收入），而且也关心自己的相对价值（自己的收入与他人收入的比较）。

每个员工都会不自觉地进行两种对比：

第一，他们把自己对工作的投入和产出进行对比。投入可能包括努力程度、教育背景和经验，产出包括报酬、福利、职务晋升和工作的"特权"，如出差能否享受软卧、高级酒店、豪华的办公环境等条件。如果员工感觉到投入和产出之间的不公平，他们会把大部分精力放到修正这种不公平上，而不是他们的本职工作上。

第二，把自己的投入与产出和同事的投入与产出做比较。如果他们认为其他员工投入更少而产出更多，他们同样会把精力放在修正这种不公平上。

员工一旦产生不公平感，就会影响工作的积极性，就会寻找达到心理平衡或其他办法，如减少工作努力程度、讨好领导、钻空子、辞职等。

亚当斯的公平理论有助于解释为什么有些员工会丧失动机。如果员工个人认为报酬制度是公平合理的，就能有效地激发员工的积极性。管理者要为员工创造一个公平的竞争环境，做到合理分配、同工同酬，公平对待组织内的每一个成员，把员工的积极性调动起来。

六、双因素理论

双因素理论是美国心理学家赫茨伯格（F.Herzberg）通过长期调查研究提出的。

双因素理论比较系统地分析了如何通过一定的条件激励员工士气的现实可能性，对员工复杂多变的心态进行了科学研究与精辟的内涵界定。

赫茨伯格区分了两种层次的激励因素：

第一种是"不满意因素"或称"保健因素"。它主要是由环境因素引起的，被员工提出的福利因素，包括工作安全、工资、福利、工作条件、监控、地位和公司政策，如果这些方面安排得不好，员工就会产生不满意感。这些因素与马斯洛的生理、安全、社会交往需要很相似。

第二种是"满意因素"或称"激励因素"。它是能够使员工感到满意的因素，这些因素主要是由员工从事的工作本身所产生的，包括工作成就感、认可程度、责任感、发展潜力与前景等。这些因素有助于建立自尊和挖掘自我潜力，同马斯洛的尊重和自我实现需要很相似。

赫茨伯格认为保健因素的缺乏会造成员工的不安全和不满意，但是这些因素的存在并不是为了产生激励工作的力量。而激励因素能够提高员工的满意度，它的缺乏虽然不会引起员工的不满意，但是它的存在会创造出一个积极有活力的工作环境。

双因素理论说明管理者必须满足员工的高层次需要，而不是基本需要，才能达到激励员工的目的，即不但要注意满足保健因素，更要注意满足激励因素。

七、强化理论

B.F.斯金纳认为员工会根据自己行为的后果选择行为。如果某种行为产生了一种积极后果，个体就可能有重复的动机，称为"积极强化"。比如，员工在某项工作中表现出色，受到表扬，他还会继续坚持做。如果行为并未产生消极后果，个体也有可能重复同样的行为，称为"消极强化"。例如，一个人做了坏事，并没有受到批评，他便有可能再犯。

斯金纳把运用积极和消极的后果所影响人们的行为称为"行为塑造"。

该理论的启示是，在人力资源管理过程中，应该奖罚分明。

该理论的缺陷在于，假设员工不去思考，只是简单地对刺激做出反应，并不认为员工理解自己的需要。另外，该理论也没有涉及人的高层次需求。

第二节　人力资源管理的原理

人力资源管理的原理有许多，在此，介绍几种常见的原理。

一、同素异构原理

同素异构原理是从化学中借用的概念，意指事物的成分因在空间关系上即排列次序和结构形式上的变化而引起不同的结果，甚至发生质的变化。

把自然界中的同素异构原理移植到人力资源管理中，是指同样数量的人采用不同的组织结构，可以取得不同的效果。好的组织结构可以有效地发挥整体功能大于个体功能之和的优势。

合理的组织结构，可以充分地发挥人力资源的潜力，发挥组织的系统功能。

二、能级层序原理

能级层序是来自物理学的观念。能，是表示做功的能量；能级是表示事物系统内部个体能量大小形成的结构、秩序、层次。这样才形成了稳定的物质结构，这就是能级对应关系。

将能级层序原理引入人力资源开发与管理中，主要指具有不同能力的人，应配置在组织中的不同职位上，给予不同的权利和责任，使能力与职位相应，组织结构才会相对稳定。

这里的能力不仅指知识、经验，还包括人的道德水平、价值观。

三、要素有用原理

要素有用原理的含义是指在人力资源开发与管理中，任何要素（人员）都是有用的。关键还要知人善任，"天生我材必有用"，换言之，"没有无用之人，只有不用之人"。

首先，要承认人的能力、知识及价值观是有差异的，也是多元的。

其次，要根据每个人的知识、能力、经验等要素，配置到合适的职位上。

最后，作为领导或人力资源管理部门要善于发现员工的特点，用其所长、避其所短。

总之，每个人身上都有闪光的一面，关键是将其放在合适的岗位，给他创造闪光的机会。

四、互补增值原理

互补增值原理的含义是将各种差异的群体，通过个体间取长补短而形成整体优势，以实现组织目标。互补的内容主要包括五个方面。

知识互补——在一个群体中，若个体在知识领域、广度和深度上实现互补，那么整个集体的知识结构就比较全面合理。

能力互补——在一个群体中，若个体在能力类型、大小方面实现互补，那么各种能力互补就可以形成优势，从而使组织的能力结构更加合理。

性格互补——就一个集体而言，每个个体具有不同的性格特点，而且具有互补性，这样就易于整个组织形成良好的人际关系和胜任处理各类问题的良好的性格结构。

年龄互补——合适的人员年龄结构，可以在体力、智力、经验、心理上形成互补，从而有效地实现人力资源的新陈代谢，使企业焕发出持久的活力。

关系互补——每个人都有自己特殊的社会关系，从整体上看，关系互补就易于发挥集体的社会关系优势。

该理论的启示是在目标一致的前提下，充分利用互补增值原理，往往可以收到事半功倍之效。

五、动态适应原理

动态适应原理其含义是指随着时间的推移，员工个人状况、组织结构、外部环境等也会发生变化，人力资源管理要适时予以调整，以适应各种变化。

员工个人状况的变化包括他们的年龄、知识结构、身体状况等。

组织结构包括机构组织结构、人才组织结构、岗位组织结构、生产组织结构等。

外部环境包括科学技术的进步、竞争的加剧等因素。

人与事的不适应是绝对的，适应是相对的，从不适应到适应是在运动中实现的，是一个动态的适应过程。因此，我们应该对人力资源实行动态管理，主要内容包括五个方面：

1. 实施岗位的调整或岗位职责的调整；

2. 实施人员的调整，进行竞聘上岗，平行调动；

3. 实施弹性工作时间，如聘任小时工、半时工；

4. 培养、发挥员工一专多能的才干，实现岗位流动；

5. 实施动态优化组合，实现组织、机构人员的优化。

根据动态适应原理，要求企业经营管理者和人事部门密切注视各种因素的变化，及时调整，使人与事相适应。

六、激励强化原理

所谓激励，就是以物质和精神满足员工的需求，激励职工的工作动机，使之产生实现组织目标的特定行为的过程。

人力资源的开发与管理，应注意对人的动机的激发，即对人的激励。激励可以调动人的主观能动性，强化期望行为，使之适应企业目标，从而显著地提高劳动生产率。

在设置目标时，应该把组织目标和个人需要相结合，如通过评定职称、评选先进工作者、"三八"红旗手、"五一"劳动奖章获得者等激励手段，激发职工的工作动机。

七、公平竞争原理

公平竞争原理是指竞争条件、规则的同一性原则。引入人力资源管理中，是指考核录用和奖惩过程中的统一性竞争原则。这里的同一性是指起点、尺度、条件、规则的同一性。

在人力资源管理中，运用竞争机制要注意以下三点：

第一，竞争的公平性。企业管理者应严格按规定办事并一视同仁，对员工应给予鼓励和帮助。

第二，竞争的强度。没有竞争或竞争强度不够，会使企业死气沉沉，缺乏活力；相反，过度竞争会使人际关系紧张，破坏员工之间的协作，破坏组织的凝聚力。因此，掌握好竞争的强度是一种领导艺术。

第三，竞争的目的性。竞争应以组织目标为重。良性竞争可提高效率，增强活力，又不会削弱凝聚力；而恶性竞争必然损害组织的凝聚力，并且难以实现组织目标。

运用公平竞争原理，应坚持公平竞争、适度竞争、良性竞争三项原则。

八、信息催化原理

信息是指作用于人的感官被大脑所反映的事物的特征和运动变化的状态。

信息催化原理是指人们通过获得自然、社会、人类自身的信息，能动地认识客观世界并改造世界的思想。

根据这一原理，在人力资源管理中，公司领导应不断地向员工提供各种信息。其内容是多样的，如高新科学技术发展趋势、最新的工艺操作方法、劳动技能、新的价值观、安全生产知识等；其方式也是多样化的，如出国留学深造、专业技能培训、脱产学习等；也可以通过文字以简报或建立企业内部局域网的方式来传达各种信息，从而促使信息管理这一基础性工作上档次、上水平。

九、企业文化凝聚原理

企业文化凝聚原理是指以价值观、理念等文化因素把员工凝聚在一起的原理。

组织的凝聚力大小取决于两个方面：一是组织对个体的吸引力或者说个人对组织的向心力；二是组织内部个体之间的黏结力或吸引力。

一个组织的凝聚力不仅取决于物质条件，更取决于精神因素，如企业内在共同的价值观、理念、目标。企业文化是企业的灵魂，具有极强的凝聚力，是企业员工的黏合剂，员工一旦对企业文化认同，就会与企业同甘苦、共命运。所以要加强企业文化建设，用高尚的企业目标、企业精神、企业风气塑造人才、凝聚队伍，并肩壮大企业的发展。

第三节　人事矛盾规律

客观地说，人与事之间总是有矛盾的。如何解决矛盾，将矛盾的摩擦减少到最低限度，是人力资源管理的重要内容。

一、人事矛盾的一般规律

人与工作岗位及工作过程之间的矛盾表现为三个方面：

第一，事的总量和人的总量的矛盾，称为总量矛盾；

第二，事的类型结构与人的能力结构、素质类型的矛盾，称为结构矛盾；

第三，具体的岗位（职位）与个人的资格素质的矛盾，称为个体矛盾。

这三种矛盾无论是在一个国家、地区，还是在一个企业中，都是普遍存在的。应该指出这三种矛盾是相对的、对立统一的、变化的。

二、人事矛盾产生的客观原因

人事矛盾的产生，有其客观的必然性。第一，人和事都是处在动态变化之中的。随着社会的进步、生产力和科学技术的发展，环境的污染、破坏成了亟待解决的问题。第二，人和事的发展不可能完全同步。第三，人和事都存在着个体的差异。另外，人和事的具体搭配受许多客观条件的限制，如市场和信息的完备、迁移成本（空间成本）、制度因素等。

三、解决矛盾的方法

（一）运用科学方法实现有效配置

一方面，只有把员工配置到合适的岗位上，人的才能才会得到充分的发挥。另一方面，只有所有的岗位有合适的人去做，才能使企业具有竞争力。要实现上述目标，必须应用现代管理技术，如工作分析、岗位设置等方法。

（二）实行动态调整

事实上，人和事物总是处于变化之中，要使企业运行具有持续性，必须随时随地实施动态调整，以适应变化的环境。

（三）培养员工的献身精神

一方面，对于任何一个企业来说，员工的岗位配置总是不能尽善尽美的，在这种情况下，能否做好工作，取决于员工的献身精神。另一方面，激烈的国际化竞争、高新技术的进步等因素，已经引发了剧烈的社会变更，在这种变更中也需要员工的献身精神。

1. 确立"人高于一切"的价值观

就像 Y 理论所强调的，人是应当受到尊重、值得信任的，并且都想把工作做好。人是具有创造性和进取心的。世间万物，人是最宝贵的，人力资源是第一资源。承认、尊重并设法满足人的合理要求，正是"以人为本"价值观的体现。

2. 实现双向沟通

近几年企业界正流行的一种创新管理方式——"走动式"管理，它主要是指企业主管体察民意，了解实情，与部属打成一片，共创业绩。

日本企业人力资源管理的一个显著特点是注重人情味和感情投入，经理人员与所有雇员同甘苦、共命运。因此，企业和员工结成的不仅仅是利益共同体，还是感情共同体。

企业管理者与员工应达到感情上的沟通，确保公平对待、一视同仁，可采取与员工共同就餐、参与集体活动等方法，从而调动其工作积极性。

3. 在雇员中创造一种团队意识

使员工将自身的利益得失与企业捆在一起，一荣俱荣、一损俱损，鼓励他们参与企业的管理。

日本传统的家庭集团意识，"团结起来一切为了家"的观念，成功地植入企业，变为"团结起来一切为了企业"。即所谓企业是核心，全体员工彼此之间团结协作，进而发挥出最大的潜能，以适应未来的协作性社会。

4. 彻底的"以价值观为基础的雇佣"

企业的成败，关键因素之一就是全体成员价值观的认同，组织对员工的吸引力，很重要的因素就是共同的理念、共同的价值观、共同的目标。在雇佣时，要选择那些与企业价值观一致的人。这样，企业就不至于使所选人员不令人满意，从而造成额外费用，增加成本。比如，企业在开发生产一项新产品时，所倡导的价值观就是"追求卓越""质量第一"，当员工的价值观真正与之相符时，才能创造出这样的产品。

5. 雇员的就业安全

近年来日本企业的终身雇佣制虽然有所动摇，但是至今日本的大企业普遍采用终身雇佣制度，小企业尽管未采用这种制度，但固定工也极少被解雇。在终身雇佣制下，只要企业不倒闭、自身不违法或严重违反企业规定，员工就无失业之忧。这就大大增强了"安全感"和"归属感"，不仅使员工义无反顾地为企业长期工作，也增加了职工对企业的向心力。

6. 丰厚的报酬

丰厚的薪酬策略是留住人才的重要因素之一，适当的物质激励可以激发员工的工作积极性，建立一个多样化、差别化、个性化的奖励制度，使奖励尽可能满足每个员工的特殊要求。

日本的薪酬制度较为完善，管理者为员工提供高于平均水平的薪水、奖金和包括福利在内的一套报酬，使员工把自己看成是共同体的一员，愿意与企业荣辱与共。企业经营状况良好时资源共享，效益不佳时也勇于为企业分担困难。

7. 雇员的自我实现

管理者应促使员工实现其个人价值的最大化，并为员工最大限度发挥能力实现个人价值提供一个良好的模式。

领导的艺术在于让员工在成功中走向更大的成功，让每一个员工都有成就感，实现自己人生的最大价值。

第三章 知识经济时代的人力资源管理

第一节 知识经济时代人力资源管理的新特点

随着时代的不断进步，推动经济发展的重要动力之一就是科学技术的创新和提高，而科学技术的研发和创新的基础是人的智慧和创造。因此，做好知识经济时代背景下人力资源管理的创新工作就显得势在必行。本节就知识经济时代背景下人力资源管理的新变化、新需求及有效措施做了如下研究：

知识经济时代的基础是以知识为核心的经济模式，在互联网和信息技术不断发展的今天，我国经济出现全球化和信息化等新特点，各企业对于综合素质良好的知识型人才的需求是十分巨大的，这些知识型人才也决定了企业在激烈的市场竞争中竞争力的强弱。如何在新的知识经济模式下，更好地通过提高人力资源管理成效来提高企业核心竞争力，是我们每个企业员工都应该思考的问题。

一、知识经济背景下人力资源管理的内涵

知识经济相较于传统经济有一个很大的不同，就是生产要素的核心从过去传统的实际物质转变为知识能力、技术能力、科研等级等无形资源，高素质的知识人才已经成了现代企业最重要的生产要素，也是现代企业核心竞争力的重要动力。人力资源管理与员工的关系更像是服务方和被服务方，通过对知识人才的引进、保持、开发和挖掘，让知识型人才与企业变成战略合作伙伴的关系，通过实现企业和人才的双赢，实现人力资源管理的国际化和信息化。人力资源管理的具体内涵主要包括对知识型人才的引进以及合理安排，还有科学合理地确定员工的薪酬福利和培训晋升，最后则是把握好对员工的考评和奖惩，通过科学化、制度化的方式合理安排好每一个员工，才能提高企业的竞争力。

二、知识经济时代人力资源管理的新变化

（1）管理对象的变化。在知识经济背景下，企业知识型员工的比例日益上升，而人力资源管理的重点从传统的人力资源利用变为对企业知识型员工的管理，构建和完善

以知识型人才为基础的人力资源管理模式已势在必行。将知识的转化率和学习的成效性作为人力资源绩效考核的重要组成部分进行推广和实行。在知识经济时代中，知识的产生、传播和创新速度是十分迅速的，作为企业来说怎样通过运用企业的知识来促进企业的创新，进而提高企业的核心竞争力是企业员工应该共同思考的问题。很多企业都有着二八定律，即20%的知识型员工产生了80%的企业效益，那么如何通过人力资源管理来有效地发挥知识型员工的创造力和实效性，这便是知识经济时代下我们遇到的新问题。

（2）管理地位的变化。伴随着知识经济时代的来临，人力资源部门的地位由此得到了极大的提升，人力资源管理从以往只针对人力资源部门内部事务管理变为对全企业员工甚至企业决策层的管理。这种变化对于人力资源管理人才的专业性和创新性提出了新的要求，不但需要人力资源管理人员对组织架构、组织设计、组织创新有深刻的理解，还要求人力资源管理人员擅长商业运作和人员管理，更重要的是要有良好的人际关系处理能力和事务应急处理能力。他们不但在人力资源相关事务上有着很强的处理能力，还能间接或直接地参与到企业的决策中去。而人力资源管理更是企业保持和加强核心竞争力的有效动力。

（3）管理模式的变化。当主要的管理对象变为知识型人才之后，管理模式也发生了翻天覆地的变化，从以往刚性的管理模式逐渐转变为柔性管理。传统的企业模式中，员工与企业只是单纯的雇佣关系，但随着知识型人才的涌入，让员工和企业更像是利益共同体。管理模式在理念上更加提倡民主、个性、创造。通过强调以人为核心对知识型人才进行管理，旨在开发每个员工内在的潜力和创造力，让员工在和谐的工作环境下更加全身心地投入工作中，以求达到提高员工企业归属感、企业责任感、企业凝聚力的目的。柔性管理是一种反应快速、灵活多变、富有人性化的管理模式。

（4）管理职能的变化。知识就是财富，知识就是核心竞争力，在知识经济中，管理的职能得到了分散，企业要想在激烈的市场竞争中不断提升自我和突破自我，就需要加强企业与企业之间的协作和共赢，而人力资源管理职能变化的目标在于企业要突破原有的界限，淡化具体的组织形式，通过企业与外部单位的合作，提高研究新技术、新产品的能力，以达成优势互补的效果。这也是现如今很多企业战略联盟、知识联盟应运而生的核心基础，企业与企业通过对知识型人才的最大化整合，从根本上增强了彼此的市场核心竞争力。

（5）管理手段的变化。在传统企业中，对于人力资源的管理往往更多地依靠经验和主观感觉，缺乏科学性、知识性。现代的人力资源从以经验、主观感觉为基础转变为以制度、规定为基础的人力资源管理手段。在了解企业和员工实际情况的基础上，制定出一套科学、合理的人力资源管理制度，并加强管理制度的公平性和权威性。在这个过程中可以充分利用现代互联网和信息技术，从根本上实现人与科技的有机融合。

三、知识经济时代对人力资源管理的新需求

（1）对科学人才的需求。作为知识经济时代背景下人力资源管理要注重对于科学人才的挖掘，这不但是顺应时代的发展，更是企业发展的合理选择。在实际的工作中，不但要促进科学人才的发展，还要挖掘科学人才的潜力。对于科学人才的需求究其根本是企业对自身研发新产品、新技术能力的需求。通过对科学人才的挖掘和开发，能够很好地提升企业的核心竞争力。

（2）对创新人才的需求。创新是知识经济时代保持核心竞争力的重要条件，不但要求企业对自身产品、技术有创新，还要加强对于创新人才的培养和发展。知识型人才都有自己的理解、判断、推理和创新能力，而知识产品的开发最需要的就是这些能力。通过将知识型人才的知识能力转换为创新能力，在产品、技术、管理、市场等多方面进行多元化、多角度的创新。

四、知识经济时代背景下做好人力资源管理的有效措施

借助互联网，实现人力资源管理网络化。借助互联网，使企业员工充分地参与到人力资源管理中来，充分发挥每位员工的优点和长处，从而使企业更好地健康发展。

树立"以人为本"的管理理念。树立"以人为本"的管理理念，打造企业自己的高素质人才，以企业文化、企业制度、薪酬、奖励措施等制度约束和激发员工的工作积极性，形成自主创新型工作氛围。

坚持科学化、制度化、系统化的创新管理原则。坚持科学化、制度化、系统化的创新管理原则，使员工养成职责意识，激发员工的主体行为。随着社会经济的高速发展，知识对于经济的高速发展起到了不可忽视的重要作用，通过掌握知识经济时代背景下人力资源管理的新需求和新特点，通过采取"以人为本"的理念，借助互联网和信息技术以及创新的人力资源管理手段等方式，能够有效地提高人力资源管理的实效性，帮助企业在激烈的市场竞争中更好地发展。

第二节　知识经济对项目管理人力资源的影响

知识经济时代是智力资源推动经济发展的时代，智力资源产生的创新成果带来了财富效应，逐渐改革了以劳动生产率推动经济发展的状况。在科技快速发展、注重人力资源潜力挖掘并充分合理应用的现代社会，知识经济的表现几乎无所遁形，可以说，21世

纪的主导经济将是知识经济。

项目是具有目标性、独特性和一次性的工作。20 世纪 60 年代以来，项目这一词汇已广泛应用于科技、金融、广告、法律等多个领域，项目管理即成为一个热门职业。项目管理是指在一定期限内实现项目目标所做的一切管理工作。这意味着项目管理者需要在短期内聚集资源并运转资源，在项目完成后再解散资源，这一过程既要保证项目结果的成功性，又要保证部分可再生资源的再运转性。这一过程相比一般的管理工作，难度系数更高、技巧性更强。由此可见，项目管理需要一系列的知识体系才能完成，而承载知识体系的人力资源在项目管理中的作用是极为重要的。通过对项目管理的发展调查，项目管理的理论已从过去的高度关注技术因素——项目本身（如项目需求分析、项目成本、项目质量、项目交付、项目生命周期等内容）转到现在偏向于研究项目中的非技术性因素——人力资源的作用（如项目团队建设、人员管理、冲突管理、领导等）。比如 Terry Cooke Davies 认为，项目中最重要的是人，而不是过程的系统或其他东西；Lechler T. 也认为在项目管理中人是最需要研究的。

一、项目管理中的知识体系

目前，项目管理知识体系主要由项目管理专业协会进行认定。比较有影响的几个协会有美国的项目管理协会 PMI、英国的项目管理协会 APM、国际项目管理协会 IPMA、澳大利亚项目管理协会 AIPM、国际标准化组织 ISO。其中，美国项目管理协会成员最多；英国项目管理协会的知识体系被德国、奥地利、荷兰、瑞士等国应用；ICB 受 APMBOK 的影响很大，具有很大的国际影响力；NCSPM 吸收了 PMI 和 APM 的思想与内容；ISO 适用于国际，同时对全球的影响很大。

APMBOK Guide 的知识领域划分为 9 个项目管理知识领域和 5 个项目管理过程领域，9 个项目管理知识领域分别是项目综合管理、项目范围管理、项目时间管理、项目成本管理、项目质量管理、项目人力资源管理、项目沟通管理、项目风险管理、项目采购管理。其中，项目人力资源管理在计划阶段和执行阶段主要是做好组织计划编制、人员获取和队伍开发工作。

APMBOK 的内容划分为 7 个类别：概述与简介、战略因素、控制、技术因素、商业因素、组织因素及人员。其中人员包括沟通、团队、领导、冲突管理、谈判、人员管理因素。

ICB 分为两块：知识与经验和主观能力。知识与经验是技术有关的项目管理，主观能力主要包括完成项目所需的个人素质和总体素质。

NCSPM 根据 PMBOK Guide 的九大知识模块，形成了自身的能力模块和关键能力描述。能力模块分别是收集、分析与组织活动的能力、沟通观点与信息点能力、计划及组织活动的能力、与其他团队或成员合作的能力、应用数学思维和技巧的能力、解决问题的能力、使用技术的能力。关键能力描述是因素、绩效标准、范围指标、事例指南。

IS 10006 广泛借鉴了 PMBOK Guide 的内容，将项目管理知识体系划分为 6 部分：范围、标准的参考资料、定义、项目特征、项目管理流程的质量、项目管理经验总结。其中作为核心组成部分的项目管理流程的质量就包括与人员有关的过程和与沟通有关的过程。

我国的项目管理协会是中国项目管理研究委员会（PMRC），是 IPMA 的团体成员，其知识体系是 C-PMBOK，它是受 PMI 影响的知识体系，广泛借鉴了 ICB 知识体系。

综上所述，虽然各知识体系建立的出发角度不同，但都注重到了两个方面：一是现代管理知识和技术在项目管理中的应用；二是项目管理人员的问题，特别是 ICB、NCSPM、APMBOK 非常强调人员素质的内容。

二、知识经济下的项目管理特征

（1）项目管理的专业化增强。我国的项目管理知识体系在管理实践中不断发展得以完善，专业化程度也越来越强。我国的项目管理理论发展起步于 20 世纪 80 年代，主要是通过留学生和聘请外国专业来我国介绍项目管理，之后，项目管理专业在大学逐渐建立起来，到目前为止，已有十多所院校建立了项目管理专业。北京教育考试院已受北京项目管理协会委托，合作开展高等教育自学考试项目管理专业（专科、独立本科）和相应国际项目管理专业资质认证考试，从而实现了学历教育从专业到本科到研究生的层次化培养。在实践上，我国项目管理正从粗放式管理向精细化管理发展，在工程设计时提出了需要施工方的参与，共同制订合理的施工方案；在风险管理上加强风险的识别与控制；在人员使用方面提出项目管理专业人才建设，企业除了培训基层项目管理人员，也应培养高层项目经理，来提高项目管理的人才保障。目前我国的项目管理还有很大的发展空间，仍在努力学习国际上成功的项目管理的经验，从理论到方法应用、从分析到综合，全方位地提高我国项目管理水平。

（2）项目管理的风险性增大。随着知识和科技的全球化，新产品、新工艺、新技术不断涌现，推陈出新是知识经济时代的一个显著特征，这迫使企业不得不以项目的方式应对快速变化的市场。而在竞争越来越激烈的现代社会，一项创新成果从思维的形成到最后的推广应用的整个过程，有很多因素会影响到项目目标的完成。比如，产品创新性程度不高、创新成果的唯一性差等。这意味着项目管理的风险性将会极大增加。

（3）项目管理的全球化发展。现代信息技术的发展，已经把各国的项目管理知识体系公之于众，人们可以随时通过网络查询目标国的项目管理知识体系和认证标准参与该国的项目管理。随着经济全球化进程加快，国际的项目专题研讨和交流日益增多，推动了我国项目管理向国际化标准靠拢。这些无疑为我国参与国际项目管理开辟了康庄大道。从实际应用来看，我国项目管理人员参与的项目数量逐渐增多，承担国际项目的能力越来越强。

三、知识经济下的项目管理对人力资源的要求

（1）提高项目管理人员的专业化。知识经济时代，人才济济，产品分工越来越细，精细化要求高，所以对人才的要求越来越高。项目管理在这种环境下要想快速达到项目目标，就必须依靠专业化人员，只有专业化人才才能更好地提供甲方要求的产品。从各个项目管理协会的知识管理体系可见，项目管理的知识内容已成体系化，项目管理人员需要具备这些知识和能力。但目前我国的项目管理发展历程太短，有太多的知识和经验需要总结，项目管理人才参差不齐。一部分优秀的项目管理经理要么经过了大量的实践总结和培训才培养而成，要么毕业于项目管理专业并在实践中逐步提高管理能力，但人员不多。大部分企业的项目管理人员都是临时培养，专业化程度不高。项目经理大多是从各种工程领域中选拔的人才，具有良好的工程专业知识与技能。但项目管理是跨域多种知识领域的综合性科目，与工程管理有很大区别。

（2）建立团结一致的项目管理团队。项目管理不同于一般的管理。员工的工作目标不同，项目管理人员的价值与一般工作中的价值不同。项目是短期的、一次性的，意味着项目管理人员必须在短期内实现项目管理目标，项目管理成员之间若能发挥 1+1 > 2 的效果将有助于项目在短期内达到目标效益。项目管理成员之间具有相互的影响，一损俱损、一荣俱荣，这种抱成团的群体能展现和谐、高昂士气的团队合作精神，能将每个团队成员的贡献价值最大化，只有这样才能应对全球化的竞争环境，才能最快实现项目目标。

四、知识经济下的项目管理人力资源的应用策略

在观念上树立以人为本的思想和目标导向的原则。知识经济下的人力资源的自主意识有大幅度的提高，员工愿意努力工作的原因更多是来自精神方面的满足。以人为本的思想是将员工看作一个独立的个体，在管理中需尊重员工的需求。Roderic J Gray 在"组织风气和项目成功"的研究中指出，工作本身的满足、自由表达、询问、创新和参与明确的目标将有利于项目的成功。很多研究结果表明，关注价值观具有激励效果。研究者在项目管理知识体系中指出，员工的相互信任、风险精神和良好的沟通可以大幅度地提高项目管理成功的可能性。以上所提到的一些因素无疑都体现了以人为本的思想。

此外，从项目管理理念出发，提升项目管理人员工作的努力程度的因素是目标导

向原则。目标的明确性和可行性可以很大程度地激励员工的工作热情和工作成就感。Stephen P Robbins 的研究显示，明确的目标与高效团队呈显著性相关关系。

（1）在形式上形成学习型组织。学习型组织是培训的最高层次。鼓励员工不断地通过自学、公司培训和相互学习的方式提高项目管理的知识素养和操作经验，这不仅是一种行动，更是一种学习态度。这能够满足现代知识型员工对知识的渴求和能力提高的需求，同时也能应对快速变化的经济社会环境。在以学习型为主的团队文化下，项目管理成员之间的专业能力提升速度快，员工之间的默契性更高，这推动了项目管理目标的顺利完成。

（2）在行动中注重对项目管理人员的授权和配置。对项目管理人员合理的授权不仅体现了领导者对成员的信任，也可以锻炼员工的能力，提高员工工作的成就感和积极性，有助于学习型组织的形成和以人为本思想的展现。对于项目管理成员的合理配置已有很多的学者进行了研究，南京理工大学的林海凡等基于实体关系模型，建立了人员配置的任务模型。在人员配置过程中，尽量达到精简、高效、节约的效果，注意减少组织层次、降低人数、达到高效管理和高效完成任务的目标。

知识经济时代的员工相比以往的员工有很大的变化，他们更注重自身精神需求方面的满足。项目管理是现代流行的一种应对快速变化的经济社会环境的产物，它能在短期内高效地实现某种一次性的目标。知识经济时代的项目管理既要注重知识的应用，又要体现项目管理人力资源的价值，而项目管理的人员是项目成败的能动因素，对知识经济时代的项目管理人力资源的研究既关注到项目管理发展的趋势性，又关注到项目管理人力资源的时代性，要使项目管理能跟上国际化进程就需要对项目管理的人力资源在专业化和团结性上加以增强。大量的研究和实证表明，要提高项目管理人力资源的应用可以从以人为本思想、目标导向原则、建立学习型组织、项目管理人员的授权和配置上入手。

第三节　知识经济与人力资源管理开发

知识经济是以知识生产为主的新型经济，因此知识经济时代是以人为主体的时代，未来企业的竞争能力取决于掌握智力资源和创新能力的人才。现代人力资源管理与传统人事管理有着本质区别。现代人力资源管理的本质就是了解人性、尊重人性、以人为本。企业应建立起能够吸纳人才和激发员工积极性与创造性的管理机制，把人力资源作为一种财富来开发挖掘和积累升值，更利于企业的全面发展和持续发展。

随着经济的快速发展，知识在这个社会中占有重要的地位，社会生产力主要以知识生产为主，但在这个社会中，掌握知识的是人才。人作为这个社会的主题，在这个知识经济社会的时代，企业的竞争力主要是人才的竞争，现在的企业需要制定科学合理的人才管理制度，加强企业中的人力资源管理，打造一支高素质的企业人才队伍，这是知识经济中不可缺少的，也是时代发展的需求。对于企业的管理者来说需要学习企业人力理论，需要搞清楚传统人事管理和人力资源管理之间的区别，只有学，才能知，才会创，这是目前企业管理者必修的课程。本节从人力资源管理的概念区别创新剖析开来，探讨了知识经济下人力资源管理的开发研究。

一、人事管理与人力资源的区别

在传统的人事管理中，其主要特点是"事"的管理；现在的人力资源管理突出表现的是以"人"为本，这是一种根本的以人才为中心的管理转变，在管理中的制度设计中也是突出人本位的特点，在现代的人力资源中打造人事的系统管理制度，以优化企业的资源成本。

在传统的人事管理中，人是企业的成本，对事不对人，体现出其重要性。在现在的人力资源管理中，人是资源，现在的企业人力管理注重人资源的开发利用。在传统的人事中，人调动到哪里都是一样的，没有灵活性，不能调动人的积极性。在现在的企业人力资源管理中，在人本位中，人是资源，是需要开发利用，是需要引导培训，以从量变到质变的过程，所以有人形容现在的资源管理者，是通过解放被管理者来解放自己。

在传统的人事管理中，人事部门是独立的部门，具有权威性和独立性，与企业部门的关系不对等。在现在的企业管理中人力资源是重要的部门，但体现的是服务性，现在的人力资源部门，需要服务于企业的各个部门，具有协调性、创新性、服务性，需要充分发挥人力资源的积极性，以此调动人才的积极性，创造更大的效益。

二、知识经济条件下的人力资源开发创新

（1）人力资源开发的地位的改变。人才是社会发展的原动力，也同样是企业发展的原动力。随着我国经济的高速发展，知识在企业中的重要性越来越突出，人才在企业中的地位也越来越显现，人力资源开发的地位也随着社会的变迁而发生了重要的变化，在提升企业的发展中发挥了重要的作用，在知识经济时代，人力资源的发展推动了社会的发展，也成了我国经济发展的第一生产力。

（2）人力资源开发价值的提升。从工业社会到知识经济的社会，知识改变价值，同时也改变了传统人事管理的模式。在我国经济的快速发展中，知识和人力在促进我国社会迈向文明社会中起到了重要的作用。现在的社会在资源快速发展的同时已经不再以物质来衡量企业发展的第一要素，已充分融入了现在经济发展中知识对于价值观的体现和一系列的评估方法。

（3）人力资源开发内容的完善。知识经济的发展，除了改变了传统的人事管理，同时也改变了企业的传统的生产方式，企业需要知识的推动才能在社会中快速地发展。随着经济的发展、社会的转型、我国社会科技的进步，人力资源管理开发的内容已进一步得到了完善，现在人力资源管理的开发已经提升到了人的知识水平的管理。人力资源管理的开发内容需要有知识的不断补充完善，开发的完善也带动了企业人才的发展，推动了企业的发展。

（4）内容的完善需要企业的管理者从根本上转变观念。在新的经济时代下，人才的竞争直接关系到企业的成败存亡，所以在经济知识化、全球化的大背景下，谁拥有人才，谁就拥有了决定的话语权；对于人力资源管理重视程度和内容开发的完善程度，都需要企业的管理部门加大重视力度。从企业发展的战略角度出发，从根本上转变观念，将人才发展的要素转变为企业发展的资源。

（5）人才管理机制的完善。人才管理机制的完善，是企业发展竞争的基础。没有一个好的管理机制，引不进来，留不下。在企业人才管理机制的制定上要本着以人为本的原则，建立科学合理的人才管理体制。一切施行市场化的人才引进制度，在引进人才中要本着公平公开的原则，在人才的选用上本着品学兼顾、一视同仁的原则，从招聘的制定到面试的选择都需要有专门的人员和制度进行跟进保障。选择人员中除了考评人员的专业技能外还要从人员的品行上进行考量，从人员的心理素质岗位要求上进行测评。企业人才管理机制的完善，是企业发展壮大成熟的标志，企业要以此为契机大刀阔斧地进行企业的人力资源管理机制的改革，从根本入手，激活企业的各个角落，从制度上充分调动企业员工的积极性和创造性。

（6）知识社会的发展，是知识大爆炸的时代。在以经济为主的今天，我们要从信息的基础入手，以技术的创新为主，扎实推进企业的人力资源战略。在人力资源的开发上，以本土化为主，积极地引进国际上先进的人力资源管理的模式和经验，取长补短，结合实际制定适合自身发展要求的人力资源模式。在人力资源的开发创新方面，需要企业的管理者不断地学习，引进品学兼优、能力强、创新强的人才，充实到企业中来。

（7）社会的发展、知识的进步、技术的提高，这些主要体现的主体还是人。所以，企业一定要以人力资源的发展为企业发展的第一要素，要从人力资源管理的创新出发给予高度的重视，并付出实际行动。今后的企业发展必定是人才的发展，企业的竞争也必定是人才的竞争，这就需要企业的管理者，从制度上完善人力资源的管理，在引进人才的同时，提高现有企业员工的知识水平，需找到企业人力管理的结合点和突破点，着眼企业的长远发展，为企业的发展找到知识和人力资源管理的平衡点，大胆改革、大胆创新，在开展工作时要具有前瞻性、创新性，提高企业人力资源的管理水平。

三、结语

综上所述，在知识经济社会中人力是第一资源，企业的竞争及可持续的发展也是人才的竞争。人才是企业发展的第一要素，企业的管理者要想在现代社会中开发人力资源管理，就要从根本上认识人力资源管理的重要性，完善人力资源管理制度，以吸引更多优秀的人才加入，为企业的发展提供强劲活力。

第四章 人力资源的组织结构和岗位设计

使命是推动一个组织长期发展的内驱力，将组织使命转换为具体的行动目标是组织管理的重要任务。只有将组织的使命恰当地转化为行动目标，才能引导组织不断发展，一步步达成使命，这即为组织治理。组织治理虽然是一个动态的过程，但是在这个过程中也会形成一定的结构和模式，即治理结构。党的十八大报告把人力资源体制改革作为社会建设和社会体制改革的四大重要目标之一。建立现代人力资源体制，关键就是要在法律的框架下，建立健全以章程为核心的法人治理结构，使人力资源实现自我管理、自我服务、自我教育、自我发展，成为独立的法人主体。在治理结构的框架下，组织也逐渐建立起一套相应的组织结构。人力资源作为组织中的一大类，自然也离不开治理，也必然会形成一定的治理结构和组织结构。但是与其他类型组织相比，人力资源更加强调其自身的使命驱动。管理学大师彼得·德鲁克说得好："人力资源在运作管理上堪称企业的楷模，因为他们不靠'利润动机'驱动，而凭借'宗旨'凝聚和引导，使得运作管理具有更加实质性的内容，同时也向管理者提出了更高的要求，将其置于不仅要靠领导魅力，更要依靠组织的凝聚力和宗旨为先的境界。"人力资源要完成自己的使命，就必须保证组织机构的有效正常运转，而合理的治理结构是保证人力资源有效运转的基础。当然，组织结构的运转，依赖一定的人力资源的合理配置。这就需要运用工作分析的原理，进行岗位设计。这些都是本章着重介绍和分析的问题。

第一节 人力资源开发与管理的作用与特点

人力资源开发与管理就是要利用现代人力资源开发与管理理论，借鉴企业和政府人力资源开发与管理的经验和方法，为了实现组织目标和宗旨，而不断获得人力资源，并对所获得的人力资源进行整合、调控、开发和使用的过程。人力资源具有非政府性、非营利性和志愿性等特点，人力资源的开发与管理也有自身的特殊性。

一、人力资源开发与管理是激发人力资源活力的重要保障

有效的人力资源开发与管理在整个人力资源建设和管理中占有举足轻重的地位，是确保人力资源健康有序发展的关键。当前，人力资源面临着与政府、企业组织类似的困境。如引进人选不合适；人员结构不合理；人才流动频繁；员工不努力，工作三心二意；花大量时间谈话或者开会，致使人力资源配置不合理，人浮于事、机构臃肿、效率低下等问题随之凸显；等等。而人力资源开发与管理的引入，可以促进人力资源的优化配置，实现对组织成员的动态管理、流动监管、适时调配与调剂余缺，从而有效挖掘组织成员的内在潜力和能力，强化和发挥组织成员的最大效能，在组织中营造人尽其才、才尽其用的良好氛围。展开来说，人力资源开发与管理在人力资源中的作用可以概括为以下三个方面：

第一，扩大人力资源影响力，吸纳优秀人才进入人力资源。由于政府部门拥有较好的权力资源和声望资源、企业拥有较好的经济资源，因此社会上出现"考公务员热""进外企热""进国企热"等现象，但是至今尚未出现"进人力资源热"。这从一个侧面反映出在吸纳人才方面面临的尴尬。人力资源开发与管理从工作分析开始，人力资源的人力资源开发与管理通过对工作岗位进行科学分析，这正符合彼得·德鲁克所倡导的"合理的人员遴选过程应该从工作任务出发"。根据对工作岗位和工作任务的分析确定需要怎样的人才，并且对岗位进行精心设计，然后通过专业的方式发布人才招募信息、扩散人力资源的职位需求、营造人力资源求职氛围，能够吸引更多的人关注人力资源的招募。人力资源开发与管理在人力资源招募人才中的应用，一方面能使人力资源的人才招募更为专业化、更具有吸引力，凭借其专业的招募信息和招募内容吸引人才的注意力；另一方面，专业化招募本身就反映了人力资源的规范化管理和专业化运作，从而能够体现人力资源自身的品质。因此，人力资源开发与管理通过专业化的岗位设计和专业化的信息发布等方式，能够扩大人力资源的影响力，吸引更多的人才关注人力资源的职位。人力资源开发与管理通过逐渐建立人力资源人才招募机制，可以从制度化建设的角度解决人力资源人才匮乏的现象。

第二，合理配置人才，留住人才。人力资源开发与管理是一个过程，在发布招募信息后公平公正地甄选出适合人力资源岗位的人才，借助于系统的入职培训与教育体系，可以使新成员尽快地熟悉业务、增强使命认同，提高工作效率；通过完整的培训体系建设，能够使员工感受到人力资源对自身发展的重视和对自身技能培训的投入，从而建立对人力资源的认同感。人力资源开发与管理还包括科学的绩效考核制度的建立，通过对员工的工作科学地考核，既能够对员工的工作给予公正的评价，激励先进、鞭策后进，还能够根据绩效考核建立科学的人才流动机制，鼓励员工在人力资源的内部流动，实现

人才资源调剂余缺、优势互补，从而实现人力资源的合理配置，使每个员工都能够找到适合自己发挥才能的岗位和工作。完整的培训体系意味着对员工的不断的人力资本投资，科学的绩效考核方式和合理的晋升与流动机制能够保证给予员工公平合理的待遇；这一套指标完善、内容健全、操作可行的人力资源开发与管理制度或办法，能够在人力资源内部形成一种能上能下、优胜劣汰的竞争氛围，从而有效激发成员的积极性。

第三，将人力资源目标内化为员工自身目标，推动人力资源目标的实现。人力资源的人力资源开发与管理包括对员工的职业生涯规划的管理，通过员工职业生涯规划管理，能够协助员工建立个人的职业生涯规划，并且将组织目标融入个人的职业生涯规划中，从而实现组织目标内化为员工自身追求的目标。赫兹伯格研究发现，真正能够产生激励作用的因素是成就感、工作本身、责任感、个人成长与进步的机会。人力资源开发与管理通过创造条件和机会促进员工的职业生涯发展，在员工职业发展的过程中能够促使员工不断追求自身能力的发展，掌握新知识、新技术，使员工感受到个人成长与发展的机会，感受到自身工作的重要性，从而建立起对工作的责任感，并且通过不断的努力做出相应的成绩。绩效考核及时对员工的成绩予以肯定可以强化员工的成就感，逐渐建立起员工对人力资源的归属和对人力资源理念的认同，从而在追求自我目标实现的同时，促进组织绩效的提升和组织目标的实现。

二、人力资源开发与管理的主要特点

作为整个社会人力资源开发与管理的一个组成部分，人力资源开发与管理与政府组织、企业组织的人力资源开发与管理具有部分相同的特性，如管理过程有"入口""在职""出口"三大环节，需要设计选拔、激励、开发、保障等管理机制，需要应用人员选拔、测评、考核、奖惩等具体管理措施、方法和技术等。但是，由于人力资源的非政府性、非营利性、志愿性等特点，决定了人力资源的开发与管理具有区别于其他类型组织人力资源开发与管理的特点。

一是价值驱动和使命驱动。价值观是人力资源生存和发展的根本，也是人力资源发展的原动力。人力资源的运作正是基于利他主义、人道主义等价值观的趋势而产生的以追求社会公益为使命的现代组织。人力资源承载着人们的道德期盼，在社会生活中承担着"公共利益与公共信任维持"的社会责任。这意味着人力资源必须为公共利益和公共信任负责。使命感是人力资源有效管理中另一个具有基本导向作用的力量，它能够激发人力资源及其工作人员为了实现组织的使命而不断奋斗。人力资源是面向社会公众提供公共服务的组织，它使用的资源主要来源于社会。人力资源的开发与管理只有使员工建立起使命感和责任感，使员工自觉为实现组织的使命、承担组织的责任、完成组织的价值目标而努力，才能树立人力资源的良好形象，促进更多的社会资源向人力资源靠拢，从而使人力资源发挥更大的作用。因此，人力资源的工作人员要能够长期在人力资源工作和发展，必须首先认同人力资源的价值追求、责任意识和使命。这体现在人力资源选拔、培训、考核、激励、保障等各个环节。在成员选拔上，需要对组织成员的价值取向和专业技能提出双重要求，特别是需要成员具有较高的思想觉悟、道德品质。人力资源内的领导、计划、经营、管理等活动应该有较高的自愿参与成分，成员之间要有很强的团队合作精神，成员个人要有很高的道德自律水平。其发展环境也对理事和员工的筹资能力、执行能力提出了较高要求。在培训开发上，由于人力资源对成员道德素质要求较高，因此培训内容除了一般意义上的技能培训与岗位培训，更需要侧重于使命感和责任感培训，从而使成员价值观与组织的价值、使命和理念有效衔接起来。

二是管理对象和服务对象的特殊性。人力资源开发与管理的对象主要包括董事会成员、人力资源员工和志愿者，其中只有人力资源员工是与企业员工或政府公务员相类似的与人力资源存在直接的薪酬关系的群体，而董事会成员和志愿者与人力资源的隶属关系并不明显。董事会成员尤其是其中的理事会成员是人力资源的决策者，他们往往是在社会上具有一定声望的人，人力资源要对这些人进行有效的人力资源管理，必须掌握相应的策略，既要使他们能够做出正确的、有利于人力资源长远发展的决策，又要维护他们的尊严，不至于显得对他们约束太多。对志愿者的管理则更为困难，首先志愿者的数量较多，而且志愿者存在很大的不稳定性，很多志愿者只参与人力资源的一次服务，面对这样的一支队伍，只有进行有效的人力资源开发与管理才能使之真正成为人力资源。对志愿者的管理既要保证志愿者的服务热情，又要能够对其进行有效约束，还要考虑志愿者的长期服务和发展，这就要求对志愿者的人力资源开发与管理必须妥当、合理、公正。人力资源的服务对象大都是社会弱势群体，无论是董事会成员进行决策和监督，还是人力资源员工进行项目策划和实施，以及志愿者参与直接服务，面对的大都是弱势群体。面对这些弱势群体，在开展服务之前，人力资源开发与管理部门必须及时开展情绪劳动管理，使参与项目的员工和志愿者能够秉持尊重、同情、平等、理解等理念为他们提供服务。在社会服务结束后，人力资源开发与管理部门必须对参与服务的员工和志愿者进行相应的情绪安抚和管理，使他们能够恢复到自己的生活情境中。

三是非物质性激励为主的激励机制。人力资源是不以营利为目的的组织，人力资源的年度盈余不能用于分配，只能用于人力资源的再发展。这就决定了在企业行之有效的物质激励方式在人力资源未必可行。但是这并不意味着人力资源不能进行物质激励，人力资源的开发与管理中应该妥善使用物质激励，在保证员工基本生活的情况下，应该以非物质激励为主，对员工进行激励和引导。人力资源自身吸纳了众多不计报酬的志愿者，人力资源的成员之间、成员和组织之间的责任相关性和直接经济利益相关性较为薄弱，员工工作的动力源往往来自对人力资源工作价值的追求，而不是物质或薪酬的激励。在这种情况下，人力资源对人力资源的激励应该顺势而为，建立以非物质激励为主的激励机制。但是，考虑到人力资源有一定数量的正式员工，他们以人力资源的工作为谋生的职业，因此必须建立对他们的基本物质保障，设计合理的薪酬体系。

第二节　我国人力资源开发与管理展望

人力资源开发与管理作为人力资源内部治理能力的重要组成部分，对人力资源的生存和发展起着不可替代的作用。发达国家的人力资源在自身建设的过程中，都十分重视人力资源的开发与管理，纷纷建立人力资源开发与管理部门对其进行规范化和专业化的开发与管理。但是从我国人力资源的发展来看，人力资源的开发与管理尚未引起人力资源的足够重视，绝大多数人力资源尚未建立人力资源开发与管理部门，对人力资源的开发与管理不仅没有纳入人力资源的日常管理中，更缺乏精通人力资源开发与管理的专业人才，更遑论建立人力资源的开发与管理体系。我国的人力资源要顺应社会需求的发展，在社会服务、社会治理中发挥更大的作用，必须加强人力资源开发与管理。这首先需要人力资源提升对人力资源开发与管理的认识，充分重视人力资源开发与管理在人力资源中的作用；其次，要借助国家推行人力资源职业化发展的机遇，通过职业化发展引入专门的人才对人力资源实施更为专业化和科学化的开发与管理；最后，在人力资源开发与管理的整个过程，人力资源要立足自身，汲取企业和政府人力资源开发与管理的有益成果，借鉴发达国家人力资源开发与管理的已有经验，逐渐建立既符合我国国情又适应人力资源特点的人力资源开发与管理体系。从社会发展的角度来看，这一开发与管理体系将是一个开放的体系，它会随着人力资源的发展而不断发展和完善，从而最终形成具有我国特色的、满足人力资源发展需求的、不断适应社会变迁要求的动态体系。

一、人力资源开发与管理将在人力资源发展中发挥越来越重要的作用

我国人力资源的发展最初是依靠官方背景建立起来的，加之一些政府官员或退休官员在人力资源中担任职务，使人力资源具有"二政府"的性质。但是，随着人力资源"去行政化"改革的推进、政社分开的发展，人力资源将真正成为依法自治的组织。人力资源的独立性一方面增强了人力资源独立运作的能力，同时也有利于提升人力资源的公信力。在全面深化改革的背景下，党和政府赋予了人力资源更大的发展空间，通过直接依法登记、政府购买服务、税收优惠等措施，促进了人力资源的发展。随着相关政策的落实，人力资源将在未来的社会生活中扮演更为重要的角色。人力资源要承担起这些职能和角色，必须能够吸引人才来完成相应的社会服务。人力资源要想吸引人才，人力资源的人

力资源开发与管理就必须发挥相应的作用。这从人力资源的发展趋势方面凸显了未来人力资源开发与管理将越来越重要。

我们还必须看到，随着人力资源的发展和公民参与意识的增强，人们对人力资源的认知和了解将更为全面，人们从事社会服务的意愿将更强烈，这会使更多的人被吸引到人力资源中来，成为人力资源的员工或志愿者。这必然带来人力资源的不断壮大，人力资源要妥善使用这些资源，必须建立科学有效的人力资源开发与管理手段，使进入人力资源的人能够各司其职、各得其所、发挥自己的才能、贡献自己的力量。然而，当前我国人力资源对人力资源开发与管理的重视程度明显不够。这一方面表现为招聘市场上人力资源的缺席或话语权的弱势，更难看到人力资源的专场招聘会；另一方面表现在建立人力资源开发与管理职能部门的人力资源比例很小，即使已经建立了人力资源开发与管理部门的人力资源，也往往是以企事业或政府的人力资源开发与管理的方式对人力资源进行开发与管理，没有形成自己的开发与管理特色。因此，必须首先从认识上加强人力资源对开发与管理的重视。人力资源要充分认识到人力资源在人力资源发展中的作用，将人力资源开发与管理的重要性放在突出的位置，顺应人力资源发展对人力资源开发与管理的客观要求。

二、人力资源开发与管理将越来越专业化

人力资源自身的优势就在于它往往是由相关行业的专业人士构成的，如从事教育行业的专业人士构成的教育类人力资源、从事医疗卫生事业的人构成的医疗卫生类人力资源、各类行业协会以及为专门人群服务（如智障儿童、自闭症人群等）的人力资源，等等。这些人力资源自身就具有明显的专业特征，而要适应各自行业的专业化发展趋势，必须更加重视专业化建设。从发达国家人力资源的发展情况来看，专业化发展已经成为人力资源的发展方向。随着我国人力资源的快速发展，对人力资源的开发与管理已经进入国家视野。2015 年 7 月 29 日，国家职业分类大典修订工作委员会审议通过并颁布了 2015版《中华人民共和国职业分类大典》，其中"人力资源专业人员""劝募员""社团会员管理员"纳入职业分类中。随着《中华人民共和国职业分类大典》的发布，社会公众将对人力资源的职业分类有更新的认识，在人力资源工作将成为一种职业逐渐被社会接受。人力资源的职业化发展是人力资源专业化发展的重要表现形式，它有助于提升人力资源的专业化水平。因为人力资源专业人员作为职业，一方面由国家或相应组织通过专门的职业资格认定进行规范，从外部监督的角度对人力资源工作人员的专业化水平提出了要求；另一方面，作为职业的人力资源工作逐渐被社会公众接受会逐步提升社会公众对人力资源工作人员的专业水平的期待，从而客观上促进人力资源工作人员不断通过自我学习来提升自身的专业化水平。人力资源的职业化发展方向推动着人力资源加强人力

资源的开发与管理，也对人力资源的开发与管理在专业化上提出了更高的要求。人力资源开发与管理不仅仅是对相关职业的开发与管理，它包括更广泛的内容，如专业化招募和甄选、专业化培训和开发、专业化的绩效考核等等。可以说，专业化体现在人力资源开发与管理的每个环节，是人力资源开发与管理的专业知识、技能、方法、模式等在人力资源的综合应用。

就人力资源的开发与管理而言，随着对专业化水平要求的提高，人力资源的开发与管理也将逐渐改变简单套用企业的招募方法、绩效管理等方式进行人力资源开发与管理的现状。人力资源开发与管理作为人力资源管理的重要组成部分，将在人力资源内建立专门的职能部门，招募人力资源开发与管理的专门人才，对人力资源的人力资源进行开发与管理。通过利用人力资源开发与管理的技术手段和不断创新，人力资源的开发与管理将逐渐建立起基于人力资源自身特点的人力资源开发与管理模式，从而使人力资源开发与管理更为专业化。随着人力资源的发展壮大，与人力资源相关的研究将逐渐增多，从而更好地推动人力资源的开发与管理，提升人力资源开发与管理的专业化水平。

三、人力资源开发与管理将越来越体系化

从当前我国人力资源的开发与管理现状来看，对人力资源开发管理才刚刚进入探索建立的阶段。由于缺乏建设经验，人力资源的开发与管理往往是借鉴企业或政府的人力资源开发与管理办法，如建立人力资源专业人员的"五险一金"制度、建立企业年金制度、补充养老保险制度等。但是整体而言，人力资源的开发与管理是套用其他组织的管理制度，没有形成自己的体系；已经建立的相关的管理制度也是分散的、就具体问题而设立的制度，并没有形成人力资源开发与管理的完整体系。这种现状不利于建立对人力资源从业人员的制度性保障，因此不能充分发挥对人力资源从业人员的激励。随着人力资源从业人员队伍的壮大，人力资源的开发与管理将逐渐改变套用企业和政府人力资源开发与管理模式的做法，在借鉴企业和政府人力资源开发与管理的同时，根据自身的特点发展出适合人力资源的开发与管理体系。这一体系将融合人力资源的工作岗位设计、招募和甄选、培训、激励、绩效考核、党务建设等，同时将人力资源强调的价值理念、责任感、使命感、非营利性、公益性等特点体现出来。

人力资源开发与管理的体系化建设一方面有助于从人力资源发展的整体大局来思考人力资源的长远发展、制度化建设，另一方面能够不断适应人力资源发展的新趋势，最大限度地激发人力资源的活力，促进人力资源绩效的提升。符合人力资源自身特点的人力资源开发与管理体系的建设和完善是个循序渐进的过程，它将伴随人力资源的发展而逐渐建立起来。

需要强调的是，本书作为一本为人力资源开发与管理实践提供指引的手册，只是对

人力资源开发与管理中涉及的主要问题给予关照，给出相关的原则，提供相应的指引。由于人力资源的发展与日俱进，我们提出的这些指引不可能解决人力资源开发与管理中遇到的所有问题。因此，我们倡导的符合我国国情的人力资源开发与管理体系是个开放的体系，面对人力资源开发与管理中不断出现的新问题，它能够及时地进行调整，吸收最适合人力资源的人才进入人力资源，真正做到"不拘一格"用人才，在动态的发展过程中形成具有中国特色的人力资源开发与管理体系。

第三节　人力资源的治理结构和组织结构

治理是人力资源每天都必须面对的任务，尽管它处于动态的变化过程中，但是在不断的治理实践中会形成较为固定的治理模式，即形成一定的治理结构。从组织的内部运转到组织的外部监督、与其他组织的合作等，都在治理的范围内，治理结构的核心在于确定组织内部分权与利益制衡机制的基本框架。因此，它不仅包括决策机制、执行机制，还包括监督机制，而主要表明在组织中正式决策权的归属。一旦形成了较为固定的治理结构，人力资源的组织结构也就奠定了。具体而言，组织结构是为了实现组织目标而具体执行和参与组织治理的结构，在人力资源中主要包括领导层、管理层和执行层。

一、人力资源治理结构的共性与差异

要深入了解人力资源的治理结构，必须首先了解"治理"。治理是一个互动的过程，它既注重治理的过程，也注重治理带来的绩效。治理不仅是人力资源面临的问题，而且是所有组织都面临的问题，组织的性质不同，采取的治理方式也不同。政府是建立在科层制基础上的治理，企业是建立在契约—产权关系基础上的治理，而人力资源是建立在网络关系基础上的治理，它更多依靠的是信任和互惠。不同的治理方式会形成不同的层级架构和运行机制，从而形成不同的治理结构，如上市公司往往会通过融资结构、股权结构、激励机制和约束机制等方面来衡量和评估公司的治理结构。对人力资源而言，治理结构涉及决策、执行和监督，只有决策层、执行层和监督层各司其职才能实现人力资源的有序运转，从而确保人力资源使命的实现。从发达国家人力资源的治理结构来看，主要形成了两种模式：一种是政府管制模式，这种治理模式以德国和日本为代表，通过借助政府对人力资源的外部监督和管理来实现人力资源的有效治理；另一种是自主治理模式，以美国、英国、澳大利亚等国家为代表，自主治理模式借鉴企业治理中遵循市场规律运作的机制，突出人力资源自身的自律。这两种治理模式的形成有一定的历史因素，但是，随着经济社会的发展和市场化程度的提升，越来越多的人力资源开始走向自主治理，这就更为强调人力资源的自治性，使人力资源更能够按照自己的使命来运作。人力资源是面向社会公众服务的，它的资金来源即使不是全部来自社会，也是绝大多部分来自社会，因此，对人力资源而言，治理结构的问题还会涉及人力资源的公信力问题。有良好的组织结构，使人力资源有序运转，才能建立人力资源的良好形象，提升人力资源的公信力，从而使人力资源吸引更大更多的社会捐赠，更好地提供社会服务。

在我国的人力资源类型中，社会团体、基金会和民办非企业单位的治理结构既有相同之处，也存在一定的差异。相对而言，社会团体的治理结构最为复杂，社会团体有会员大会（或会员代表大会），它是最高权力机关，下设理事会，在会员大会（或会员代表大会）闭会期间负责日常工作。民办非企业单位根据其承担民事责任的不同形式可以分为法人、合伙人和个人三种类型，法人性质的民办非企业单位必须设立理事会和监事会，合伙人性质的民办非企业单位设立合伙人会议，而个体性质的民办非企业单位一般参照个体经济的治理方式。基金会通常设立理事会和监事会，分别负责决策和监督。

（一）社会团体

社会团体是为了实现会员共同意愿而自愿成立的非营利性人力资源。根据《社会团体登记管理条例》和《社会团体章程示范文本》的要求，社会团体的最高权力机关是会员大会（或会员代表大会）。会员大会（或会员代表大会）的职权包括：制定和修改章程、选举和罢免理事、审议理事会的工作报告和财务报告、决定终止事宜及决定其他重大事宜等。会员大会（或会员代表大会）须有 2/3 以上的会员（或会员代表）出席方能召开，其决议须经到会会员（或会员代表）半数以上表决通过方能生效。会员大会（或会员代表大会）定期召开（如每 3 年一次，原则上会员大会或会员代表大会每届最长不超过 5 年）。因特殊情况需提前或延期换届的，须由理事会表决通过，报业务主管单位审查并经社团登记管理机关批准同意。但延期换届最长不超过 1 年。

会员大会（或会员代表大会）是决策机构，在闭会期间必须有相应的执行机构来领导社会团体开展日常工作，因此，社会团体要成立理事会。它的基本职权包括：执行会员大会（或会员代表大会）的决议；选举和罢免理事长（会长）、副理事长（副会长）、秘书长；筹备召开会员大会（或会员代表大会）；向会员大会（或会员代表大会）报告工作和财务状况；决定会员的吸收和除名；决定设立办事机构、分支机构、代表机构和实体机构；决定副秘书长、各机构主要负责人的聘任；领导本团体各机构开展工作；制定内部管理制度；决定其他重大事项等。理事会须有 2/3 以上理事出席方能召开，其决议须经到会理事 2/3 以上表决通过方能生效。理事会每年至少召开一次会议；情况特殊的，也可采取通信形式召开。

在一些理事人数较多的社会团体，还往往在理事会下设常务理事会，在理事会闭会期间行使理事会的职权。常务理事会由理事会选举产生，一般常务理事人数不超过理事人数的 1/3。常务理事会须有 2/3 以上常务理事出席方能召开，其决议须经到会常务理事 2/3 以上表决通过方能生效。常务理事会至少半年召开一次会议，情况特殊的也可采用通信形式召开。

以中国保险行业协会为例，它共有 319 家会员单位，其中保险公司 169 家、保险中介机构 97 家、保险相关机构 10 家、地方保险行业协会 43 家。它的最高权力机构是会员大会，理事会是会员大会的执行机构。会员大会每 4 年召开一次。经理事会或 1/3 以上会员提议可以召开临时会员大会。临时会员大会不得研究提议议题之外的事项。会员大会因特殊情况需提前或延期进行换届的，须由理事会表决通过，报中国保监会和民政部批准同意，并在批准期限内完成换届。理事会每年至少召开一次会议。经会长或 1/3 以上理事提议，可召开临时理事会会议。情况特殊的，可采用通信方式召开。协会设常务理事会。常务理事会由理事会选举产生，对理事会负责，人数不超过理事人数的 1/3。常务理事会会议须有 2/3 以上常务理事出席方可召开，其决议须经到会常务理事 2/3 以上表决通过方能生效。常务理事会一般每年召开两次。经会长或 1/3 以上常务理事会成员提议可召开常务理事会临时会议。情况特殊的可采用通信方式召开。

现行的《社会团体登记管理条例》没有对社会团体设立监事会进行明确的要求，但是一些社会团体随着自身的发展也逐渐开始设立监事会，如中国银行业协会设有监事会，有监事长 1 名，监事若干名。

（二）民办非企业单位

民办非企业单位是企业事业单位、社会团体和其他社会力量以及公民个人利用非国有资产举办的，从事非营利性社会服务活动的人力资源。根据其承担民事责任的不同形式在登记注册时被划分为三类：法人性质、合伙人性质和个体性质。根据《民办非企业单位登记管理暂行条例》和《民办非企业单位（法人）章程示范文本》，这三类民办非企业单位的治理结构也存在显著差异。

法人性质的民办非企业单位需要设立理事会，理事会是决策机构，理事由举办者（包括出资者）、职工代表（由全体职工推举产生）及有关单位（业务主管单位）推选产生。理事每届任期通常为 3~4 年，任期届满，连选可以连任。理事会成员一般为 3~25 人。理事会行使下列事项的决定权：修改章程；业务活动计划；年度财务预算、决算方案；增加开办资金的方案；本单位的分立、合并或终止；聘任或者解聘本单位院长（或校长、所长、主任等）和其提名聘任或者解聘的本单位副院长（或副校长、副所长、副主任等）及财务负责人；罢免、增补理事；内部机构的设置；制定内部管理制度；从业人员的工资报酬等。理事会每年至少召开 2 次会议。理事会设理事长 1 名，副理事长 1~2 名。理事长、副理事长由理事会以全体理事的过半数选举产生或罢免。副理事长协助理事长工作，理事长不能行使职权时，由理事长指定的副理事长代其行使职权。理事会会议应有

1/2 以上的理事出席方可举行。理事会会议实行一人一票制。理事会做出决议，必须经全体理事的过半数通过。而对章程的修改和本单位的分立、合并或终止等重大事项的决议须经全体理事的 2/3 以上通过方为有效。

法人性质的民办非企业单位需要设立监事会，对人数较少的民办非企业单位，可不设监事会，但必须设 1~2 名监事。监事在举办者（包括出资者）、本单位从业人员或有关单位推荐的人员中产生或更换，监事会中的从业人员代表由单位从业人员民主选举产生，理事、院长（或校长、所长、主任等）及财务负责人，不得兼任监事。监事任期与理事任期相同，任期届满，连选可以连任。监事会成员不得少于 3 人，并推选 1 名召集人。监事会或监事行使下列职权：检查本单位财务；对本单位理事、院长（或校长、所长、主任等）违反法律、法规或章程的行为进行监督；当本单位理事、院长（或校长、所长、主任等）的行为损害本单位的利益时，要求其予以纠正等。监事会会议实行一人一票制。监事会决议须经全体监事过半数表决通过，方为有效。监事列席理事会会议。

合伙人性质的民办非企业单位的决策机构是合伙人会议，合伙人会议由全体合伙人组成。合伙人会议行使下列事项的决定权：制定和修改章程；业务活动计划；年度财务预算、决算方案；增加开办资金的方案；本单位的分立、合并或终止；聘任或者解聘本单位院长（或所长、主任等）和其提名聘任或者解聘的本单位副院长（或副所长、副主任等）、财务负责人及管理人员；内部机构的设置；制定内部管理制度；从业人员的工资报酬；处分财产；变更名称；入伙或退伙等。经合伙人会议或全体合伙人决定，委托 1 名（或者数名）合伙人作为合伙负责人。合伙人会议须有 2/3 以上合伙人出席方能召开。合伙人会议实行一人一票制。合伙人会议做出决议，必须经全体合伙人的 2/3 以上表决通过。

对个体性质的民办非企业单位，其治理结构没有固定的模式，一般参照个体经济进行治理。

（三）基金会

基金会，是指利用自然人、法人或者其他组织捐赠的财产，以从事公益事业为目的，按照《基金会管理条例》的规定成立的非营利性法人。

根据《基金会管理条例》和《基金会章程示范文本》，理事会和董事会是基金会的必备机构。理事会一般由 5~25 人构成，每届任期不超过 5 年，连选可以连任。理事会是基金会的决策机构，行使下列职权：制定、修改章程；选举、罢免理事长、副理事长、秘书长；决定重大业务活动计划，包括资金的募集、管理和使用计划；年度收支预算及决算审定；制定内部管理制度；决定设立办事机构、分支机构、代表机构；决定由秘书长提名的副秘书长和各机构主要负责人的聘任；听取、审议秘书长的工作报告，检查秘书长的工作；决定基金会的分立、合并或终止；决定其他重大事项等。理事会每年至少召开 2 次会议，由理事长负责召集和主持。理事会会议须有 2/3 以上理事出席方能召开。理事会决议须经出席理事过半数通过方为有效。而对章程的修改，选举或者罢免理事长、副理事长、秘书长，章程规定的重大募捐、投资活动，基金会的分立、合并等事宜的决议，须经出席理事表决，2/3 以上通过方为有效。

监事会是基金会的监督机构，监事会至少由 3 名监事构成，监事可以由主要捐赠人、业务主管单位分别选派，也可以由登记管理机关根据工作需要选派。监事依照章程规定的程序检查基金会财务和会计资料，监督理事会遵守法律和章程的情况。监事列席理事会会议，有权向理事会提出质询和建议，并应当向登记管理机关、业务主管单位以及税务、会计主管部门反映情况。监事不从基金会获取报酬。

需要说明的是，虽然社会团体、基金会和法人性质的社会服务机构都设有理事会，但是社会团体的理事会不同于后两者的理事会。社会团体的最高权力机构是会员大会（或会员代表大会），在其闭会期间理事会负责执行会员大会（或会员代表大会）的决策及处理相应事务，而基金会和法人性质的社会服务机构的理事会均为各自组织的最高决策机构。

二、人力资源治理结构运行中存在的问题

近年来我国的人力资源得到了快速发展，规范人力资源的法律法规也不断完善，这使得人力资源的治理结构也在不断完善，尤其是在《社会团体登记管理条例》《民办非企业单位登记管理暂行条例》《基金会管理条例》颁布实施后。而相应的章程示范文本的颁布，则进一步将人力资源的治理结构进行了明确化。党的十八届三中全会以来，随着建立现代人力资源体制的改革目标的提出和相应政策措施的出台，人力资源的治理结构逐渐优化。但是，与形成政社分开、权责明确、依法自治的现代人力资源体制相比，我国人力资源的治理结构还不健全，在运行过程中还存在一些问题，主要表现在以下方面：

（一）未能按照法规要求严格执行

我国现行的三大条例对社会团体、民办非企业单位和基金会的管理进行了较为详细的说明，如对理事会构成的要求、对理事会每年开会次数的要求、对监事的要求等等。但是，在现实中，人力资源在登记注册时往往会遵循相应的条例和章程示范文本的要求来制定本组织的章程，而在实施的过程中并没有严格按照章程来做。如社会团体中理事人数众多，导致理事会会议难以统筹安排，理事会不能定期召开，更难以形成统一的意见，理事会的职责难以发挥；副会长太多，导致副会长之间分工不明确，出现责任推诿。有些人力资源则出现理事人数过少，理事会成为理事长的一言堂的情况。理事构成单一，理事中人力资源利益相关者较少，导致真正关心和推动人力资源向科学化、规范化、专业化方向发展的理事少。

法人性质的民办非企业单位和基金会都需要设立监事，对人力资源的运作进行监督，尤其是对财务状况进行监督。而现实中发现，应该设立监事的民办非企业单位不设立监事，或者是监事形同虚设的情况大量存在，直接影响了监事作用的发挥；基金会中监事虽然普遍存在，但也存在大量的监事没有认真履行监督职责的情形。从我国现阶段人力资源发展的情况来看，真正能够以专业的眼光来审视人力资源发展的人才较少，这导致人力资源的监事往往是外行，以外行来监督内行，难以达到监督的效果。

（二）法律法规不完善

我国现行的对人力资源进行规范的法律法规等制度建设存在较为突出的问题，主要表现在三个方面：一是法律体系不健全，二是法律位阶过低，三是法律权威性不足。我国尚没有出台任何人力资源的法律，实行的三大条例中《社会团体登记管理条例》是 1998 年修订发布的，《民办非企业单位登记管理暂行条例》是 1998 年发布的，《基金会管理条例》是 2004 年发布的。这些条例的发布对于规范和促进我国人力资源的发展起到了重要作用。但是，时过境迁，伴随着我国经济的发展和社会的发育，今天的人力资源无论在数量还是在规模上，都不可与 1998 年或 2004 年同日而语。尤其是中央提出实施四类人力资源直接登记以来，人力资源的发展更是如雨后春笋。在人力资源活力不断被激发的今天，十几年前发布的三大条例已经与今天的人力资源发展态势不相适应。

随着后现代社会的来临，人们的服务需求多样化，民办非企业单位是提供多元化服务的重要机构，而我国现行的《民办非企业单位（合伙）章程示范文本》和《民办非企业单位（个体）章程示范文本》中对合伙性质的民办非企业单位和个体性质的民办非企业单位的治理都未给出明确的规定，这与这两类民办非企业单位的发展趋势不吻合，还导致一些民办非企业单位出现"家族化"的倾向。

《慈善法》颁布后，民政部陆续公布了修订的《社会团体登记管理条例》《民办非企业单位登记管理暂行条例》和《基金会管理条例》的征求意见稿。中办、国办印发的《关于改革人力资源管理制度促进人力资源健康有序发展的意见》明确要求，要加快修订出台社会团体、基金会和民办非企业单位登记管理条例。

（三）缺乏普遍的外部监督

人力资源的治理结构不但是内部如何分工、权力如何制衡的问题，也涉及与外部的关系处理。由于人力资源的资金来源往往取自社会，接受外部监督成为其必须面对的现实。但是，从当前人力资源的治理结构来看，除了监事外，尚缺乏明确的如何引入外部监督参与人力资源内部治理的机制和方式。

三、人力资源治理结构的优化

要加快形成政社分开、权责明确、依法自治的现代人力资源体制，必须首先加强人力资源自身的能力建设，提升人力资源的治理能力，形成科学合理的内部治理结构。同时，良好的内部治理结构是人力资源赢得公信力，获得社会支持的重要保障。无论从国际形势来看，还是从我国社会的发展来看，人力资源的发展都是促进公共服务多元化、推动政府职能转型的有力推手。要适应人力资源的发展态势，促进人力资源的发展，就要根据当前我国人力资源发展的态势，借鉴发达国家规范和管理人力资源的经验，不断优化人力资源的治理结构。

（一）从法律层面完善人力资源治理结构

建设社会主义法治国家、全面推进依法治国必须推进人力资源的依法自治，因此，首先要推进人力资源治理结构的法制化。我国当前对人力资源进行规范的仍然是三大条例（《慈善法》规范的是以面向社会开展慈善活动为宗旨的非营利性组织），尚未上升到法律层面，而从国外的经验来看，通过法律来确定和规范人力资源的治理结构是通例。如美国的《美国示范非营利组织法》、日本的《特定非营利活动促进法》、韩国的《非营利机构成立与运作法案》等都对非营利组织的治理模式做出了原则性的规定。中办、国办印发的《关于改革人力资源管理制度促进人力资源健康有序发展的意见》明确提出，要加快调研论证，适时启动人力资源法的研究起草工作。

除了统一的人力资源规范性法律外，针对不同类型的人力资源，应该与时俱进地修改人力资源的管理条例，以使其适应人力资源的发展现状，顺应人力资源发展的未来趋势。如《基金会管理条例》中对理事的任职条件没有明确，《基金会章程示范文本》对理事的任职资格采取的是开放式的要求，完全由基金会自主决定。应该充分考虑尽可能地发挥外部监督的作用，使理事的构成更为多元化，更好地促进理事参与人力资源的决策。

（二）加强对人力资源的法律普及和执法监管

人力资源在我国恢复重建的时间并不长，一些人力资源的从业人员法律意识淡薄，因此，一方面应该加强对人力资源的普法工作，通过加强培训、互助学习、行业自律等方式，提高人力资源从业人员的法律意识和法律水平；另一方面要通过加强对执法的监管来巩固普法的效果。

（三）引入外部监督

人力资源是社会力量共同举办的事业，因此它有众多的利益相关者：政府、企业、捐赠人、受助者、大众媒体、社会公众等。人力资源应该普遍建立监事会或设立监事，严格监事的任职条件，将上述利益相关者作为监事候选人考虑，扩大监事的职权。人力资源可以借鉴企业对监事职权的规定，如允许监事会聘请会计师对人力资源的账目进行评估。同时，要明确监事会的议事规则，监事会是监督人力资源的经营活动，但是它不直接参与人力资源的日常运作。因此，要设立明确的监事会运作规则。

在监事会制度之外，要加强外部监督，如加强社会信用体系建设，将人力资源纳入社会信用体系中，通过健全人力资源信息公开制度、建立人力资源信用奖惩制度等方式，从外部强化人力资源的治理。

四、人力资源的组织机构

随着组织规模的扩大，仅靠个人指令或默契远远不能使分工协作达到高效，它需要组织结构提供一个基本框架，事先规定管理对象、工作范围和联络路线等事宜。组织结构是组织内部各单位间关系、界限、职权和责任的沟通框架，是组织内部分工协作的基本形式。它主要体现为组织内部各有机构成部分或各个部分之间所确立并存在的某种关系形式。组织结构包括三个方面：一是组织结构确定组织正式的上下级关系，包括决定着组织整体职权的层级数量以及主管管理幅度；二是组织结构决定了将不同个体凝聚而成部门，并且将各个部门聚合而成为组织的关联纽带；三是整个组织的制度设计内容，主要包括保证跨部门之间顺畅沟通、协同配合以及各部门能力有机整合等。从人力资源的运作来看，组织结构是治理结构的外在体现，也是实现组织结构的组织载体。

人力资源的组织结构通常有三个基本层次：一是领导层，负责决策和指导，领导层一般为人力资源的理事会及其常务理事会；二是管理层，负责配置和组织资源，主要是秘书长或执行主任领导的管理团队；三是执行层，负责落实和完成工作，主要是部门主管、项目主管及其领导下的工作人员和志愿者。理事会是人力资源治理的核心机构，监事会负责对理事会和管理层进行相应的监督，管理层负责人力资源的日常运营和管理，工作人员和志愿者是履行人力资源使命的基层执行者。

第四节　工作分析与人力资源的岗位设计

组织的成立意味着工作的产生，如何确定工作的性质、工作对人的要求、工作中所需的器械和工具等需要进行工作分析。人力资源本身掌握的资源较为有限，要使有限的资源发挥最大的效用就必须恰如其分地进行工作安排，使人尽其才、物尽其用。本节主要围绕人力资源的工作分析展开，通过工作分析，对人力资源的岗位设计进行明确界定。

一、工作分析及其在人力资源中的应用

工作分析（job analysis）也被称作岗位分析、职位分析或职务分析，有时候也将任务分析（task analysis）与工作分析等同看待。工作分析主要是通过程序化的、系统性的数据收集、分析、综合整理等方面的工作将工作分解成具体的任务。通过工作分析，能够适时地窥探出工作中的变化，诊断出工作中的弊端，同时也能够为组织的人力资源管理奠定基石。工作分析要实现收集以下信息或数据：

1. 工作活动。通过收集各方面的信息分析出承担工作的人必须进行的与工作有关的活动有哪些，承担工作的人如何执行这些工作中所包含的每一项活动、为什么要执行这些活动、何时执行这些活动。

2. 工作中人的行为。系统地分析每一项工作中对承担工作的人有什么要求，如需要人消耗多少能量。

3. 工作中所使用的机器、工具、设备以及其他辅助工作用具。这些机器、工具、设备和辅助工作用具既包括实体的工具，也包括知识，同时还包括相应的服务（如咨询、修理等）。

4. 工作中的绩效标准。通过分析制定恰当的绩效考核标准，即要使用什么样的标准来考核参与这一工作的人的工作表现。

5. 工作背景。这些背景包括工作的物理环境、工作的社会环境、工作的组织形式、工作中的物质激励和精神激励等。

6. 工作对人的要求。其主要是指工作本身对承担工作的人的知识和技能以及个人特征有何要求，如工作对人的教育水平的要求、培训经历的要求、工作经验的要求等。

这些最初为企业管理设计的工作分析及流程虽然不一定全部适合人力资源，但是其分析框架和思路为人力资源进行工作分析提供了借鉴。对人力资源而言，在进行工作分析时要考虑上述六个方面，而要想得到这六个方面的信息需要做到以下两点：首先确定工作分析信息的用途，也就是工作分析获取的信息将用来干什么；其次搜集与工作相关的背景信息和相关的信息，经过系统的分析，编写形成工作说明书和工作规范。人力资源的工作分析要明确需要开展哪些工作活动，不同类型的人力资源开展的工作活动差异很大，如基金会开展的活动和民办非企业单位开展的活动迥异。因此，人力资源在进行本组织的工作活动分析时，需要根据自己的业务性质来确定工作活动，根据人力资源的工作活动来收集相应的资料，分析完成工作需要的工具和知识、工作所处的环境、工作对人的要求等。工作分析是一个动态的过程，它需要根据工作的进展进行相应的调整，也需要根据工作的绩效做出相应的反馈。因此，工作分析会伴随着人力资源治理的始终，在动态发展中实现人力资源的工作目标。

二、人力资源的岗位设计

根据对人力资源的工作活动、工作中人的行为、工作中所使用的工具、工作中的绩效标准、工作背景、工作对人的要求等的分析，人力资源的岗位设置应该分为三个层次：领导层、管理层、执行层。领导层主要负责决策、评估、监督，管理层主要负责日常的运作和管理，执行层负责具体的任务执行。

从当前我国人力资源的发展来看，领导层设置的岗位主要应该有会长（理事长）、副会长（副理事长）、常务理事（理事），监事会主席、副主席、监事。社会团体的领导层一般是由会长（理事长）全面负责人力资源的理事会工作，副会长（副理事长）协助会长（理事长）处理理事会工作，并且有各自的分工领域。如中国冶金建设协会有 1 名会长，7 名执行副会长，会长的职责包括：召集和主持理事会、常务理事会、会长办公会议；检查会员代表大会、理事会、常务理事会决议的落实情况；代表本协会签署有关重要文件。法人性质的民办非企业单位和基金会一般是由理事长负责理事会工作，副理事长协助理事长工作。如中益老龄事业发展中心设理事长 1 名，常务副理事长 1 名，副理事长 1 名；南都公益基金会设理事长 1 名，副理事长 1 名。

监事负责对人力资源日常运行过程进行监督，并对信息披露流程进行控制，同时对组织内部人员违反法律、章程的行为予以指正；监事会主席全面负责监事会工作，对人力资源的监督负责，监事会副主席协助主席开展日常的监督。社会团体、法人性质的民办非企业单位和基金会要设立理事会，法人性质的民办非企业单位和基金会要设立监事会，对其他类型的人力资源并没有要求设置监事会（或监事）。事实上，从人力资源运行的角度来看，设置监事会是人力资源进行自我管理、自我监督的有效手段，是监督人力资源健康运转、规范发展的重要途径。

根据不同类型的人力资源开展的工作活动、所处的工作环境等的差异，可以对不同类型的人力资源进行不同的管理层设置。在社会团体中，管理层主要体现为秘书处，设置秘书长，以负责社会团体的日常管理工作，设置常务副秘书长、副秘书长及秘书长助理协助秘书长开展工作。对部分规模较小的社会团体，可以不设秘书处，只设秘书长，以减少机构冗余。民办非企业单位设立院长（或校长、所长、主任等）管理下属职能部门，基金会设秘书长管理下属办事机构。

执行层负责具体工作的落实和任务的执行，人力资源的执行层通常由三类人构成：专职工作人员、兼职工作人员和志愿者。人力资源的工作人员包括部门主管、项目主管、会计、劝募员、社团会员管理员等，根据其与人力资源的工作关系，可以分为专职人员和兼职人员。专职人员是完成人力资源工作必需的人员，是人力资源的固定工作人员，而兼职人员往往是由于某项工作的需要而专门聘请的人员，如人力资源在某个项目开展时为了更好地促进项目的开展可以聘请一名兼职的项目助理。志愿者是人力资源开展活动时招募的编外人员，他们虽然与人力资源没有隶属关系，但是在促进人力资源任务的完成方面发挥着重要作用。随着人们社会参与意识的增强和人力资源开展活动的丰富，志愿者参与人力资源活动的频率和比例将会进一步提升。

第五节　领导层的配置与角色

领导层是人力资源正常运转的核心，对社会团体来说，最高权力机构是会员大会（或会员代表大会），理事会是会员大会（或会员代表大会）的常设机构，是领导决策机构。对于法人性质的民办非企业单位和基金会而言，理事会负责针对重大问题和政策召集理事会会议，通过票决制做出决定，如战略规划、机构经营目标、主要人事安排等。理事会设有理事长、副理事长、常务理事等岗位，全面负责理事会工作，统筹领导人力资源的运作。

一、会长／理事长

根据我国的特定环境和条件，人力资源的会长／理事长一般由创办人或主要出资人出任，他们往往是人力资源的法定代表人。理事长首先是一名理事，同时领导其他理事；对外是理事会的象征，是理事会的发言人。

（一）会长／理事长的职责说明

理事会的会长／理事长即从组织中遴选出来的领导者，他／她代表组织，进行双向沟通，带领会员，主持会务和活动。其主要任务有：（1）主持所有理事会成员会议；（2）联系会员，使其对组织有所了解，进而关心组织，参与活动；（3）主持理事会活动，修订政策或组织的主要方案；（4）定期向理事会提交工作报告；（5）担任组织的发言人；（6）对监督的工作负主要责任；（7）激励并要求其他理事对理事会负相应责任；（8）与其他会员、工作人员和秘书长共同合作，建立良好的会员关系。

副理事长／副会长：在会长／理事长缺席时代理其职能；部分人力资源的会长／理事长可能给其分配具体分管职能。

理事会秘书：管理和保管理事会档案；理事会开会时做记录或负责记录。

（二）不同类型的人力资源对会长／理事长的不同职权规定

《社会团体章程示范文本》规定，社会团体会长／理事长行使下列职权：（1）召集和主持理事会（或常务理事会）；（2）检查会员大会（或会员代表大会）、理事（或常务理事会）决议的落实情况；（3）代表该社会团体签署有关重要文件。

《民办非企业单位（法人）章程示范文本》规定，理事长行使下列职权：（1）召集和主持理事会会议；（2）检查理事会决议的实施情况；（3）法律、法规和该民办非企业单位章程规定的其他职权；（4）副理事长协助理事长工作，理事长不能行使职权时，由理事长指定的副理事长代其行使职权。

《基金会章程示范文本》规定，理事长行使下列职权：（1）召集和主持理事会会议；（2）检查理事会决议的落实情况；（3）代表基金会签署重要文件。

（三）人力资源法定代表人的任职资格

人力资源的法定代表人一般由会长／理事长担任。由于法律法规对此没有明确规定，少数人力资源根据自身章程的规定，也存在由副理事长／副会长、秘书长或人力资源其他管理人员担任人力资源法定代表人的情况。

《社会团体章程示范文本》规定，社团法定代表人应由会长／理事长担任，如因特殊情况需由副理事长／副会长或秘书长任法定代表人，应报业务主管单位审查并经社团登记管理机关批准同意后，方可担任，并在章程中写明。社会团体法定代表人不兼任其他团体的法定代表人。

《民办非企业单位（法人）章程示范文本》规定，法定代表人为理事长或院长（校长、所长、主任等）。有下列情形之一的，不得担任该单位的法定代表人：（1）无民事行为能力或者限制民事行为能力的；（2）正在被执行刑罚或者正在被执行刑事强制措施的；（3）正在被公安机关或者国家安全机关通缉的；（4）因犯罪被判处刑罚，执行期满未逾3年，或者因犯罪被判处剥夺政治权利，执行期满未逾5年的；（5）担任因违法被撤销登记的民办非企业单位的法定代表人，自该单位被撤销登记之日起未逾3年的；（6）非中国内地居民的。

《基金会章程示范文本》规定，基金会理事长为基金会法定代表人。基金会法定代表人不兼任其他组织的法定代表人。

公募基金会和原始基金来自中国内地的非公募基金会，基金会的法定代表人应当由中国内地居民担任。有些人力资源为了更好地促进组织的发展，广泛吸收社会才智，还会设立顾问委员会，顾问委员会的顾问们是一些不收报酬的志愿者，任务是给组织的正式成员如理事或工作人员等补充专业知识和技术。由这些人组成的顾问委员会有时也被称为"指导委员会"或"督导委员会"。顾问委员会或顾问小组的作用相当于理事会的一个委员会，对工作人员来说是个咨询小组。它可以因一个专门的目的而设置，用来协助理事会和工作人员的某项工作。例如，顾问委员会可以专门负责筹款、提供技术帮助、评估服务或项目的效果，或作为组织的发言人或公关代表。顾问委员会成员对组织不负法律责任。同样，他们的权利也不像理事那样受到法律保护，可以被解职。顾问委员会的职责仅限制在提供建议和为理事会及工作人员的决策提供相关信息的范围内。

二、理事会的基本构成与主要职能

理事会的基本构成与主要职能在理事会成立之前就需要确定，理事会将如何组成、它的规模有多大、多长时间开一次会、理事会成员的任期是多长时间、如何处理行为不当的理事，都要在理事会章程（细则）中做出规定。

很多人力资源在创办初期，创办人集决策与执行于一身，没有健全的管理和治理机制，人力资源的兴衰在很大程度上依赖于个别人的献身精神与明智决策。长此以往，组织很难长期保持正确的发展方向。理事会的建设是完善人力资源内部监管的机制。为了确保组织可持续地健康发展起来，逐步采用和健全理事会治理机制势在必行。

美国麦克利兰基金会和 NPo 信息咨询中心在《治理的价值》培训教材中提出："几乎在任何国家里，法律要求人力资源要有一个理事会，理事会对组织、政府和社会承担着法律和道德上的具体责任。理事会有责任决定组织的使命，保证人力资源的项目合理有效地支持这个使命，保证组织履行其法律和道德的责任，对自身的一切行为负责并保持透明度。理事会是一个组织中最高的权力机构，具有绝对的决策权。"简单地说，理事会就是在法律上对一个组织负有监管责任的一群人；理事会通常由选举产生，是该组织的最高权力机构；理事会的职责是监管这个组织；理事不收任何报酬，也不因为在理事会工作而获得任何补贴。

（一）人力资源理事会的产生及任期

根据民政部发布的《社会团体章程示范文本》，社会团体的会员大会或会员代表大会选举理事组成理事会，再由理事会选举理事长（会长）、副理事长（副会长）、秘书长；社会团体的章程可自由规定理事长（会长）、副理事长（副会长）、秘书长的任期（如二年、三年、四年或五年），但理事长（会长）、副理事长（副会长）、秘书长的任期最长不得超过两届，如因特殊情况需延长任期的，须经会员大会（或会员代表大会）2/3以上会员（或会员代表）表决通过，并报业务主管单位审查、经社团登记管理机关批准同意方可任职。《社会团体章程示范文本》对理事的任期没有限制性的规定，因此社会团体的章程可做"理事任期届满可连选连任，不受任期限制"的规定。

根据《民办非企业单位（法人）章程示范文本》，理事由举办者（包括出资者）、职工代表（由全体职工推举产生）及业务主管单位推选产生，每届任期三年或四年，理事任期届满可连选连任。被选举的理事组成理事会，从理事中选举理事长 1 名、副理事长 1~2 名，每届任期与理事相同，届满连选可以连任，没有连任届数限制。

《基金会管理条例》第 9 条规定，申请设立基金会的申请人向登记管理机关提交的文件包括"理事名单、身份证明以及拟任理事长、副理事长、秘书长简历"，这意味着由发起人选任理事，任期可由章程自由规定，但每届任期不得超过5年。被选举的理事组成理事会，理事会从理事中选举理事长、副理事长和秘书长，理事长、副理事长和秘书长的每届任期与理事相同，届满连选可以连任。《基金会管理条例》第21条规定，理事会是基金会的决策机构，依法行使章程规定的职权。

（二）理事会的基本构成

作为人力资源决策和治理的权力机构，理事会通常经由选举产生，其成员构成则因组织而异，通常情况下包括知名人士、资助者或受益者代表、资深专家等，有时也有政府机构的代表、退休官员或企业的代表等，人数主要集中于10~50人之间不等。一般而言，小规模的人力资源倾向于有一个联系紧密的小型理事会；理事人数较多的理事会为防止变成没有实质意义的橡皮章型理事会，通常设常务委员会或执行委员会来保证理事会的运作有效。《基金会管理条例》规定，基金会的理事会，理事人数为5~25人。《社会团体登记管理条例》和《民办非企业登记管理条例》对理事会的人数未做明确规定，但依照《民办非企业单位（法人）章程示范文本》，民办非企业单位的理事人数应为3~25人。

理事会可下设一个常委会或执委会，在不可能或没有必要召开全体理事会时代表理事会行使职权。设立常委会可以用来提高工作效率，但常委会绝不可以取代全体理事会。在下列情况下需要设立常委会：（1）理事会庞大；（2）理事分散在全国或全世界各地；（3）理事会需要定期采取某些行动或经常做出某些决定。

在必要的情况下，人力资源理事会可以设立专业委员会，以便提高理事之间沟通和协商的专门化水平和咨商效率。一般设立的委员会有执行委员会、审计委员会、薪酬委员会、选举委员会、政策委员会、业绩评价委员会等。

即使常委会可能被赋予一些特殊的决策权利，理事会全体会议应当在下一次会议上确认常委会所做出的决定。

理事是理事会的基本组成要素，对理事会的发展至关重要。理事个人应具备的素质有：（1）个人能力：倾听能力、分析能力、思维清晰、创造性思维能力、团队合作能力；（2）工作态度：愿为参加理事会和委员会会议做准备，在会议上提出恰当的问题，对分给自己的任务愿意承担责任并坚持完成，根据个人情况慷慨地向人力资源贡献自己的时间、精力和金钱，在社区推广该组织，自我评估；（3）学习态度：如果不具备某些技能，愿意学习这些技能，如积累和筹集资金，培养和招聘理事会成员和其他志愿者，阅读和了解财务报表，学习更多组织的核心业务领域的专业知识；（4）个人修养：诚实、能了解并接受不同观点、友好、积极处理问题、耐心、有开拓社区的技能、正直、有成熟的价值观、关心所在人力资源的发展、富有幽默感。

理事个人应承担的职责有：（1）出席理事会和委员会所有会议和典礼，如筹款宣传活动；（2）了解人力资源的使命、服务内容、政策和项目；（3）在理事会和委员会会议前阅读会议议程及其他材料；（4）为委员会服务，并主动承担特别任务；（5）个人向人力资源捐款，并向他人宣传该人力资源；（6）向理事会推荐能够为理事会和人力资源的工作做出很大贡献的合适人选；（7）了解人力资源所在领域或行业的最新动态；（8）不越权向工作人员提特别要求；（9）遵守利益冲突和保密政策；（10）帮助理事会行使受托责任，如审阅年度财务报表。

我国法规中仅仅对基金会理事任职资格做出规定，对社会团体和民办非企业单位的理事没有做出明确规定。《社会团体登记管理条例》对理事、理事长（会长）、副理事长（副会长）以及秘书长的任职资格没有做出规定。《社会团体章程示范文本》对理事的任职资格也无限制，但对理事长（会长）、副理事长（副会长）以及秘书长有基本的要求：（1）坚持党的路线、方针、政策，政治素质好；（2）在本团体业务领域内有较大影响；（3）理事长（会长）、副理事长（副会长）、秘书长最高任职年龄不超过70周岁，秘书长为专职；（4）身体健康，能坚持正常工作；（5）未受过剥夺政治权利的刑事处罚；（6）具有完全民事行为能力。此外，社会团体可以根据自身需要，在章程中附加规定理事、理事长（会长）、副理事长（副会长）以及秘书长的任职资格。《民办非企业单位登记管理暂行条例》对理事、理事长（会长）、副理事长（副会长）以及秘书长的任职资格没有做出规定，《民办非企业单位（法人）章程示范文本》也没有相关建议。《基金会管理条例》对理事的任职资格有明确限定：（1）为了防止理事会被某个家族操纵，用私人财产设立的非公募基金会，相互间有近亲属关系的理事，总数不得超过理事总人数的1/3；其他基金会，具有近亲属关系的，不得同时在理事会任职。（2）担任基金会理事长、副理事长、秘书长的理事，不得由现职国家工作人员兼任。（3）因犯罪被判夺政治权利正在执行期间或者曾经被判处剥夺政治权利的，不得担任理事长、副理事长或者秘书长。（4）曾在因违法被撤销登记的基金会担任理事长、副理事长或者秘书长，且对该基金会的违法行为负有个人责任，自该基金会被撤销之日起未逾5年的，不得担任理事长、副理事长或者秘书长。（5）担任基金会理事长、副理事长或者秘书长的香港居民、澳门居民、台湾居民、外国人以及境外基金会代表机构的负责人，每年至少在中国内地居留3个月。

（三）理事会的主要职能

人力资源领导与决策的展开，需要依托一定的组织结构和制度。在许多人力资源中，领导和决策的结构是理事会制度。其职能主要有：（1）阐明组织的任务；（2）年度评估外在环境和研发新策略；（3）审核批示和评估组织的重要计划；（4）审查和核准经营预算经费并有效管理资源；（5）为组织的运营制定政策和方针；（6）遴选秘书长，给予支持并评估其工作绩效；（7）核准组织的募款计划，并且参与执行；（8）建立财务目标且监督其执行情况；（9）评估组织的绩效。

事实上，理事会应当如何运作没有单一的模式，当组织本身以及外部环境变化时，理事会的运作模式也需要随之相应改变。理事必须遵守多年来人们从经验中得出的基本原则，任何一个理事会都要为人力资源的使命、监督、资源和对外沟通全面负责。

一个健全的理事会应该具备以下特征：第一，通过研讨的方式确定人力资源的政策；第二，人力资源的信用和角色将会反映在决策上；第三，会议和个人指派执行的能力，反映了对人力资源及其发展的热衷程度；第四，劝募过程中，无论在领导组织募集的资源上，还是在积累资源的层面上，理事会都扮演着重要的角色；第五，尊重每一位工作人员和其能力，在规定的政策范围内，负责组织营运。

三、监事会的基本构成与主要职能

监事与监事会是监督和约束理事会决策行为、秘书处执行行为的重要存在。在健全、合理的监督机制中，监督方与被监督方不应当存在利害关系。因此，应当确保监事与监事会的独立性，避免理事会对监事职权范围内的工作进行干预，也应有效避免理事会对监事任免的影响。一是在人力资源章程中对监事会进行具体规定，包括监事的资格、人数及其产生程序；二是人力资源应当通过制度的方式对监事会的工作经费予以保障；三是建立完善的内部管理制度，保证监事对决策和管理活动的参与；四是借鉴公司治理的"股东代表诉讼制度"，在理事会成员或工作人员的行为对人力资源造成重大损失的情形下，赋予监事代表诉讼权，以人力资源的名义提起诉讼。

（一）监事会的基本构成

监事经理事会或常务理事会提名，由会员大会或会员代表大会选举产生。由于监事会代表多方利益，对监事的任命，一般由不同利益方选派。实践中主要有会员、业务主管单位和登记管理单位，而受益人利益作为监督的重要方面，也应吸收服务对象的代表参加监事会。监事除了对公益事业有较高认同感，愿意为公益事业奉献以外，还应当具备一定的专业水准，对项目运作和财务管理等要较为熟悉。会长、副会长、秘书长、副秘书长、理事不得兼任监事。

监事会是人力资源的监督机构，主要对理事、理事会以及执行层进行监督。现有法规规定民办非企业单位和基金会应当设立监事会，但对社会团体并不存在必须设立监事会的硬性规定，但是为了对理事、理事会实施有效监督和制约，社会团体在条件允许的情况下也可建立监事会。由于《社会团体章程示范文本》对社会团体监事会没有任何规定，建议社会团体可以参照《民办非企业单位(法人)章程示范文本》或《基金会章程示范文本》的相关规定建立监事会。

《民办非企业单位（法人）章程示范文本》规定，监事任期与理事任期相同，任期届满，连选可以连任。监事会成员不得少于3人，并推选1名召集人。人数较少的民办非企业单位可不设监事会，但必须设1~2名监事。监事在举办者（包括出资者）、本单位从业人员或有关单位推荐的人员中产生或更换。监事会中的从业人员代表由单位从业人员民主选举产生。民办非企业单位理事、院长（或校长、所长、主任等）及财务负责人，不得兼任监事。

《基金会章程示范文本》规定，基金会可自由决定监事的数量。监事任期与理事任期相同，期满可以连任。3名以上监事可设监事会。理事、理事的近亲属和基金会财会人员不得任监事。监事可以由主要捐赠人、业务主管单位分别选派或变更，也可由登记管理机关根据工作需要选派或变更。

监事的资格限制与理事的资格限制基本相似，如监事应当具有完全民事行为能力，有亲属关系或者特殊关系监事的比例限制，有犯罪前科者不得担任监事，理事或者执行团队人员不得出任监事。

（二）监事会的主要职能

监事不领薪酬。为切实保证监事会能够实施有效监督，监事列席理事会或常务理事会、会长办公会及秘书处办公会等会议。监事会对各级组织会议形成的决议具有建议和督导执行权，对人力资源开展的重大活动及财务收支等具有指导与监督权，对人力资源在运行过程中出现的较大问题或偏差应及时召开监事会议研究处置意见，并督导相关执行机构采取有效措施进行纠正或调整。另外，还要加强对秘书处工作的监管，尤其是加强对秘书处工作的规范管理。在监管机制上，要重在发挥制度的刚性监督作用。

不同人力资源章程对监事会的职能有不同规定。《民办非企业单位（法人）章程示范文本》规定，监事会或监事行使下列职能：（1）检查民办非企业单位财务；（2）对民办非企业单位理事、院长（或校长、所长、主任等）违反法律、法规或章程的行为进行监督；（3）当民办非企业单位理事、院长（或校长、所长、主任等）的行为损害本单位的利益时，要求其予以纠正。《基金会章程示范文本》规定，监事、监事会行使以下职能：（1）依照章程规定的程序检查基金会财务和会计资料，监督理事会遵守法律和章程的情况；（2）列席理事会会议，有权向理事会提出质询和建议，并应当向登记管理机关、业务主管单位以及税务、会计主管部门反映情况。

监事会议事必须遵循一定的规则。《民办非企业单位（法人）章程示范文本》规定，监事会会议实行一人一票制。监事会决议须经全体监事过半数表决通过，方为有效。《基金会章程示范文本》对基金会的监事会议事规则没有规定。

第六节 管理层的配置与角色

人力资源管理者的任务是将组织的使命陈述转换为明确具体的行动目标，人力资源管理层普遍实行"理事会领导下的秘书长负责制"，管理层由人力资源的骨干工作人员组成。管理层在秘书长的领导下，根据理事会制定的政策做出关于人力资源工作的具体决议。管理层负责管理人力资源的项目、财务、行政、资源开发、对外联络、宣传推广以及人力资源开发等。它要通过秘书长定期向理事会汇报工作并积极参与理事会的政策制定。管理层负责带领基层工作人员努力实现组织中所确定的战略规划，还要确保每年对整个组织、所有项目和所有工作人员的工作效绩进行评估。

人力资源的管理层人员一般是全职的管理者，在事务上与企业的管理层类似，负责人力资源的战略实施、项目开发、雇用和考核等。在国际上，企业家精神的观念已经融入人力资源中，并提出社会企业家的概念，即通过商业技能、知识和活动的使用去获取社会改善的目标。社会企业家是具有社会工作、社区发展或企业背景的非营利管理人员，他们通过创造性的企业家方式，来追求社会目标的实现和经济活力化的愿景，比起挣钱他们更关注关心和帮助。因此，社会企业家与社会型组织的社会价值创造过程和社会使命紧密联系。因此，我国人力资源改革的方向应是：激励服务于人力资源的管理层转变为"社会职业经理人"，通过发挥职业经理人精神，创造和维护社会价值，体现对所服务人群或社区以及资源提供者高度负责的态度，体现管理者的创新能力和把握机会能力，有效利用社会资源，提高人力资源运作效果和效率。

一、管理层的基本构成与主要职能

人力资源管理层上承领导层，下连执行层，是人力资源内部设置的日常经营管理的机构。我国人力资源管理层的主要管理人员过去是由官员兼职或政府任命的，受行政化的影响，很难把自己的利益与组织的利益绑在一起，把服务于人力资源当成自己的事业追求，而是或消极应付，或牺牲人力资源的利益以满足政府需求，这使得不少人力资源成了政府职能的延伸和附属机构。"理事会领导下的秘书长负责制"其高层管理者是通过竞争由理事会最终投票决定的，这保证了管理者个人利益与集体利益的一致性，减少了因决策失误造成的损失。

（一）管理层的基本构成

管理层在社会团体中具体体现为秘书处，设秘书长一人，负责社会团体的日常管理工作，是社会团体各项方针规划的具体执行者，可以说，秘书长是社会团体工作的核心人物、关键人物；设副秘书长及秘书长助理若干，协助秘书长开展工作。部分规模较小的社会团体不设秘书处，仅设秘书长；民办非企业单位及基金会一般未设立秘书处，民办非企业单位设立院长（或校长、所长、主任等）管理下属职能部门，基金会设秘书长管理下属办事机构。秘书处管理的职能部门（办事机构）包括综合部（办公室）、项目部、会员部（仅限于社会团体）、财务部、人力资源部、培训部、宣传部、公关部等，依据人力资源规模大小及职能分工进行设立。人力资源的各分支机构、代表机构和实体机构一般也由秘书处／秘书长管理。

（二）管理层的特点

人力资源管理层主要具有以下五个特点：（1）由领导层任命，向领导层负责；（2）独立开展具体工作，执行领导层决策；（3）明确的专业分工，拥有专业优势；（4）属于受薪阶层，通过自身的管理经验与技能参与社会交换获得报酬；（5）具有可变动性或可替代性，即能够进入人力市场并合理流动。

（三）人力资源管理层的主要职能

1.计划（Planning）：按照人力资源宗旨和目标提出并贯彻具体的行动计划，达成目标。

2.组织（organizing）：有效配置资源，合理分工负责，划定成员的责权并进行监督、指导。

3.用人（staffing）：选择好工作人员，因事设岗，以岗划线，以线授权。

4.引导（directing）：对部下的工作进行有效的领导、培训、辅导、协调等。通过引导，使每天的工作和计划协调一致。

5.控制（controlling）：评估工作绩效和成果，实行有效奖罚，激发工作人员的积极性。

二、秘书长的产生和职责

（一）秘书长的产生

根据《社会团体章程示范文本》和《基金会章程示范文本》，理事会的职权之一是选举和罢免理事长（会长）、副理事长（副会长）、秘书长，但是并没有说明秘书长一定要经过选举才能产生。2015年9月7日民政部印发的《全国性行业协会商会负责人任职管理办法（试行）》规定：全国性行业协会商会秘书长为专职，可以通过选举、聘任或者向社会公开招聘产生。聘任或者向社会公开招聘的具体方式由理事会研究确定。聘任或者向社会公开招聘的秘书长任期不受限制，可不经过民主选举程序。聘任或者向社会公开招聘的秘书长不得担任全国性行业协会商会法定代表人。同时，该管理办法还明确规定，理事长和秘书长不得由同一人兼任，不得来自同一会员机构。根据最新的管理办法，秘书长可以通过选举、聘任或者向社会公开招聘产生。随着这一规定的实施，秘书长的产生也将越来越规范。

对人力资源而言，如何选择合格的秘书长？概括而言，应该从领导能力、管理能力、组织能力、沟通协调能力和募捐能力等几个方面来考量秘书长。要成为一个称职的秘书长要做到以下几点：首先，必须有大局意识，能够从战略角度来思考人力资源未来的发展，建立一个整体社会的利益观和战略观，引导员工认识到人力资源的命运与国家的命运息息相关、密不可分，从而培养他们对国家的认同、忠诚和热爱。其次，要围绕人力资源的目标开展管理，而要实现组织目标，必须重视人力资源自身的人才队伍建设，秘书长应该充分发挥自身的领导力，了解员工的优势，擅长授权于员工，调动员工的积极性，以人力资源目标激励员工努力方向的同时，激发员工的自信心和学习能力。最后，秘书长要能够妥善处理各种关系，做好沟通协调工作。这既包括能够妥善处理人力资源与外部的各种关系，如人力资源与政府的关系、与企业的关系、与新闻媒体的关系等，也包括人力资源内部的各种关系，如秘书长与理事会的关系、会员之间的关系、不同职能部门之间的关系等。

（二）秘书长的职责

人力资源管理层的主要负责人是秘书长（或称总干事、执行主任），直接对理事长/会长负责，领导管理团队各个部门并主持人力资源的日常工作。秘书长不具有投票权。在理事会的支持之下，为人力资源建立主要方针，统筹任务和目标，对所有机构的支持者负责。在人力资源中，理事会制度的有效推行和贯彻有赖于一位优秀的秘书长。秘书长是人力资源的核心人物，是行政主管和日常工作负责人。理事会的职能能否有效发挥，在很大程度上取决于秘书长的素质和作为。不同类型人力资源对秘书长的任职条件及职权的规定不同。

《社会团体章程示范文本》规定，社会团体的管理层负责人为秘书长，其须具备下列条件：（1）坚持党的路线、方针、政策，政治素质好；（2）在本团体业务领域内有较大影响；（3）必须专职，最高任职年龄不超过70周岁；（4）身体健康，能坚持正常工作；（5）未受过剥夺政治权利的刑事处罚；（6）具有完全民事行为能力；（7）如超过最高任职年龄的，须经理事会表决通过，报业务主管单位审查并由社团登记管理机关批准同意后，方可任职。

社会团体的秘书长主要行使下列职权：（1）主持办事机构开展日常工作，组织实施年度工作计划；（2）协调各分支机构、代表机构、实体机构开展工作；（3）提名副秘书长以及各办事机构、分支机构、代表机构和实体机构主要负责人，交理事会或常务理事会决定；（4）决定办事机构、代表机构、实体机构专职工作人员的聘用；（5）处理其他日常事务。

民办非企业单位的管理层负责人为院长（或校长、所长、主任等）。《民办非企业单位（法人）章程示范文本》规定，院长（或校长、所长、主任等）对理事会负责，并行使下列职权：（1）主持单位的日常工作，组织实施理事会的决议；（2）组织实施单位年度业务活动计划；（3）拟订单位内部机构设置的方案；（4）拟定内部管理制度；（5）提请聘任或解聘本单位副职和财务负责人；（6）聘任或解聘内设机构负责人。

基金会秘书长必须符合以下条件：（1）在基金会业务领域内有较大影响；（2）须为专职，且最高任职年龄不超过 70 周岁；（3）身体健康，能坚持正常工作；（4）具有完全民事行为能力。

理事长的其他职权和秘书长的职权从以下选项中确定，理事长和秘书长的职权不能重叠，基金会可根据自身实际情况细化或进行补充：（1）主持开展日常工作，组织实施理事会决议；（2）组织实施基金会年度公益活动计划；（3）拟订资金的筹集、管理和使用计划；（4）拟定基金会的内部管理规章制度，报理事会审批；（5）协调各机构开展工作；（6）提议聘任或解聘副秘书长以及财务负责人，由理事会决定；（7）提议聘任或解聘各机构主要负责人，由理事会决定；（8）决定各机构专职工作人员的聘用；（9）章程和理事会赋予的其他职权。

秘书长一般不兼任理事或者监事，也不能参与投票表决，但应该列席理事会会议。会议议程应由理事长／会长和秘书长根据来自理事会负责人、各委员会负责人以及管理团队的意见信息共同拟定。讨论议题必须清晰地列出。在理事会议上，秘书长应该就议题发表自己的意见和建议，以供理事会参考。

三、管理层之间的协调配合

如前所述，以社会团体为例，社会团体设秘书长一人，管理秘书处；设副秘书长及秘书长助理若干，协助秘书长开展工作。秘书长、副秘书长及秘书长助理分别管理秘书处下属不同的办事机构、分支机构、代表机构和实体机构。秘书长、副秘书长（秘书长助理）连同办事机构、分支机构、代表机构和实体机构的负责人，共同构成了社会团体的管理团队。

秘书处下属部门的负责人必须在秘书长的领导下分工协作，在各自不同的业务领域领导社会团体基层工作人员、志愿者履行职责，发挥作用。下面介绍几个主要的人力资源办事机构及其相互间的配合协调机制。

（一）综合部（办公室）

秘书处的综合行政机构，主要负责人力资源内部各项事务的内外对接、沟通、协调，让各项事务得到更快解决。其主要职责有：

在秘书长（秘书长助理）的领导下负责人力资源行政管理工作，定期检查人力资源行政工作的开展情况，保证人力资源管理正规、有序。

拟写人力资源的工作计划、总结及各类文件，及时为秘书长部署工作提交材料。

组织召开秘书长办公会议、专题会议等工作会议，做好会议记录，编写会议纪要。组织编制人力资源行政工作计划和工作总结，参与拟定人力资源的发展战略和规划。

制定、完善人力资源行政、人事、后勤等方面的规章制度，经秘书长批准后组织实施。

负责人力资源办公用品及设备、行政车辆、食堂、宿舍、办公环境等总务后勤管理。

负责人力资源印章使用和管理。

负责人力资源组织机构代码证、登记证书资质年审工作。

负责人力资源档案管理。

负责接待来客、来访，负责会务保障，负责对外事务以及与政府各部门的沟通联系。

（二）人力资源部

根据人力资源的发展规划和经营目标，拟订人力资源发展规划和计划、工作人员劳动保险和福利计划。

负责工作人员绩效考核、考勤管理和劳动纪律管理，并定期对其他各部门劳动纪律、安全保卫、总务后勤等方面进行检查监督。

制订工作人员培训计划，集中组织各部门、机构在岗人员、新工作人员及志愿者开展相应的业务培训。

负责人力资源的组织文化建设，组织开展各项文体活动。

（三）财务部

参与制定人力资源财务制度及相应的实施细则。

参与人力资源的工程项目可信性研究和项目评估中的财务分析工作。

负责理事会及秘书长所需的财务数据资料的整理编报。

负责与财务工作有关的部门（如税务局、财政局、银行、会计事务所等）的联络和沟通工作。

负责资金管理、调度。编制月、季、年度财务情况说明分析，向秘书长及理事会报告人力资源财务情况。

根据民间非营利组织会计制度，负责人力资源的会计报表、账簿装订及会计资料保管工作，审核收付原始凭证。

负责所有明细分类账的记账、结账、核对，并及时清理应收、应付款项。

负责支票等有关结算凭证的购买、领用及保管，办理银行收付业务。

负责工作人员工资的发放工作，捐赠收入、会费收入等现金收付工作。

（四）项目部

编制项目管理实施规划，并对项目目标进行系统管理。

制定项目管理目标责任书。

负责对项目资源进行动态管理。

建立各种专业管理体系并组织实施。

负责对授权范围内的项目工作资源进行分配。

归集项目资料、准备结算资料、参与项目验收。

接受审计，处理项目的善后工作。

协助组织进行项目的检查、鉴定和评奖申报工作。

（五）会员部

按人力资源章程审查及发展会员。

牵头建立会员服务体系，为会员提供有关资料和各类服务，包括会员国际的交流与合作。

组建、管理和发展分支机构、代表机构和实体机构。

建立会员管理数据库，对会员资料进行分类管理，负责会员会费收缴。

保持与会员的联络，以多种形式及时采集会员的信息和建议，推动会员与协会之间以及会员间的交流合作。

（六）宣传部

贯彻执行秘书长对于人力资源宣传的方针与决策。

负责人力资源文化宣传，按照秘书长要求部署对内、对外宣传工作。

对外树立人力资源形象，塑造知名公益品牌。

负责内部期刊的编辑、出版，人力资源网站的建立与维护工作。

负责人力资源与报社、电台、电视台、网络等媒体的对接工作。

定期对人力资源动态、行业动态、国家法律法规进行收集、编撰，并与其他机构共享所收集整理的资料。

在对人力资源的领导层和管理层进行了阐述之后，有必要对两者从人员构成、工作目标、成员职责、领导者、领导者职责、工作时间、酬劳等方面进行比较，以更清晰地区分。

第七节　执行层的配置与角色

人力资源执行层是执行人力资源管理层决策部署的执行者，包括专职工作人员、兼职工作人员和志愿者三大部分。专职工作人员是保证人力资源常规工作开展、保障人力资源日常运转的主体力量，专业社会工作者（是指遵循助人自助的价值理念，利用个案、社区、小组等专业方法，以帮助机构和他人发挥自身潜能、协调社会关系、促进社会公正为职业的社会服务人员。职业资格分为助理社会工作师、社会工作师和高级社会工作师）应是专职工作人员的中坚力量。兼职工作人员往往是那些具有某方面技能的专业人才，受雇人力资源参与某些方面的工作，与人力资源只是临时性的雇佣关系，并未建立长期的劳动合同。志愿者是人力资源执行项目时的重要力量，在项目开展前招募，为项目开展提供义务服务，随着项目的结束而完成使命。

一、执行层的基本构成与特点

（一）专职工作人员

根据《民政部关于加强人力资源专职工作人员劳动合同管理的通知》的规定，与人力资源签订劳动合同的专职工作人员，是指除兼职人员、劳务派遣人员、返聘的离退休人员和纳入行政事业编制人员以外的所有与人力资源建立劳动关系的人员。

不同人力资源法规中对专职工作人员的要求有所不同：《社会团体登记管理条例》第 10 条规定："成立社会团体，应当具备下列条件：……（四）有与其业务活动相适应的专职工作人员。"《民办非企业单位登记管理暂行条例》第 8 条规定："申请登记民办非企业单位，应当具备下列条件：……（三）有与其业务活动相适应的从业人员。"《基金会登记管理条例》第 8 条规定："设立基金会，应当具备下列条件：……（三）有规范的名称、章程、组织机构以及与其开展活动相适应的专职工作人员。"

专职工作人员的素质是影响人力资源工作效率的一个非常重要的因素。他们如同在营利性组织中的职员一样，有专业特长，享有固定的工资收入，其主要职责是协助秘书长和秘书处下属部门的负责人工作，管理人事、财务工作，开展人员培训和项目管理，对志愿者进行评估和监督等。

人力资源应依照《劳动合同法》的相关规定与专职工作人员订立、履行、变更、解除和终止劳动合同，并加强劳动合同的日常管理。按照《劳动合同法》有关劳动合同必备条款的规定，补充、完善现行劳动合同文本，与专职工作人员订立合法、有效的劳动合同，并依法履行、变更、解除和终止劳动合同。结合人力资源自身的特点，抓紧建立各项规章制度、劳动纪律及工作人员奖惩等配套措施，进一步规范劳动合同订立、变更、终止、解除程序，要加强劳动用工信息管理，认真收集整理、妥善保管专职工作人员的工资、休假、保险福利、奖惩、考核等各类资料，以实现劳动合同的精细化管理。

（二）兼职工作人员

专职工作人员与人力资源建立了劳动关系，签订了劳动合同，专职工作人员与组织之间的权利和义务是有法律保障的。与专职工作人员相对，兼职工作人员与人力资源之间没有类似于合同这样的限制，双方本着互惠互利的原则在一起工作，因此二者的关系长期若即若离，并不牢固。部分经费紧张或体制内色彩浓厚的人力资源大量雇用兼职工作人员，这些兼职工作人员通常由退休人员、学生、企业员工、公务员等组成。除劳动关系方面与专职工作人员有所区别外，其他区别不大。

（三）志愿者

志愿者是人力资源开展活动必不可少的执行者。志愿者参与人力资源的服务，承担了人力资源大量的工作，他们提供的无偿服务大大降低了人力资源的行政成本，是促进人力资源目标实现的重要力量。这也是人力资源区别于政府和企业的一个重要标志。近年来志愿者在我国社会中提供的服务越来越多，发挥的作用越来越突出。以2008年的"5·12"汶川大地震为例，志愿者发挥的作用有目共睹。地震发生之后，社会对于公益捐赠的资金总额以及志愿者队伍的规模都创下了历史新高，也正是基于此，国内诸多学者纷纷发言，将2008年称为"中国的人力资源元年""志愿者元年"，这对于中国的志愿者队伍建设有着深远的历史意义，标志着中国的志愿服务发展到了一个新的阶段。据统计，2008年全国志愿者队伍的规模接近1亿人，其中，仅共青团、民政、红十字会三大系统，2008年共增加志愿者1472万人，年增长率达31.8%。而在2008年"5·12"汶川大地震中，共有300万余名志愿者参加了抗震救灾工作，其中外省进入四川的志愿者人数100万余人，省内志愿者约200万人。全国参与赈灾、募捐、搬运、照顾伤病员等志愿者服务的超过1000万人，其经济贡献约185亿元。此外，两亿的网民志愿者也为赈灾空前忙碌，捐资、捐物、捐骨髓、献血、献身、献爱心。面对"井喷"式的志愿者队伍和志愿精神的广泛发扬，社会对志愿者、志愿服务的认知度也在不断提升。根据民政部的统计，2015年全年我国有934.6万人次在社会服务领域提供了2700.7万小时的志愿服务，志愿服务对社会的贡献可见一斑。在一些重大活动中，志愿者发挥了重要作用。例如，2014年的APEC会议期间，有2280名志愿者活跃其间，在迎送仪式、礼宾服务、餐饮服务、安保交通、场地保障、市政保障、综合服务等方面贡献了自己的力量。2016年G20杭州峰会期间，活跃在杭州各个角落的156万名志愿者，用他们的行动和微笑，向世界展示着中国城市文明新形象，向世界展示了一个谦和有礼、人文昌盛的"中国主场"。

人力资源的执行层成员团结在一起的核心不是得到合理的经济回报，而是认同人力资源的文化、价值观、使命和远景。对人力资源而言，志愿者是潜在的员工，志愿者在参与人力资源项目的过程中，通过与人力资源员工的接触、沟通和协调等，能够感受到人力资源的文化和使命，逐渐建立起对这种文化的认同，从而有可能在未来成为专职工作人员。

二、执行层的主要职能

执行层顾名思义就是执行管理层各项计划、决策、部署的基层工作团队。其主要职责有关法规并未规定，也未见于人力资源章程示范文本，由各人力资源根据自身实际情况做出不同的岗位设计，其主要职能包括以下七个方面：

（一）落实计划

领导层决定人力资源发展的大政方针、重要决策，管理层负责制订落实这些方针政策的工作计划，执行层负责具体落实这些工作计划。在西方的各种管理学论述中，一直强调执行力的重要性。卓越的执行者，要根据外部环境的不断变化，不断调整自身策略，机动灵活地采取各种方法完成计划目标。同时要及时向管理层汇报工作进展，保证管理层掌握和调整计划。

（二）使用资源

人力资源的资源包括人力资源、资金资源、物资资源、人脉资源等。如何有效地综合使用好这些资源，达成工作目标，是对执行者能力和综合素质的考验。尤其是如何开展公益性项目，使用人力资源、资金资源等，每一份力量是否都用在受益对象身上，直接关系项目的成败以及人力资源的声誉。

（三）监督执行

人力资源的事务既可以内部直接处理，也可以交由协作单位处理。内部直接处理的事务，专职和兼职工作人员要督促自身和志愿者严格按照计划和标准执行，保证正确的发展方向和合理结果。交由外部处理的事务，也要督促协作单位严格按照计划和标准执行，确保事务的顺利完成。

（四）决策反馈

基层执行人员直接面对工作执行中的所有问题，当由于许多外部因素和内部因素的变化无法顺利执行工作计划时，就需要及时向管理层反馈问题，由管理层调整计划进度、工作方法、计划目标等。如果有特别重大的调整，工作人员可以和管理人员一起出席理事会，汇报遇到的问题与困难，最终由理事会决定如何处理。提出合理化建议也是执行层一种较为成熟和规范化的组织内部沟通方法，主要作用是鼓励广大基层人员直接参与人力资源管理，可以大大激发工作人员的积极性和荣誉感，满足其成就感，促进其使命感，增强人力资源的整体凝聚力。

（五）维权服务

这里说的维权服务，包括对内和对外两个方面。对内包括对人力资源会员，以及对领导层和管理层；对外包括对受益对象、捐赠者、协作单位、新闻媒体、政府部门等。对于人力资源会员，要及时了解他们的需要，从资讯服务、资质审验、培训交流、下情上传、搭建平台等方面为他们做好服务。对人力资源领导层和管理层，要坚决执行其决策部署，日常工作中当好参谋助手，尽力解决琐碎的行政辅助事务。对外则要为受益对象和捐赠者服务好，同时对于协作单位、新闻媒体、政府部门等必须尽力提供必要的帮助，这有利于营造人力资源良好的外部发展环境，树立人力资源品牌。

（六）协调交流

协调交流，也包括对内和对外两个方面。对内执行团队和管理团队要协调一致，同步进取，共同营造创业干事的氛围，建立正面良性的组织文化。对外执行团队要主动、随时和捐赠单位、合作伙伴、舆论媒介、业务主管单位、登记管理部门等保持良好的沟通和互动，方便开展工作。

（七）日常行政

日常行政管理包括组织会议、办公设备购买维护、档案印章管理、人力资源管理（包括招聘培养、劳动关系管理、购买"五险一金"、薪酬绩效管理等）、出差勤务等。虽然事务繁复琐碎，但对于人力资源的有效运作必不可少。

三、执行层之间的协调配合

执行层之间的协调配合机制对人力资源顺利完成工作目标，平稳健康发展发挥着基础性作用。在日常实践中，人力资源由于执行层之间的协调配合不顺畅而导致问题频发的案例并不鲜见。

（一）执行层之间的协调配合障碍存在的原因

1. 专业化的分工导致人力资源各部门工作目标的差异。分工的专业化是提高效率的有效途径，也是人力资源各部门进行划分的标准。人力资源的日常活动往往需要经过多个部门、环节的处理。虽然人力资源有整体上的目标，但划分到各个部门时，会因不同的侧重而致使目标有差异性。如部门之间由于绩效考核的不同产生目标的不同，会存在一定的矛盾性，从而成为部门之间沟通有效性的障碍。

2. 人力资源内部没有形成有效沟通的机制。人力资源内部的沟通缺乏一个平台，各部门之间的沟通大部分是临时性的、个人性的，而不是一种有规律的集体的行为，由于受部门内部各项烦琐事务的牵绊，部门之间的沟通往往就不受重视，容易产生一系列的问题。可以说，建立一个有效的沟通机制是克服沟通障碍的根本方法。

3.沟通意识和沟通氛围的缺乏。人力资源的部门之间，甚至是在部门的内部，由于成员缺乏沟通的意识，从来不主动寻求沟通，比起与其他部门合作解决问题，更倾向于孤军奋战，而这种个人沟通意识上的缺乏往往造成人力资源整体上沟通氛围的缺失，从而不利于跨部门有效沟通的开展。

4.沟通能力欠缺。在很多时候，遇到问题时，缺乏通过沟通来解决的观念，往往会搬出部门领导，甚至是秘书长来进行协调，绕了很大的圈子，导致沟通成本高昂。这就是由工作人员沟通技巧、能力不足，并且不能换位思考造成的。当工作人员不了解其他部门的运作时，只从自身部门的角度考虑问题，一旦其他部门不配合就产生抱怨的情绪，由此更引发了沟通的障碍。

（二）如何提高执行层协调配合的效率

1.明确各部门的职责范围。分工在人力资源中是需要的，人力资源各部门职能的划分也是必须进行的。明确部门所属的职能范围，并分清楚哪些属于部门之间协作的范畴，从而更有针对性地解决问题；同时在部门之间形成合作的观念，而不是单单强调自己部门的重要性。

2.有效整合各部门目标。人力资源各部门职能的划分致使其目标在整体上的不一致性，甚至会出现矛盾，这是由部门利益、小团体利益的存在而造成的。由此，应该整合人力资源各部门各自为政的目标，在整体利益最大化的前提下，合理调整各个部门的目标，保证符合人力资源发展的大方向，达到各部门相协调的效果。同时改变相应的绩效考核的标准，使其与整体的目标相一致，不是在一个割裂的环境下制定绩效标准，从而达到部门之间有效的协调和协作，保证沟通的顺利进行。

3.改变绩效管理模式。将在人力资源各部门之间经常出现的一些协作性的问题纳入考核中来，完善绩效考核的体系，从而有利于各个部门之间沟通的加强，协调问题的改善。

4.建立信息共享机制。定期组织召开人力资源各部门之间的工作"碰头会"，相互介绍工作情况，对重要信息、敏感事件、工作中的难点问题等等，及时进行沟通，以便于各部门掌握各种信息，分享资源。同时在人力资源局域网上实行信息共享，进行全程工作监督。

5.建立相互监督制约机制和责任追究制。要确保人力资源的正确运行，防止不滥用职权，就必须加强人力资源执行层的内部监督制约。只有内部监督制约发挥实效，才能解决不协调不配合问题。部门之间的相互监督制约，是内部监督制约的重要环节。在工作运行中，工作业务在不同环节有相互关联的部门，在加强协调的同时，要通过建立规范化的制度，细化流程，做到专职工作人员与兼职工作人员之间、工作人员与志愿者之间、部门与部门之间、人力资源内部与外部之间等前一个环节与后一个环节的相互监督制约。

对于人力资源的领导层、管理层和执行层来说，明白自己与其他方的任务和关系都是很重要的。理事长或者理事必须小心避免越过秘书长直接指挥工作人员。理事听到工作人员有意见时，要先与秘书长协商，保证秘书长有权管理人力资源的日常运作而不受干涉。任何理事，即使是理事长，在未经理事会允许的情况下不能单独行动，而理事长也只有一票决策权。即使是理事会执行委员会或常务委员会的决议，也要在下次全体理事大会上获得通过才真正有效。秘书长不能担任理事，也不能投票决策。但秘书长应该作为没有投票权的成员参加理事会会议。会议议程应由理事长和秘书长根据来自其他理事会负责人、各委员会主席以及管理团队的信息来拟定。讨论议题必须具体清晰地列出。在每次理事会会议上，秘书长都应该提供一份总结主要成就、突出重大问题的议题以及计划下一步行动的报告。如果有必要，经过秘书长和理事会同意，其他工作人员也可以参加理事会会议。理事有权查看组织的工作报告、项目评估、捐赠纪录以及财务预算。理事必须诚实地宣传人力资源的诚信度和透明度，这是理事必须做的工作。所有的理事和工作人员必须接受关于理事会任务和职责以及恰当的理事—工作人员关系的培训。理事会在政策、计划和监督方面必须担负责任，以确保组织及其项目的成功和良好管理。工作人员负责执行政策，并就组织的日常管理做出计划和决定。工作人员不能独自制定组织的规划和政策，理事也不能直接指导组织日常工作或干涉对工作人员的管理。

第五章 人力资源规划管理及组织机构设置

第一节 人力资源规划管理工作概述

一、人力资源规划的工作内容

从内容的性质上讲，企业的人力资源规划可以分为战略规划和策略规划。战略规划阐述了人力资源管理的原则和目标；策略规划重点强调了具体每项工作的实施规划和操作步骤。一个完整的人力资源规划应该包括以下几个方面：

总规划。人力资源总规划阐述了人力资源规划的总原则、总方针和总目标。

职务编制规划。职务编制规划阐述了企业的组织结构、职务设置、职务描述和职务资格要求等内容。

人员配置规划。人员配置规划阐述了企业每个职务的人员数量、人员的职务变动、职务人员空缺数量等。

人员需求规划。通过总规划、职务编制规划、人员配置规划可以得出人员需求规划。需求规划中应阐明需求的职务名称、人员数量、希望到岗时间等。

人员供给规划。人员供给规划是人员需求规划的对策性规划，主要阐述人员供给的方式（外部招聘、内部招聘等）、人员内部流动政策、人员外部流动政策、人员获取途径和获取实施计划等。

教育培训规划。其包括教育培训需求、培训内容、培训形式、培训考核等内容。

人力资源管理政策调整规划。规划中明确规划期内的人力资源政策的调整原因、调整步骤和调整范围等。

投资预算。上述各项规划的费用预算。

二、人力资源规划的工作方案

人力资源规划是指根据企业的发展规划，通过对企业未来的人力资源需求和供给状况进行分析及估计，对企业内部职务编制、人员配置、教育培训、人力资源管理政策、招聘和选择等内容做出的具体实施计划。

根据规划时间的长短，其可分为长期规划、中期规划、年度规划和短期规划四种。长期规划适用于大型企业，往往是 5~10 年的规划；中期规划适用于大型、中型企业，一般的期限是 2~5 年；年度规划适用于所有企业，通常每年进行一次，常常是企业年度工作规划的一部分；短期规划适用于短期内企业人力资源不断变动的情况，是一种应急规划。

人力资源规划处于人力资源管理活动的安排阶段，它为整个人力资源管理活动制定了目标、原则和方法。人力资源规划的可靠性直接关系人力资源管理工作整体目标的成败。所以，制订好人力资源规划是企业人力资源管理部门一项非常重要和有意义的工作。

需要注意的是，人力资源规划与企业发展规划密切相关，它是实现企业发展目标的一个重要组成部分。企业的人力资源规划不能与企业的发展规划相背离。

三、人力资源规划的制订步骤

（一）调查、收集和整理涉及企业战略决策和经营环境的各种信息。影响企业战略决策的信息有：产品结构、消费者结构、企业产品的市场占有率、生产和销售状况、技术装备的先进程度等企业自身的因素。企业的外部环境包括社会、政治、经济、法律环境等。这些外部因素是企业制订规划的"硬约束"，企业人力资源规划的任何政策和措施均不得与之相抵触。

（二）根据企业或部门实际确定其人力资源规划的期限、范围和性质。建立企业人力资源信息系统，为预测工作准备精确而翔实的资料。

（三）在分析人力资源供给和需求影响因素的基础上，采用以定量为主，结合定性分析的各种科学预测方法对企业未来人力资源供求进行预测。它是一项技术性较强的工作，其准确程度直接决定了规划的效果和成败，是整个人力资源规划中最困难，同时也是最关键的工作。

（四）制订人力资源供求平衡的总计划和各项业务计划。通过具体的业务计划使未来组织对人力资源的需求得到满足。

第二节　人力资源规划管理工作规范化制度

一、人力资源规划范例

现举某公司人力资源规划范例，用以说明人力资源规划中职务设置与人员配置计划、人员招聘计划、选择方式调整计划、绩效考评政策调整计划等相关条文的具体内容。

第一条　职务设置与人员配置计划

根据公司 2007 年发展计划和经营目标，人力资源部协同各部门制定了公司 2~7 年的职务设置与人员配置。

在 2007 年，公司将划分为 8 个部门，其中行政副总负责行政部和人力资源部，财务总监负责财务部，营销总监负责销售一部、销售二部和产品部，技术总监负责开发一部和开发二部。具体职务设置与人员配置如下：

1.决策层（5 人）

总经理 1 名，行政副总 1 名，财务总监 1 名，营销总监 1 名，技术总监 1 名。

2.行政部（8 人）

行政部经理 1 名，行政助理 2 名，行政文员 2 名，司机 2 名，接线员 1 名。

3.财务部（4 人）

财务部经理 1 名，会计 1 名，出纳 1 名，财务文员 1 名。

4.人力资源部（4 人）

人力资源部经理 1 名，薪酬专员 1 名，招聘专员 1 名，培训专员 1 名。

5.销售一部（19 人）

销售一部经理 1 名，销售组长 3 名，销售代表 12 名，销售助理 3 名。

6.销售二部（13 人）

销售二部经理 1 名，销售组长 2 名，销售代表 8 名，销售助理 2 名。

7.开发一部（19 人）

开发一部经理 1 名，开发组长 3 名，开发工程师 12 名，技术助理 3 名。

8.开发二部（19 人）

开发二部经理 1 名，开发组长 3 名，开发工程师 12 名，技术助理 3 名。

9. 产品部（5人）

产品部经理1名，营销策划1名，公共关系2名，产品助理1名。

第二条　人员招聘计划

1. 招聘需求

根据2017年职务设置与人员配置计划，公司人员数量应为96人，到目前为止公司只有83人，还需要补充13人，具体职务和数量如下：

开发组长2名，开发工程师7名，销售代表4名。

2. 招聘方式

开发组长：社会招聘和学校招聘。

开发工程师：学校招聘。

销售代表：社会招聘。

3. 招聘策略

学校招聘主要通过参加应届毕业生洽谈会、在学校举办招聘讲座、发布招聘张贴、网上招聘等四种形式。

社会招聘主要通过参加人才交流会、刊登招聘广告、网上招聘等三种形式。

4. 招聘人事政策

（1）本科生

①待遇：转正后待遇2000元，其中基本工资1500元、住房补助200元、社会保障金300元左右（养老保险、失业保险、医疗保险等）。试用期基本工资1（××）元，满半月有住房补助。

②考上研究生后协议书自动解除。

③试用期3个月。

④签订3年劳动合同。

（2）研究生

①待遇：转正后待遇5000元，其中基本工资4500元、住房补助200元、社会保险金300元左右（养老保险、失业保险、医疗保险等）。试用期基本工资3000元，满半月有住房补助。

②考上博士后协议书自动解除。

③试用期3个月。

④公司资助员工攻读在职博士。

⑤签订不定期劳动合同，员工来去自由。

⑥成为公司骨干员工后，可享有公司股份。

5. 风险预测

（1）本科生招聘难度加大

由于本市应届毕业生就业政策有所变动，可能会增加本科生招聘难度，但公司待遇较高并且属于高新技术企业，可以基本回避该风险。另外，由于优秀的本科生考研的比例很大，所以在招聘时，应该留有候选人员。

（2）研究生招聘难度更大

由于计算机主业研究生愿意留在本市的较少，所以研究生招聘将非常困难。如果研究生招聘比较困难，应重点通过社会招聘来填补"开发组氏"空缺。

第一条 选择方式调整计划

2016 年招聘技术开发人员实行了面试和笔试相结合的考察办法，取得了较理想的效果。

2017 年首先要完善非开发人员的选择制度，并且加强对非智力因素的考察，另外在招聘集中期，可以采用"合议制面试"，即总经理、主管副总、部门经理共同参与对招聘人员的面试，以提高面试效果。

第二条 绩效考评政策调整计划

2016 年对公司员工进行了绩效考评，每位员工都有了考评记录。另外，在 2016 年对开发部进行了标准化的定量考评。

绩效考评政策将做以下调整：

①建立考评沟通制度，由直接上级在每月考评结束时进行考评沟通。

②建立总经理季度书面评语制度，让员工了解公司对他的评价，并感受公司对员工的关心。

③在开发部试行"标准量度平均分布考核方法"，使开发人员明确自己在开发团队中的位置。

④加强考评培训，减少考评误差，提高考评的可靠性和有效性。

第三条 培训政策调整计划

公司培训分为岗前培训、管理培训、岗位培训三部分。

岗前培训在 2016 年已经开始进行，管理培训和技能培训从 2007 年开始由人力资源部负责。

培训政策将做以下调整：

①加强岗前培训。

②管理培训与公司各部门专职管理人员合作开展，不聘请外面的专业培训人员。该培训分管理层和员工两个部分，重点对公司现有的管理模式、管理思路进行培训。

③技术培训根据相关人员申请进行。采取公司内部培训和聘请培训教师两种方式进行。

第四条　人力资源预算

1. 招聘费用预算

①招聘讲座费用：计划本科生和研究生各 4 个学次，每次费用 300 元，预算 2400 元。

②交流会费用：参加交流会 4 次，每次平均 400 元，共计 1600 元。

③宣传材料费：2000 元。

④报纸广告费：6000 元。

2. 培训费用

2016 年实际培训费用 3500 元，按 20% 递增，预计培训费用约为 4200 元。

3. 社会保障金

2016 年社会保障金共交纳 ××××× 元，按 20% 递增，预计社会保障金总额为 ××××× 元。

二、人力资源规划模式

第一条　预测

预测是计划的前提和依据，主要包括：

1. 组织机构变化预测

随着企业经营环境（内部和外部环境）的变化，其组织结构也必然发生变化，应该对其进行预测。预测内容主要是：

①组织目标是否改变，如何改变。

②职务层次序列是否改变，如何改变。

③意见沟通渠道是否改变，如何改变。

④有效的协调与合作关系是否改变，如何改变。

⑤职能机构、直线机构是否增减，如何增减。

⑥劳动组织是否改变，如何改变。

2. 产品规划对人力需求的预测

按照产品规划所列的产品品种与数量，参考编制定员的五种办法进行预测。

3. 新产品发展对人力结构影响预测

产品的更新换代将打乱原有的生产秩序和加工工艺过程，使各个环节上的劳动量发生重大改变，相应地要改变岗位和职位的数量与结构，对此必须加以预测。

4. 设备的技术改造与更新对人力结构的影响预测

设备的技术改造与更新会从根本上改变现有的人力结构和职位序列，需要重新组合。要依据设备技术改造计划，预测人力结构、职位序列、人员数量与素质的新变化。

第二条　决策

决策是计划的核心步骤。人力资源计划的决策过程就是人力发展规划的编制过程。需要决策的主要问题是：

1. 确定人力资源计划的目标

目标是计划的出发点和归宿，是制订人力资源计划首要解决的问题。应根据企业整体计划目标和各项职能计划对人力资源的要求，紧紧围绕着提高劳动生产率这个中心来确定。

2. 人员增补的决策

人员增补的决策包括各类人员增补数量、增补时机、增补方式，以及对增补人员素质上的要求等。

3. 职业转移的决策

职业转移的决策包括职业转移的规模、类别、时机、政策和去向等。

4. 企业发展的人力增加决策

企业规模扩大、技术设备更新所需新增人员的数量、素质及来源等。

5. 员工培训决策

员工培训决策包括培训目标、培训内容、培训方式、培训对象、培训时机及培训经费预算等。

6. 劳动力维持决策

为了维持劳动力的正常状态，需要在劳动保护、员工福利等方面确定目标、采取措施以及经费预算的决策。

第三节 组织机构设置与岗位设计管理工作

一、组织机构设计的工作内容

（一）设计内容

①部门构成。

②各组织机构的职责、职位和职权。

③人员构成。

（二）设计要点

①确定部门构成和部门间的隶属关系和协作关系。

②按部门业务确定部门职责。

③明确部门内的职位，再授予相应职权。

（三）组织系统图

组织系统是指企业内部各个有机组成要素以一定结构形式联结构成的有机整体。

组织系统图可以分为组织机构图和岗位图。

（1）组织机构图

组织机构图是指确定各部门构成和对工作任务如何分工、如何分组、如何协调合作而形成的组织内部各部门、各层次之间的一种相对稳定关系的模式图形。

（2）岗位图

岗位图是指描述在特定的组织中，各工作岗位之间相互分工、相互协调联系并具有相对稳定性工作任务关系的模式图。

二、组织机构设计的工作原则

设计组织机构要从垂直分工和水平分工两个方面的合理性、统一性和灵活性以及提高工作效率、效益几方面，综合考虑，并遵循以下一般原则：

（一）精简原则

精简原则是指组织机构设计要与组织目标任务相适应，根据承担的任务设置组织机构，包括管理层和执行层两个层面的机构设计。

这一原则要求：

1. 管理层次

管理层次要与垂直分工的精细程度相适应，便于管理层内部各部门和各岗位之间的沟通和联络。

设计管理层时，部门划分要做到精细适当，有明确的职责和足够的工作量。部门规模要做到每个部门的规模（人员配备）与承担的任务相适应，没有人浮于事的现象。

一个组织整体只有结构合理、比例恰当、人员精悍，才能有效率。如果机构重叠、臃肿，必然会人浮于事、权责不清，难以达到有效沟通和联络。精简的重点应该突出"精"，以精求简、精干高效。简而不精、势单力薄，既不利于实现组织建设的目的，也不利于组织任务的完成。

2. 结构层次

一个企业内部组织机构除设计管理层的部门构成外，还要依据企业承担任务的性质和任务量设计执行层的部门构成。设计时，既要充分考虑执行层部门之间水平分工有利于生产工艺流程的顺畅运行，又要充分考虑部门之间垂直分工有利于生产管理的高效指挥。执行层的机构设计只有达到精简高效，才能保证企业所承担任务的顺利完成。

（二）权责对等原则

权力和责任是管理事物的两个方面。权责对等原则是指组织中确定的职权和职责必须对等，即每一管理层次上的各个职位既要赋予其具体的职位权限，又要规定与该职位权限相对应的职责范围。

这一原则要求职权与职责相对应，不允许职权大于或小于职责；职责职权要形成规范，使各职位之间的权力责任关系清晰，指挥明确，以减少组织中的重复、抵消、推诿、扯皮、争权、卸责等权责不清的现象，提高组织的工作效率。

（三）统一指挥原则

统一指挥原则是指组织机构设计必须使组织内部的各分系统和个人在完成任务的过程中服从一个上级的命令和指挥，以达到协调统一。

统一指挥原则要求指挥命令系统明确，即上下级之间的权力、责任和联系渠道必须明确，一个下级只能接受来自一个上级的决策和命令，不能政出多门，上级对下级不得越级指挥。"多头领导"和"政出多门"是造成权责不清，管理混乱的主要根源，因此一定要杜绝。

（四）灵活性原则

组织机构设计应该使组织内部的部门和机构最大限度地发挥其主观能动性，同时可以根据内外条件的变化，自行调整部门内部的各项工作，而不会牵动组织机构的变化。这就要求必须在设计组织机构的过程中，增强整体机构稳定条件下的内部灵活性。

这一原则要求集中统一管理必须与各管理层次和各部门的分权相结合，分工与协作相结合，使相对静态的组织机构与变化的动态环境相适应。

（五）效率效益原则

效率效益是设置组织机构的最根本准则。效率是组织机构合理协调的标志，效益是设置组织机构的目的，规定了组织活动必须达到一个什么样的目标。这一原则要求所设计的组织机构必须有运转效率，而组织活动的最终结果必须实现一定的效益。

（六）管理范围原则

管理范围原则是指管理范围的有限性决定了确定管理范围时要视不同的组织与管理者及被管理者的具体情况而定。

这一原则要求确定管理范围时必须分析影响管理范围的直接因素与间接因素，以使主管人员能确定一个适合自己的管理范围，避免主管人员的能力过剩或能力不足。

（七）目标明确和分工协作原则

1. 目标明确原则

任何一个组织，都有其特定的目标，组织机构是为实现组织目标而设置的。组织机构的调整、合并、增加、减少都应以是否对实现组织目标有利作为衡量标准，而不能有其他标准。所以，在设计组织机构时，一定要首先明确组织目标是什么，每个分支机构的分目标是什么，以及每个人的工作目标是什么，根据目标来设置相应的机构。即因事设立机构，设立职位，配备人员，而不能因人设职位、因职位"找"事。即先把人调进来。再"找"事安排职位，设立机构。这种搞法，使该加强的组织机构加强不了，"无事可做"的组织机构取消不了，将会出现"有人无事干""有事无人干"的怪现象。这是一种"先请菩萨后搭庙"的做法，会产生机构臃肿、人浮于事之类的问题。

2. 分工协作原则

组织目标的实现，要靠这个组织中的全体成员共同努力，这就要求这个组织必须坚持分工协作原则，把组织目标分解并落实到各个部门、各个层次和各个成员，这就是分工。分工规定各个部门、各个层次和各个成员的工作内容、工作范围，即明确干什么的问题。

有分工还必须有协作。为了确保组织目标的实现，组织内各部门、各岗位之间都必须进行协作。协作就是要规定各部门、各层次和各岗位相互之间的关系，协调配合的方法。如果组织内各部门、各岗位不协调一致，相互间的力量就会削弱和抵消，组织的职能将受到严重削弱。

（八）弹性原则

组织机构要富有弹性，要根据客观情况的变化实行动态管理。组织是整个社会环境的一部分，组织与社会环境关系的密切程度，受社会的政治、经济、文化等因素的制约。

组织内的各种因素也在不断变化，因此，组织机构既要有相对稳定性，不要轻易变动，又必须随组织内部和外部条件的变化，根据长远目标做出相应的调整，使组织机构具有弹性。墨守成规、长期不变的管理机构，不符合组织机构设计的弹性原则，抑制职工的积极性与创造性。组织机构的弹性原则要求组织定期分析社会环境、人的因素及技术因素的变化，对管理进行适当的调整与改进，这样才能使组织适应不断变化的情况。

三、组织分析方法

组织机构设计要根据组织的自身工作性质来定。设计组织机构并不是目的，而是一种手段，是通过组织机构设计借以实现组织任务目标为目的。所以，切不可以为了设计组织机构而设计组织机构，而必须以通过组织分析方法为出发点进行组织机构设计。

（一）工作分析法

工作分析方法是以实现组织基本目标为依据，用科学的方法分析组织工作的内涵和工作过程及结果，明白组织该做什么工作，哪些工作必须加强，哪些工作可以取消，按照实际需要拟出一个组织工作机构系统，而不是抽象地编制机构规划，只有彻底从工作角度分析组织机构设计的必要性和关键点，才能找出影响组织本身成绩的因素，才能有根据地增加、减少或合并组织机构。

（二）决策分析法

一个组织需要设立哪些机构，除通过工作分析法进行设计外，第二个方法就是运用决策分析法进行设计。也就是说，要根据一个组织做出决策的性质、内容、涉及范围来决定机构的数量和级别。一般来讲，可从以下四个因素进行考虑：一是决策的性质。凡属政策性决策、全局性决策、长远性决策，都要由高层主管经过研究后做出。二是决策的内容。凡属涉及组织发展、员工切身利益、企业总体规划、整体生产安排等大范围的决策，也应由专业性的高级主管做出。三是决策的实施时间。凡属需要较长时间才能实施的决策，也要由企业高层机构做出。四是决策的实施难易程度。凡属较易实施，实施对象直接针对基层管理人员的决策，可由基层机构做出和实施。在设计组织机构时，要依据影响决策的四个因素全面综合考虑组织机构的设置和职责。

（三）关系分析法

现代组织机构之间有上下级关系和平行关系，但平行关系最为重要。一个组织要依据专业和分工确定其机构，平行协调显得更加重要。因此，上下关系和平行关系都要分析。关系分析不仅对确定组织机构是必不可少的，在分派人员时，也是必要的，只有分析机构之间的关系，才能使机构设计合理，避免机构重叠、臃肿，才能促进组织机构设计成功。因为机构不是目的，而是工具，通过分析，才能看出一个组织需要什么样的机构，需要什么形态的机构。也只有根据这些组织分析方法，才能建立起有效的组织机构。

四、岗位设计工作内容

岗位就是指从事具体工作的位置。这里所说的工作，是指特定的具体岗位的工作。只有某种特定工作需要专人来完成时，才有必要设置相应的岗位。这里所说的位置，是指通过特定分工协作开展工作的位置，即从事具体工作的人员与其他相关人员通过协作开展工作的位置。岗位不是独立的，总是相互联系的，是分工协作体系中的一个环节，它的作用就是以其特定的工作保证整个分工协作体系的正常运行。因此，人们在固定岗位上工作，也就是通过完成具体工作任务进入组织的分工协作体系，使组织得到有效运转。在企业中，员工通过在各自的工作岗位上完成任务，来保证企业经济效益的实现。

五、岗位设计工作原则

岗位设计也就是工作设计，即在完成组织机构设计的基础上，再把单位的总任务合理分解、排序，形成员工的责任和任务，将这些责任和任务经过分类、整理、规范，落实到一定的岗位上，以利于整个组织顺利有效运转。根据组织需要，规定某个岗位的责任、任务、权力以及该岗位在组织中与其他岗位的关系进行岗位工作设计。岗位设计有五大原则。

（一）分工原则

分工原则是岗位工作设计的第一个原则，分工的思想源于亚当·斯密的劳动分工，它是指并非让一个人完成全部工作，而是将工作划分为若干个步骤，由一个人单独完成其中的某一个步骤，也就是说，个人专门从事某一部分的活动而不是全部活动。经典的分工原则认为，劳动分工是提高生产效率的一个不尽源泉，分工越细，专业化水平越高，责任越明确，效率也就越高。

（二）职权原则

所谓职权对等原则是指职责与权力必须相等。在进行岗位设计时，既要明确规定每一管理层次和各个部门的职权范围，又要赋予其完成职责所必需的管理权限。职责与职权必须协调一致，要履行一定的职责，就应该有相应的职权，这就是职权原则的本质。只有职责，没有职权或权限太小，其职责承担者的积极性、主动性必然会受到束缚，实际上也不可能承担起应负的责任；相反，只有职权而无任何职责，或职责小于职权，将会导致滥用权力和"瞎指挥"，产生官僚主义等。因此，在实际的岗位设计中应尽量避免这两种倾向。科学的岗位设计应该使职务、职责和职权对等，彼此互相促进、互相制约、形成规范、纳入章程，使无论什么人，只要担任这项岗位工作就应该自觉遵从。

（三）统一指挥的原则

统一指挥原则是指在企业厂长（经理）负责制下，企业里的每个岗位都要有人指挥并对企业负责，企业里的每个人都应知道谁对岗位负责，哪些人应该对自己的岗位负责，每一个人只能接受一个上级的指挥并对该上级负责。这样，上下级之间领导与被领导的关系清楚，上级指挥下级的目标，指挥和执行的程序不易发生混乱。实行统一指挥原则，上下级之间联系单一，彼此之间较易熟悉对方的情况，有利于提高工作效率。同时，由于严格实行"一元化"领导，能够有效避免"政出多门"以及大家都负责但又都不负责的混乱现象。但是，这一原则在执行过程中也存在着一定的缺点。譬如，容易造成企业内部各部门或各生产单位之间缺乏横向联系和企业领导盲目武断瞎指挥的问题。对此，需要从两个方面加以弥补：一是企业在统一指挥原则下，上级对下级授权，允许下级在工作上进行必要的横向联系，下级将其行动的结果及时报告上级。这样不但不会削弱统一指挥原则，而且有助于这一原则的贯彻实施。当然，上级向下级授权必须适度合理。因为授权过小，一方面上级难免事必躬亲，缠身于琐碎事务，影响领导职能的发挥，另一方面又束缚下级的手脚，不利于工作的开展；但是授权过大，容易出现下属阳奉阴违而使该部门或整个企业失控的局面，轻则会影响企业的正常生产经营活动，重则会使该部门乃至整个企业亏损或破产。二是为了避免上级领导的瞎指挥和下级在执行任务过程中的阳奉阴违，必须使上下级从实现企业利益角度共同对企业总目标负责，上级对实现企业总目标负有责任，下级为实现企业总目标必须做好本职工作，谁完不成任务谁负责。实施统一指挥原则，还可以通过经济的、行政的、思想工作的手段加以保证。

（四）合理的管理幅度原则

合理管理幅度原则是指在企业内部各级管理层次上，一个指挥、监督或管理人员能够领导人员的合理数。如果一个人领导或监督的人员过多，会因为不能进行有效管理而降低领导质量和被管理人员的工作效率；若领导或监督的人员过少，又会因浪费领导才能而浪费人才。那么，一个领导、监督和管理人员的管理幅度究竟应该有多大？有人做过调查，认为一个管理人员管辖人数的合理幅度在1~24人之间。一个管理人员的管理幅度受该管理机构的层次、面对问题的种类、管理人员的自身才能和上级领导授权大小等因素的影响。譬如，管理机构层次越高，管理的幅度应该相对较小，一个企业的科长直接领导下的人员要比一个车间主任管理的人员要少得多，因为比较复杂的重大问题往往集中在企业高层，因此，高层领导人直接领导的人员不宜过多，而基层多属于日常事务，基层领导人可以多领导一些人员。

（五）部门划分原则

部门划分实质上是组织分工原则的细化，部门划分原则是指将组织中的全部工作经过专业化分工而分解落实到各部门中去。建立部门可依据所开展工作的职能，所提供的产品或服务，所设定的目标顾客，所覆盖的地理区域或者将投入转换为产出的过程等因素。部门是构成中间管理层组织的基本单位，部门的划分应有利于组织目标的实现。

然而，问题是在部门化的组织中常常会出现各部门追求部门自身利益而看不到全局利益的情况，以职能划分的部门表现最为突出，没有一个职能部门能对最终结果负全部责任，每一个职能部门的成员很少了解其他职能部门的人在干些什么。不同职能部门间利益和视野的不同会导致职能部门之间产生矛盾，而各自又极力强调自己部门的重要性。

第六章 人力资源战略规划

第一节 人力资源战略规划的内容及其重要性

随着当今社会的高速发展，组织的生存与发展不仅面临着新兴行业的冲击和现有行业间的相互竞争，同时也面临着行业内变革与创新的挑战以及被市场所淘汰的风险。如何对组织进行准确定位，并在经济市场下不断提升组织的核心能力、保持绝对竞争优势，对于当今企业来说无一例外具有战略性的意义，并表现出深远的影响。本节将从人力资源管理的角度切入，首先将人力资源管理战略与战略人力资源管理进行区分与说明，其次针对人力资源管理战略规划工作的内容进行分析，最后就其在组织整体战略中的重要性进行说明。

一、人力资源管理战略和战略人力资源管理

人力资源管理战略是企业总战略的重要组成部分，给出并解决诸如人力资源管理的战略性命题等，其中包括人力资源目标的确定、人力资源的规划、人力资源的调整与配置等，是企业为实现公司战略工作而在雇佣关系、甄选、录用、培训、绩效、薪酬、激励、职业生涯管理等方面所做决策的总称。它以对企业所处的内外部环境、条件、资源、机遇等相关因素的系统分析为基础，基于对企业全局利益及长远发展的考虑，对企业中人力资源这一重要人力资本进行全方位的指挥、监督、协调、控制、管理、开发，而人力资源管理战略则是这样一系列有关决策、规划的组织过程的总称。

与人力资源管理战略不同，战略人力资源管理则是一系列关于对组织中人力这一特殊的战略性资源进行战略性的开发、利用与管理的机制、制度、流程、技术和方法的总和。它是人力资源管理战略的执行，为解决方案提供具体的内容的要素。区别于人力资源管理战略，战略人力资源管理是反映到人力资源相关工作的方方面面与细枝末节上的，它的每一样工作都对企业的总体战略起到支撑与战略支持作用。

由此，人力资源管理战略与战略人力资源管理各自具有其侧重点，它们是相互区别的，但同时又是相互联系与相互支撑的。

二、人力资源战略规划

人力资源战略规划为组织的人力资源目标服务，解决人力资源供需动态平衡问题。通过研究总结国内外众多学者对于人力资源战略规划的定义，通常可以分为广义与狭义定义。广义上的人力资源战略规划是指根据组织的发展战略、组织目标及组织内外环境的变化，预测未来的组织任务和环境对组织的要求，以及为完成这些任务和满足这些要求而提供人力资源的过程，它强调人力资源对组织战略目标的支撑作用。狭义上的人力资源战略规划是指对可能的人员需求、供给情况做出预测，并据此储备或减少相应的人力资源，它以追求人力资源的平衡为根本目的。

通常来说，人力资源战略规划的内容可以划分为七项，包括：外部人员补充规划，内部人员流动规划，退休解聘规划，职业生涯规划，培训开发计划，薪酬激励规划与组织文化规划。它是人力资源工作的起点，同时也为人力资源相关工作的开展提供依据与指导。从规划的具体内容来看，人力资源战略规划也包括以下三个方面：

（1）人力资源数量规划。人力资源数量规划是针对企业内人员总量，即总编制数的规划，其中包括核准确定企业目前的人员总量，以及对企业在未来一段时间内的人员需求进行预测。

根据企业生命周期理论，企业在不同的成长阶段对于人员的需求不同，并且显示出动态性的特点。随着社会经济的发展与行业发展的动态与趋势，企业需以目前所处的成长阶段为依据，分析企业业务的高速发展情况，同时为确保公司各项工作流程与业务的顺利开展，对现有的人员数量进行统筹与规划设计。它依据企业战略对未来企业的业务规模、地域分布、商业模式、业务流程和组织结构等因素，确定未来企业各级组织人力资源编制及各职类职种人员配比关系或比例，并在此基础上制订企业未来人力资源需求计划和供给计划。

人力资源数量规划主要解决企业人力资源配置标准的问题，为企业未来的人力资源配置乃至整个人力资源的发展提供了依据，并指明了方向。

（2）人力资源结构规划。人力资源数量规划、人力资源结构规划与人力资源素质规划是同时进行的，但从工作流程的角度来看，数量规划与素质规划都是依据组织规划所确定的结构进行的。因此，人力资源结构规划是人力资源战略规划的重点。

人力资源结构规划是依据行业特点、企业规模、未来战略重点发育的业务及业务模式，对企业人力资源进行分层分类，同时设计和定义企业的职类职种职层功能、职责及权限等，从而理顺各职类职种职层人员在企业发展中的地位、作用和相互关系。它的目的在于打破组织壁垒对于人力资源管理造成的障碍，按照业务系统的要求对相关人力资源开发与管理提供条件，也为建立或者修订企业人力资源管理系统打下基础。

（3）人力资源素质规划。人力资源素质规划是依据企业战略、业务模式、业务流程和组织对员工行为进行要求，设计各职类职种职层人员的任职资格要求，包括素质模型、行为能力及行为标准等。人力资源素质规划是企业开展选人、用人、育人和留人活动的基础与前提条件。

通常来说，人力资源素质规划有两种表现形式，包括任职资格标准和素质模型。其中，任职资格标准要反映企业战略及组织运行方式对各职类职种职层人员的任职行为能力要求，素质模型则反映各职类职种职层需要何种行为特征的人才能满足任职所需的行为能力要求。对人力资源素质进行规划，能够使得企业在今后的组织活动中准确及时地识别、获取、储备与启用适应组织发展需要的人力资源。这对于企业整体战略的实现与其战略目标的达成具有重要意义。

三、人力资源战略规划的重要性

人力资源战略规划的过程不仅是为了追求组织目标的实现，同时也致力于使得在有效设定组织目标和满足个人目标之前保持平衡的条件下使组织拥有与工作任务要求相适应的必要数量和质量的人力资源。首先，应该确保人力资源战略规划能够反映企业战略的诉求，满足企业战略需要。其次，人力资源战略规划应是基于企业的资源能力等基础，对企业的人力资源问题提出渐进式、系统的解决方案。最后，人力资源战略规划不仅应当根据企业内部的情况开展相关工作，同时应当使行业内发展现状及发展方向为企业的开发与发展发挥导向性作用。

第二节　企业人力资源战略规划的编制方法

随着企业对人力资源管理的重视，企业人力资源战略规划被越来越多的企业所重视，但在编制企业人力资源战略过程中，人力资源规划如何进行、应该由哪些篇章和部分构成等问题依然困扰着战略制定者，进而影响人力资源战略规划的实用性。因此，本节将从实用性角度对人力资源战略规划进行探讨分析。

一、当前人力资源战略规划编写存在的主要问题

谈到人力资源战略规划，大部分人都会觉得这是一个很深奥的课题，并且很多企业都会因其拥有人力资源战略规划而倍感自豪。作为传统人力资源管理六大模块中排名第一的人力资源规划，编制规划因此成为人力资源重点工作之一，但同时也带来了一些迷茫。

（1）对人力资源战略规划认识不清。一是陷入两个极端误区：一部分人认为人力资源战略规划是一个高深课题，因此谈虎色变，不敢面对；而另外一部分人却恰恰相反，觉得人力资源战略规划简单，觉得大多是个形式，一个文笔优秀的应届毕业生就可以完成。

二是将人力资源战略等同于人力资源工作计划，或者只是当作一个"形象工程"，认为将人力资源日常工作计划写进规划即可，或者在教科书上搬一些理论就草率完成。

（2）全权聘请专业咨询公司编制。专业咨询公司看到目前人力资源管理者对战略规划的迷茫，于是刻意宣传专业人做专业事，编制战略规划非请专业机构不可，从而进一步深化了人力资源管理从业人员对编制战略规划的恐惧。但一个蓬勃向上的企业人力资源规划却必须有，不然就会觉得战略迷茫，于是部分公司动辄花费几十万上百万的咨询费用聘请专业机构。调查发现，咨询公司一直标榜人力资源战略要服从公司战略，但他们却用一个统一的模板，为企业编制出结构整齐的战略规划，导致企业真正要实施战略规划时没有可操作性，人力资源规划因此成为柜子里面的珍品。

（3）规划内容华而不实。不管是聘请专业咨询机构编制的规划，还是文笔优秀、理论知识丰富的应届毕业生编制的人力资源战略规划，所谓的紧跟公司战略规划的实质就是在人力资源规划中引用公司战略的几句话或原文，而不是对公司战略进行层层分解，无法依据企业战略浓缩出未来人力资源管理的愿景与工作重点。

二、人力资源战略规划编制出现问题的原因分析

一般涉及战略规划，都属于企业中长期规划，是企业未来发展的掌舵手，这对战略规划者来说不仅要熟悉公司运营，更要有战略性的眼光。这对编制战略的人力资源管理人员来说确实有较大的挑战，主要表现在以下方面：

（1）当前研究甚少，缺少参考。首先，企业人力资源战略规划一般3～5年才规划一次，实施期间虽然会根据实际进行修订，但也是对其小修改，频率低，因此，相对于其他六大模块来说，整个人力资源市场专业人才少。

其次，不管是高校教材还是研究人员发表的论文，对人力资源战略规划重点研究侧重于人力资源战略对组织和企业的作用，或者在理论高度阐述人力资源战略的编制方法，这些都仅停留在理论高度而缺少实际操作，在面对企业真正需求时，编制者往往无从下手。

最后，企业人力资源战略一般属于企业机密，不对外公开，因此可参考的较少。

（2）对公司战略不清晰，无法抓住重点。第一，企业人力资源战略规划交由专业咨询机构来编制，他们虽然能编织出外表华丽的战略，但要让同时肩负多个企业咨询业务的专业咨询团队在极短的时间内编制出符合公司的战略规划，他们草率而极短的内部调研是没办法走进企业跟随企业战略的，而且要真正编制出一个适合企业发展的人力资

源规划，会涉及企业核心机密，咨询公司未必能第一手掌握，这也将导致编制的战略无法落地执行。

第二，企业内部自己编制战略规划，需要工作经验丰富而且有一定文笔的专业人员，但一般这种人员都处于领导岗位，根本没有时间来全身心做规划，同时也会因为缺少相关实操经验而失败。甚至有部分企业将人力资源规划交由某一个人去完成。这都将导致战略规划抓不到重点，导致未来人力资源战略不清晰。

（3）等同于人员预测。谈到企业人力资源战略，很多人会说公司发展多少年后，员工数达到或者控制到多少人，而且实际规划中也主要围绕人员预测进行。这显然很片面，只能说是一个人力资源预测，不能称之为人力资源战略规划。

三、编制人力资源战略规划的建议

企业人力资源规划并非不能由企业内部人员编制完成，但也不是仅凭一个人就能完成的。要编制企业人力资源规划，首先要组建一个团队，团队需要包含三类人：经验丰富的人力资源管理专家、企业内部各业务线的专家、理论知识丰富而且文笔优美的年轻人力资源管理人员。团队组建后，一般从以下五个方面进行人力资源战略编制：

（1）现有人才盘点。人才盘点一般就是摸清"家底"，是人力资源规划最基础也很重要的工作，只有对现有人才进行盘点，做到知己，才能编织出一个适合企业的人力资源规划。

（2）SWOT分析。SWOT分析广泛应用于各种战略规划，这是在知己的基础上做到知彼，通过对内部优势、劣势，外部机遇、威胁进行深入分析，分解企业战略，为人力资源战略编制提供前提依据。

（3）提出战略目标与愿景。通过SWOT分析后，对企业战略的层层分解和深入分析，做到知己知彼，进而提出人力资源战略目标与愿景。

（4）关键战略举措。关键战略举措一般从人力资源预测、招聘与配置战略举措、薪酬战略举措、绩效战略举措、培训开发战略举措、劳动关系战略举措等六个方面展开。

人力资源预测作为人力资源规划的重要组成部分，是整个规划中量化指标最集中的部分，涉及很多专业知识和模型，一般可以按经验法、标杆企业对标法、多元线性回归等建模方式进行。但只能以其中一种方式为主，另外选择两种方式为辅进行修正，确保人力资源预测符合实际发展需要。

其他战略举措根据人力资源战略展开，是对人力资源战略目标的分解与保障。

（5）保障措施。人力资源规划编制完成后，需要高屋建瓴地在规划中提出保障措施，以及修订条件与周期，确保战略规划的严肃性和权威性。

四、人力资源战略规划编制成功的前提

衡量人力资源战略规划编制成功与否的依据之一就是看其能否落地执行。这要求做到以下几个方面：

（1）紧跟公司战略。人力资源战略要紧跟企业战略是每个人力资源管理者耳熟能详的理论，甚至是口头禅，也都知道忌盲目跟从。但在实际操作中，很多编制人员为体现高水平，脱离实际，将一些前沿的人力资源管理举措或者标杆企业的战略引进，导致在实施过程中，因自身人力资源管理基础或者发展条件不成熟无法落地实施而失败。

（2）可实现。可实现性主要针对战略目标，人力资源战略目标要符合公司实际发展水平，盲目的跟随是无源之水，不能实现。

（3）可衡量。可衡量性主要针对战略目标和举措，做到能量化的目标尽量量化，假如人力资源规划的一些能量化的战略目标不量化，反而会加大实施过程中的难度，还会影响战略效果。

（4）可操作。可操作性主要是针对战略举措，人力资源战略举措绝非水中捞月，而是基于公司管理实际情况，确保各项战略实施具有可操作性。

（5）执行力。人力资源战略一旦发布，就是一种固化的制度和目标，但再好的规划也需要人力资源管理者有执行力，不折不扣地按战略执行才能彰显其实际价值。

（6）凡事预则立，不预则废。人力资源战略规划具有指导性和约束性、鞭策性和激励性、规范性和程序性，为实现人力资源管理工作程序规范化提供可供遵循的依据。人力资源战略规划是在企业战略基础上对企业未来人才需求、供给、引进、培养、选拔方式进行科学、整体的预测和规划，以及为实现这些规划所采用的战略举措。它是企业人力资源管理其他职能的基础和前提。

第三节　战略性人力资源规划与预测

21世纪是信息时代，给企业的发展带来极大的促进作用。然而，企业的人力资源管理成为社会尤其关注的问题，在实际当中，想要实现动态人力资源规划，应该对其组织战略进行不断的创新和改革。然而，由于目前我国在企业的人力资源管理方面，人才较为缺乏，而且管理理念比较落后，这便带来极大的挑战性。本节将对战略性人力资源规划与预测进行论述，希望对有需要者有一定的帮助。

一、人力资源发展战略的适度调整

由于社会在不断地发展和改革，从而让其发生了巨大的变化，虽然给企业的发展带来极大的促进作用，但是，企业外部环境也会受到影响从而导致其发生改变。作为企业，想要健康地成长，应该对其战略进行相应的改善和调整，这有着十分重要的意义。在企业战略规划当中，人类自由战略规则在其中非常关键，在进行规划的制定时，不仅要以企业总体战略规划为出发点，还要注意自身对企业总体战略规划的重要影响。所以，企业应该根据实际情况，对战略性人力资源规划进行相应的改善。首先，企业处于创业期时，企业主要的战略规划方面，是对员工凝聚力的集中，以及激励、导向企业业务等方面，对于这个时期的企业发展来说，人力资源主要针对对象为能够自己完成任务的人才。其次，企业进入成长期后，在对组织进行扩大的过程中，也会让管理方面得到共同的进步，这是企业的总体战略规划，也就是说，更加注重管理方向的职业化、标准化与规范化。所以，这个时期企业需要引进的人才为能够引领下属前往基层实干的领导型人才。再次，企业进入成熟期。企业总体战略规划从不同的方面出发：第一，对于企业自身的管理水平怎么进行深化，这也是企业核心竞争力的主要方面；第二，对于以后战略目标的发展，怎么规划好策略。可以说，在这个阶段，企业需要培养的人才主要是能够让企业人力资源管理质量得到深化，更能够为企业制定长远发展目标的人才。最后，企业进入衰落期，在这个阶段比较关键，对于企业人力资源的发展，应该将企业总体战略和职工的性格、素养等方面进行相匹配；应该对职工交流和培训进行相应的加强，让职工思维方式和行为模式能够达到一致性，这也是需要强调的方面，只有这样才能让企业文化更加和谐。当然了，在这个过程中，需要对职工的组织性和整体战斗力进行不断的提升，让企业能够可持续发展。例如，诺基亚企业，在"产品制造企业"转型为"服务型企业"的过程，在人力资源规划方面，调整了职工激励等方式，在确定职工薪酬的同时，调整了市场比较对象，更调整了考核时间，对过去的季度考核形式进行了改变，从而实现了项目周期考核的形式。另外，它还调整了能力素质设计。

二、落实战略性人力资源规划改进工作

第一，对于企业来说，有些人力资源管理职能比较传统，处理时可以选择进行外包。可以说，专业化分工形成了企业。随着社会的高速发展，如今对于分工提出了高要求，要更加精细、提高效率，对于企业内部的一些政事工作，企业可以选择比较专业化的企业进行执行。例如，招聘职工、设计薪资等方面。只有这样，企业在发展的过程中，才能在企业价值更大的管理实践开发方面，以及战略性经营伙伴发展等方面投入更多的精

力，这样才能让企业人力资源管理水平得到有效的提升。第二，作为企业，应该将人力资源管理系统进行不断的完善和健全。这里所说的人力资源信息系统，包含企业职工在工作的过程中进行信息的收集、分析等方面。如果企业已经初具一定的规模，对于人力资源工作的开展，完全可以合理地运用计算机技术，这有着十分重要的意义。因此，企业应该在对人力资源信息系统进行建立的同时，进行不断的完善，这样才能让人力资源管理信息化得以实现。第三，企业内部人力资源管理部门地位要重视起来，并且要进行不断的提升。过去，大多数的企业将人力资源管理部门归类为后勤服务部门，措施更是以为事后补救为主，根本没有体现战略性。在这样的情况下，在如今的时代，想要有效地展开战略性人力资源规划，应该将其发展到前台，对企业的发展市场和业务进行深入的了解，动态管理要落实到企业的每个环节。第四，企业人力资源从业人员的综合素质需要进行不断的提升。在这个时期，企业人力资源管理工作者自身的角色应该进行转变，应该成为企业日常经营管理合作者。因此，企业的人力资源部门要明确自身的管理原则，在进行人力资源管理的研究、预测等方面要特别重视，并且作为重点，这样能够让其业务部分实行增值服务，而且进行不断的增加。另外，企业经营目标和每个业务部门的发展需求，这是人力资源管理工作者需要掌握的，深入了解企业职能、价值观等方面，在对职工技能、态度方面进行设计的加强时，应该以企业战略目标发展情况为出发点，这样能够对企业职工的潜力进行有效的挖掘，从而让企业人力资源得到长远的发展。

三、战略性人力资源队伍建设的强化

如今这个时代，企业战略性人力资源规划想要实现合理制定，并且能够落实到位，所以高素质人力资源团队有着十分重要的意义。因此，作为企业，应该从战略性人力资源管理的核心职能出发，加强建设人力资源队伍。第一，企业内部人力资源的合理配置，应该以配置职能为依据。在进行调研工作时，应该对企业总体战略目标、内外部人力资源等情况进行全面的掌握；根据数据进行分析、预测企业人力资源发展需求和供给，对于企业的人力资源管理以及业务规划等进行合理的制定；并且要严格地监督人力资源规划落实情况，最后对其进行评价，这样才能真正地实现企业战略目标。第二，职能的开发，可以让企业和职工能够一起成长和发展。开发战略性人力资源，其实就是以企业发展战略为出发点，开发企业人力资源，这样能够在企业战略目标的实现方面，提供参考价值。所以，作为企业，应该从企业战略目标与职业生涯规划两点出发，有效地开发人力资源工作，与马斯洛需求理论进行有机的结合，对新时代的职工需求要求明确，根据职工自身的不足，然后进行相应的专业培训，从而对职工的潜力进行有效的发挥，在培训的同时，还需要对职工进行考核，这样才能让职员的岗位更加符合。

第四节 基于战略管理视角下的人力资源规划

本节首先阐述了战略管理下企业人力资源规划的概念，接着分析了战略管理视角下人力资源规划存在的问题，最后对战略管理视角下企业进行人力资源规划的策略进行了探讨。

一、战略管理下企业人力资源规划的概念

人力资源规划是企业能够获取合适的人才的程序，其能够保证企业的人力资源实现最优的利用。人力资源规划含义：（1）根据企业生产经营要求对人力资源的数量、质量以及结构进行规划；（2）人力资源要同时满足企业的目标和员工个人利益；（3）人力资源要能够灵活动态地适应企业的发展；（4）重视企业的持续发展，在人力资源规划的实施过程中要不断进行动态调整，分层次储备企业人才等。

二、战略管理视角下人力资源规划存在的问题

（1）战略人力资源规划缺少稳定性。我国企业传统战略人力资源规划缺少科学性的战略管理目标，不少企业战略人力资源规划对人力资源规划的现状重视度不够，当企业的经营环境出现变化的时候，人力资源规划在缺少稳定条件的影响下，很容易发生变动，这会直接影响企业战略人力资源规划的稳定性。

（2）人力资源规划缺乏实际。当前诸多企业尽管设立且已经重视对人力资源的管理，然而却因缺乏具有高素质且经验丰富的人力资源管理人才，而导致企业在人力资源预测分析上缺乏客观性和科学性，同时，当前人力资源规划主要以企业全体员工为预测主体，使得预测数量过多且过程复杂，导致人力资源规划缺乏实际。

（3）战略人力资源规划的灵活性欠佳。当今现代企业面临多元化挑战，传统战略人力资源规划的快速应变能力不足。随着企业的多元化发展，人力资源不再是简单的人员集合，而是一个团队或组织，这就使人力资源规划面临新的要求，它离不开企业各个职能部门的协调，但由于灵活性欠佳，当需要对人力资源规划进行动态调整时，就很难第一时间进行，使得企业人力资源也遭受损失。

三、战略管理视角下企业进行人力资源规划的策略

（1）评估企业现有的人力资源。人力资源管理部门通过对企业现有的人力资源情况进行系统分析，进而掌握企业人力资源的整体信息，而在对人力资源信息掌握时，要保证人力资源信息的准确性及全面性，在准确掌握人力资源信息后，要对企业当前的岗位人才情况进行调查，根据岗位中的核心人才情况来评估企业员工职位匹配度是否符合，对现有的人力资源进行合理调整，并制订具有针对性的人力资源规划方案。

（2）对企业未来人力资源供需进行科学预测。在企业战略管理的指导下，采取科学的方式对企业未来的人力资源供需进行科学的预测。企业战略管理能指导企业未来发展的方向，而分解的人力资源战略是预测企业人力资源供需的基础。一般情况下，企业通过综合分析发展的总目标、战略管理、构建人力资源的原则等信息，预测得到的人力资源供需情况具备一定的可靠性。作为人力资源规划的必备环节之一，预测人力资源供需的准确性异常重要。在具体的分析与预测过程中，通常会涉及两类方法：一是主观类方法、具体有问卷调查法等，它们被广泛应用于企业人力资源管理，优点是操作简便，缺点是数据信息缺乏普遍性，结论的主观性较强，往往很难定量，只能定性；二是客观类方法，主要手段包括数学线性规划、人力资源预测模型，优点在于量化预测的内容，站在理论的高度提高预测结果的准确性。但目前企业运用模型的能力相当有限，在运用很多数据时都很难确保精确性，计算出的结果往往也缺乏准确性。因此，不管采取哪种方法，企业都应从自身实际出发，找到与企业的战略管理及发展契合的方法，尽可能提高预测的准确度。

（3）合理调配企业现有人力资源。企业在进行人力资源规划时，要实时合理地调配企业现有的人力资源，同时还需注重培养企业所需的储备人才，保证企业人力资源规划的灵活性，将企业现有的人力充分利用，保证员工能够在不同岗位发挥不同的作用，节约用人成本，发挥人才的作用，同时要灵活运用企业的各种资源，增强企业人力资源规划的灵活性。

（4）健全战略人力资源规划的制度保障。战略人力资源规划的顺利进行需要配备一系列的人力资源管理制度，比如建立完善人力资源的绩效考核机制以及员工的奖励机制等。这样制度的建立完善可以极大提高企业员工的工作积极性，从而也为企业的发展带来更多的经济效益。人力资源制度的建立和完善需要协调各部门之间的关系，比如绩效考核要以企业员工的工作能力和业绩为导向，完善绩效考核制度。此外，建立完善相应的制度可以优化人力资源的管理结构，使企业员工更加适应所在岗位的发展。再者，建立完善的人才选拔机制，针对企业重要性的岗位可以采取竞争上岗的方式，择优录用，尽可能最大化发挥人才的力量。劳动就业体制还需要不断地加以深化改革，切实保障企业员工的根本利益，依法签订劳动合同。

（5）制订长远的人力资源战略规划。在人才选拔方面，选拔知识型员工已是大势所趋，企业应充分利用战略管理视角下的大数据优势，获取相关数据信息，对其进行整合分析，结合企业需求对人才进行选拔；在人才培养方面，企业管理人员必须站在一个新的高度上，拓展新思路，采取新措施，紧跟时代发展的步伐，对员工知识技能的培养应与企业未来的发展相适应；在人才任用方面，最重要的是要学会识别人，利用互联网进行信息的收集，并对收集的数据信息进行分析，了解员工的个性心理和个性特征，并对其能力进行考察，选择具有创新精神、有能力的员工；在人才保留方面，为员工提供良好的福利待遇以及发展空间，了解员工的真正需求，为其创造良好的工作环境，这样才能让优秀员工踏实、忠诚地为本企业工作。

综上所述，企业战略视角下人力资源规划是非常复杂的，参与人力资源规划的部门有多个，因此，针对这样的情况需要将企业各个部门的关系协调好，以便人力资源规划的相关环节可以顺利地进行，促进企业战略人力资源规划的发展。

第五节　战略扩张期企业人力资源发展规划

多元化的市场环境，要求战略扩张期企业要注重人力资源发展规划，优化企业战略性发展的内外环境。本节立足战略性扩张期企业的特点，分析了人力资源发展规划中存在的问题，并在此基础之上，从优化人力资源发展规划、创设人才发展平台、建立人力资源开发机制等方面，具体论述了战略扩张期企业人力资源发展规划策略。

人力资源是企业发展之根基，是企业战略发展的有力支撑。企业不同的成长阶段，对人力资源的需求及层次结构有所不同，但归根结底，都是以人力资源发展规划为导向，建立完备的人力资源体系，服务企业经营发展。处于战略扩张期的企业，对人力资源的"量"与"质"有双重所需，强调核心人才在战略扩张发展中的重要性。人力资源发展规划要紧扣企业发展所需，立足对应的发展阶段，制订科学有效的发展规划，与战略性扩张发展相匹配。本节从现实问题出发，立足战略扩张企业的发展特点及所需，就如何实现人力资源发展规划的科学实施，做了如下具体阐述：

一、战略扩张期企业人力资源发展规划问题

人力资源管理是企业内部管理建设的重要内容，进行科学有效的发展规划直接关系到企业的发展进程。对于战略扩张期企业而言，完备的人力资源保障，是推动战略性发展的内在动力。但从实际而言，很大部分战略扩张期企业，缺乏对人力资源发展规划的重视，战略性人力资源规划"不稳定"、实效性"不足"、灵活性"不佳"等问题，影

响了企业的战略性扩张。具体而言，主要有以下几个问题：

（1）稳定性不足：人力资源发展规划稳定性不足，与战略性扩张发展相脱节。战略扩张期的企业，需要充沛的人力资源做支撑，人力资源发展规划不稳定，直接影响到企业战略性发展的持续推进。首先，人力资源发展规划与企业战略扩张发展相脱节，人力资源发展规划缺乏目标导向性，短期经济效益的追求，难以实现人力资源发展规划的战略性；其次，人力资源发展规划易受外部因素影响，特别是在战略扩张时期，企业所面临的市场风险因素增加，人力资源发展规划的不稳定性，将会对企业人力资源管理体系直接形成影响，从而制约企业战略性扩张的推进；最后，人力资源发展规划的直接经济效益不显著，在战略性扩张时期，经济效益最大化的目标导向，削弱了人力资源发展规划的重要性，导致组织落实不到位。

（2）实效性欠缺：人力资源发展规划实效性欠缺，对战略性扩张效能不显著。人力资源发展规划的实效性，在于服务企业扩张发展，完善人力资源体系。而从实际来看，战略扩张期企业的资源整合力不足，人力资源发展规划的实效性欠缺，以至于服务战略扩张发展的效能不显著。一方面，企业"重实务，轻规划"，人力资源发展规划的目标导向性不足，影响了人力资源规划的可操作性；另一方面，企业在人力资源的需求预测中，以主观判断为主体，缺乏人力资源规划与战略扩张发展之间的匹配性，出现人力资源闲置浪费等问题。

（3）灵活性欠佳：人力资源发展规划灵活性欠缺，缺乏战略发展应变能力。多元化的市场环境，要求现代企业要紧扣市场发展，创设灵活多变的人力资源管理机制。而企业在人力资源发展规划中，缺乏市场变动因子的灵活应变能力，人力资源规划的动态调整欠缺，影响人力资源发展规划的可操作性。首先，人力资源发展规划浮于表面，对于战略性扩张发展的人力资源需求，缺乏科学有效的判断分析；其次，人力资源发展规划"死板"，缺乏战略扩张发展的应变能力，对于动态属性下的规划研究，缺乏灵活性的应变能力。因此，在人力资源发展规划中，要取战略性扩张发展所需，提高发展规划的灵活性，能够与战略性发展相契合，以此提高应变能力。

二、战略扩张期企业人力资源发展规划策略

人力资源的特殊性，要求战略扩张期企业应审视人力资源发展规划的重要性，以战略发展为导向，深化发展规划构建，为企业健康有序发展创设良好的内部条件。不同发展时期，企业人力资源发展规划的立足点不同，扩张期的人力资源规划，应拓展规划面、提高规划效能，为企业战略发展提供动力，盘活经营发展。因此，具体而言，战略扩张期企业人力资源发展规划，可从以下几个方面具体展开：

（1）紧扣战略发展目标，优化人力资源发展规划。战略扩张期的人力资源开发，

应明确两个关注点：一是如何在战略扩张期，创设充沛的人力资源，支撑战略扩张的持续推进；二是如何在战略发展的目标之下，深化人力资源发展规划的目标导向性。很显然，战略扩张期企业，需要人力资源发展规划的"准备性""目标导向"，为企业提供长远的人力资源储备，以及核心人力资源。首先，优化人力资源结构，完善核心人力资源的结构比重，为企业战略扩张提供充足的人才保障；其次，明确战略目标导向，构建可持续性发展的人力资源规划体系，为企业战略扩张创设良好条件。一方面，企业要针对发展所需，全面完善人才培养机制，将人才培养与组织战略进行有机结合；另一方面，推进企业文化建设，形成具有凝聚力、战斗力的企业文化，并融入至人力资源发展规划之中，夯实战略性扩张发展的基础。

（2）创设人才发展平台，聚焦人才与企业成长。人才是发展的动力，尤其是扩张期企业，需要完备的核心人力资源。为此，企业一是要创设人才发展平台，提高岗位价值创造，为企业与职工的互利共赢，创设良好的平台环境；二是关注人才发展环境，从人才发展出发，立足企业扩张发展所需，搭建多元化的发展平台，促进人力资源规划与战略扩张的有机结合，实现企业健康发展；三是聚焦企业与人才的共同成长。从实际出发，关切人才发展所需，立足双方的共同发展点，构建更具活力的人力资源规划，能够更好地激活企业发展，推动人才在企业战略扩张中的作用。

（3）建立人力资源开发机制，创设人力资源发展环境。人力资源开发机制的建立，旨在优化战略扩张期企业的人力资源发展环境，让人才培养成为人力资源发展规划的重要组成部分。首先，创新"聚才"机制，让环境留人、事业留人，不断地通过机制的优化与创新，让优质人才留下来、发展起来，成为企业战略扩张的不竭动力。其次，建立人才竞争机制。企业所需人才，应具有发展动力，能够为企业战略扩张发展提供动力。为此，人才竞争机制的建立，旨在开发人才潜力，激活人才的优秀品质，以更好地服务企业发展，并形成良好的发展动力。最后，转变人力资源规划模式，提高人力资源管理效能，通过完善的人力资源信息系统，完善人力资源开发规划环境，为战略扩张期企业的人力资源规划创设良好的外部条件。

综上所述，人力资源发展规划是服务企业发展，构建战略性人力资源体系的重要基础。战略扩张期企业面临新的发展机遇与调整，人力资源发展规划的科学实施，是支撑企业战略扩张的有力基础。在本节探讨中，战略扩张期企业面临人力资源发展规划"不稳定""实效性欠缺"等问题，要求战略扩张期企业要审视发展环境，夯实三个方面的人力资源发展规划：一是紧扣战略发展目标，优化人力资源发展规划；二是创设人才发展平台，聚焦人才与企业成长；三是建立人力资源开发机制，创设人力资源发展环境。

第七章 组织与人力资源管理

第一节 非营利组织的人力资源管理

近年来，非营利组织频繁曝出信任危机事件，在信任危机发生之后，由于工作人员的处理方式不够恰当，从而导致非营利组织的运行难以持续下去。这就说明了在非营利组织的生存发展过程中，缺少一支专业性的人才队伍，缺少合理的人力资源管理制度。本节揭示了非营利组织缺少专业人员、人员老龄化严重和缺少适当的激励等问题，并结合当今中国的国情，提出相关解决措施，对非营利组织进行合理的人力资源管理具有一定的启示作用。

非营利组织作为不以营利为目的的组织，其目标主要是为社会提供公共服务，涉及的范围很广，包括慈善、教育、环保等。其具有非营利性的特征，服务于社会需求，在社会中扮演着公共服务的提供者、公共精神的倡导者、公共政策的参与者和公共关系的协调者等重要角色。非营利组织人力资源管理是指非营利组织对一定范围内的人力资源进行规划、获取、维持和开发等一系列的管理活动。随着社会的进步发展，人才资源越来越取代传统的资本成为组织发展的重要因素，而不以营利为目的的非营利组织能够给予组织人员的薪酬较少，这就造成了非营利组织人员的大量流失，这时，人力资源管理就成为非营利组织生存能力与竞争力强弱的标志。只有对非营利组织的人力资源进行合理管理，才能不断提高非营利组织的专业水平，保证其可以不断地发展与壮大，为社会提供更好的服务。因此，本节结合我国非营利组织的发展现状，探究其人力资源管理中所面临的困境与问题，并提出相关解决措施。

一、相关理论研究

相比国内而言，国外的非营利组织发展相对较为成熟，其具有完善的体系与制度。因此，国外对于非营利组织的人力资源管理研究也相对较为完善，对于非营利组织人力资源的管理问题，国外学者有着丰富的理论经验和实践经验。Taylor&Francis 将研究集中在非营利部门的智力资本和战略人力资源管理上，并利用从澳大利亚非营利组织收集到的数据，提出新的理论，强调智力资本在非营利组织战略人力资源管理上的核心作用，从而填补了研究上的空白，最后通过研究提出了一种新的非营利组织人力资源管理模式。Ralf Cases 认为非营利组织在人力资源管理上要重视起人员的招聘，认为非营利组织在招聘人员过程中应当考察应聘者对组织的向往、个人品德、个人是否计较利益得失这三个因素，并将这三个因素作为指标综合打分来确定应聘者。另外，非营利组织在招聘中应避免任贤为亲，在招聘过程中要敢于并善于聘用那些优秀的人才。

在国内，非营利组织同样面临着人力资源管理问题，众多学者也纷纷对其进行研究。尉俊东从人力资源管理的缓解和目标来看，认为非营利组织的人力资源管理策略应该更加强调价值体系和使命感的作用，要将人力资源管理与员工的发展结合起来，给予员工学习与发展的空间，吸引员工留下，可以更好地进行人力资源管理。张彻则从岗位职责和外部环境的角度出发，分析非营利组织目前所存在的问题，并提出非营利组织应该接受外部的多方监督，在对人力资源进行管理时，应该更加注重其公开透明性，同时在岗位上，也要对员工的专业性严格要求，不断提高其专业程度。安家鹏对非营利组织员工进行问卷调查后得出，非营利组织员工的工作满意度与财务公平呈正相关关系。这就说明财务不公平将导致非营利组织员工的满意度降低，从而便造成人才的流失。

二、我国非营利组织人力资源管理现状分析

（一）缺少专业人员

从上海的情况来看，刑博对上海市基金会进行了调查，调查显示：在人员组成上，被调查的 88 家基金会中，包括专职与兼职两部分的工作人员加起来在 5 ~ 10 人之间的占比48.86%，仅有19.3%的基金会专职人员超过 10 人。同时，全市基金会从业人员974人，其中兼职人员共520人，占从业人数的53%，其中19家的基金会从业人员全是兼职人员，因此，非营利组织中从业人员少。尽管中国高校近年来每年培养一万名左右的专业社会工作者，但只有不到30%在非营利组织中就业，这就造成了非营利组织的人员专业程度不高。缺少高素质的知识性人才，这样就会造成非营利组织不能保持自身的独立性，进而始终达不到所期望的预期效益。目前我国非营利组织缺乏比较专业的知识人才，这就会导致组织缺少新鲜血液，使组织缺失积极性和活力，最终会造成社会组织缺乏创新的业务能力。

（二）人员老龄化严重

刑博在对上海市基金会的调查中发现，在其调查的 88 家基金会中，工作人员平均年龄在 30 岁以下的比例为 0；平均年龄在 30 ~ 40 岁的基金会有 22 家，所占比例为26%；平均年龄在 40 ~ 50 岁的基金会有 28 家，所占比例为33%；平均年龄在 50 ~ 60岁的基金会有 33 家，所占比例为39%。由此可见，基金会中的工作人员年龄偏大，在

一定程度上趋向于老龄化，缺少新鲜血液的注入。我国非营利组织中普遍存在着工作人员年龄偏大的问题，这些人大多是从事业单位中退休的人。对于高龄员工而言，他们的精力和学习能力有限，在学习新方法和技术时，学习能力远不及年轻人，吸收的速度也较慢，在短时间内难以掌握和使用这些技术和方法。

（三）缺少适当的激励

非营利组织公信力的缺失也使非营利组织的发展陷入了"瓶颈"，公信力的缺失在一定程度上减少了非营利组织对民众的吸引力与信任，也加速了内部工作人员的离开，这就使非营利组织既难以吸引到优秀的从业人员，也留不住现有的工作人员，使得人力资源的管理陷入困境，非营利组织的发展举步维艰。长期以来，非营利组织内部缺少一套长期有效的人力资源管理办法，这一方面是因为国内缺少对非营利组织人力资源管理的研究，对其人力资源管理的重视程度不高；另一方面，非营利组织的纪律性较弱，大多较为松散凌乱，很少有较为专业的非营利组织，因此在非营利组织的发展中，并未形成有效的人力资源管理方法。

三、促进非营利组织人力资源管理发展的对策与建议

（一）加大对专业人才的培养力度

非营利组织要想持续健康的发展，必须对其人力资源进行合理有效的管理，这就需要更多专业化的人才。在内部建立健全非营利组织内部人员的继续教育制度和专业知识培训制度。这些培训与教育包括关于非营利组织的知识、技能等各个方面。非营利组织可以定期举办相关培训，创造条件为其工作人员开展一系列的培训与教育活动，从而提升组织现有人员的专业知识水平，进而不断提高组织人员的工作和服务能力。同时，非营利组织也要从外部吸收更多的专业化人才，政府也要参与其中，要不断提高对非营利组织人力资源的重视度，将非营利组织中的人才并入各地的人才培养计划当中去，要源源不断地向非营利组织输送高校的优秀毕业生，也就是输送一些高素质人才，以应对当前社会的发展。最后，各高等院校可以开设相关专业，传授专业知识，从而为非营利组织培养更多的专业知识人才。

（二）营造良好的人力资源管理环境

非营利组织的生存与发展需要更多新鲜血液的注入，新鲜血液的注入将给非营利组织的发展带来更多的发展机会，因此需要营造良好的人力资源建设环境，以吸引更多的年轻人进入非营利组织，为组织注入更多的新鲜血液。为非营利组织营造良好的人力资源管理环境，需要政府加强对非营利组织人力资源管理的关注。一方面，政府可以对非营利组织的人力资源给予一定程度的资助，将非营利组织的专业性人才队伍建设和培训

费用纳入政府的财政预算当中去，通过政府建设非营利组织的专业性人才队伍，这样非营利组织的人才培养就可以依靠各地的财政，建立起人才的发展与培训基金，吸引更多的年轻人加入非营利组织当中来；另一方面，政府可以给予非营利组织相关的政策优惠与倾斜，例如在法律法规的允许下给予符合规定条件的非营利组织一些税收上的优惠，同时引导社会上的各类资金向非营利组织人力资源管理流入，从而可以形成政府、社会等多样化的资金投入机制。

（三）建立合理有效的激励与保障制度

为了非营利组织的健康发展，必须建立起合理有效的激励与保障制度，合理有效的激励制度可以激励现有非营利组织中的人员，还会降低人员的流失率。非营利组织可以以知识为基础建立起合适的薪酬制度，定期在组织内部举办关于非营利组织方面的知识竞赛，设丰厚的奖励，吸引组织内员工参加，同时也可以激励员工为获得奖励努力地学习新的知识，及时更新自己的知识库，这就可以有效地将员工的自觉学习和奖励制度挂钩，从容地应对经济快速发展的今天，降低人员流失率的同时可以提高员工的专业化程度。从社会保障的角度出发，非营利组织的工作人员必须按照法律的规定和非营利组织签订相关的劳动合同，以保证自己的合法权益受到保护。国家方面也要尽快出台更多关于非营利组织从业人员保障的政策，着力解决非营利组织专业人员的医疗和养老等生活各个方面的社会保障问题，在制定这些政策之后，还要保证这些政策得到坚定的贯彻落实。

随着经济的迅速发展，人们更加关注能够带来更多利润的企业，却较少关注不以营利为目的的非营利组织。但是随着人们对社会服务的需要增加，非营利组织的数量也在逐年增长，其中的问题也日渐暴露出来。

非营利组织的人员构成中多为兼职人员，缺少专业的人才，这就造成了非营利组织缺少一定的专业性，对于较为棘手的问题难以快速反应并处理问题。另外，非营利组织中的人员大多为已经退休的事业单位从业人员，人员老龄化严重，在面对新的技术和方法时难以快速地吸收和应用，而年轻人虽然能够掌握新的技术和方法，也可以保持充足的兴趣与精力来获取更多的新知识，但是非营利组织中缺少合适的激励制度让年轻人望而却步，不愿意进入非营利组织。因此，为了尽快解决这些问题，首先，一方面，可以加大组织内部的培训力度，增加员工的专业性知识，另一方面，可以通过在高校设置相关专业或者建立自己的培训基地以培养更多的专业性人才，为组织供应更多的专业人才；其次，可以通过政府给予相关财政拨款，帮助非营利组织建设专业人才队伍，营造良好的人力资源管理环境；最后，非营利组织可以通过定期举办相关知识竞赛等完善组织的激励制度，吸引更多的人进入非营利组织。

第二节　公共组织人力资源管理

随着管理模式的不断更新转变，在进行人力资源管理的过程中，我们要能够对传统的人力资源管理模式进行调整，提高管理效率，对职能进行进一步的优化。尤其在公共部门进行人力资源管理的过程中，要能够融入公共服务中，加强对人力资源的规划、人才的培训与考核。

众所周知，人力资源管理是组织管理中非常关键的部分，在企业的发展过程中发挥着非常关键的作用。尤其是当前经济与社会的不断发展，在一些公共组织中进行有效的人力资源管理，能够更好地满足时代的发展需求。同时，当今社会对人力资源管理水平提出更严格的要求，需要培养创新型的人才，促进人力资源管理能力的提升，决定着公共组织的发展，也会对人们的生活环境产生一定的影响。所以，对公共组织人力资源管理现状进行分析，了解其中所存在的问题，并能够提出一定的策略，要使人力资源管理能够达到信息化的发展趋势，对领导的职责进行明确，加强对开放式人才选拔机制的建立，能够加强人才理论和实践锻炼的结合，使得人力资源管理在当前的组织中能够获得更高的战略地位，明确管理责任，促进公共组织的发展。因此，在下文中，对公共组织人力资源管理过程中所存在的问题，比如缺乏先进的管理理念、培训方法不科学、开发方式不合理等，针对具体的问题提出有效的解决对策，并树立科学的管理理念，能够对人才进行有效的选拔，创新管理方式，促进人力资源管理效果的提升。

一、公共组织人力资源管理所存在的问题探讨

在当前的公共组织人力资源管理的过程中，仍然存在着一系列的问题，比如缺乏先进的管理理念、管理方式落后、开发方式缺乏合理性，在下文中，将针对不同的方面具体展开探讨。

（一）人力资源管理理念落后

在公共组织的管理过程中，要能够提升用人公平性，进行合理的人才选拔，促进选拔方式的创新，使得人才能够得到充分展示的机会。但是，我们在对当前公共组织进行调查的过程中，发现它们的人力资源管理理念较为落后，没有对人事制度进行改革，重视人才使用，但是轻视服务。比如，在人员入岗前没有开展相关的培训，激励机制不完善，使得人才流失较为严重。公共组织管理人员没有意识到人力资源管理的重要性，轻视了人的作用的发挥，会降低整体公共组织工作效率，缺乏对全体人员素质的提升。

（二）培训方式缺乏规范性

在当前的人力资源培训过程中，要能够制订科学的培训方案，针对不同的个体有一定的规范性，采用多元化的方式能够提升培训效果。但是，当前的公共组织在进行人员培训的过程中，往往忽略了对管理人员和领导人的培训，影响后期人力资源管理效果。另外，在进行实际锻炼的过程中，没有对人才培养的规律进行掌握，因而缺乏监督管理的效果，使得整体的培训方式效果降低。

（三）人力资源开发方式缺乏合理性

在当前的人力资源管理的过程中，对环境进行开发是非常关键的部分。但是，在实际的管理中仍然有一些缺陷。比如，公共组织在进行人才引进时，没有对人才引进后的问题进行解决，缺乏配套的体系会存在排挤人才的现象，没有给人才提供一个更好的软硬环境。除此之外，在人力资源分工的过程中，分工不明确、职责混乱会导致人力资源不能发挥其作用。最后，在人才培养中没有对公共组织发展特性进行发挥，合适的人才培养体系较为单一，新的管理方法无法得到有效的使用造成管理效率下降，从而阻碍公共组织的进一步发展。

（四）管理机制缺乏灵活性

在当前的人力资源管理过程中，存在识人的渠道较为狭窄，选人的方式公平性较低，没有建立健全的人才选拔机制，重视使用而轻视服务，会使人才价值不能得到更好的体现。尤其在公共组织中没有对人事制度进行深度的改革，会由于受到多方面的限制，比如户口档案、住房等方面的限制，使得公共组织在人力资源开发上投入严重不足。一方面主要表现在对条件和待遇的改善投入不足，另一方面主要是对人力资源整体开发的投入不足。

其次，缺乏健全的管理体制，虽然公共组织的人事部门掌握了一定的人才情况，但在体制上缺乏一定的健全性，使得人才的培养和引进存在一定的障碍，不能够促进个人的全面发展。

二、公共组织人力资源管理问题的解决对策探讨

在对当前的公共组织进行人力资源管理的过程中，要能够强调人才选拔体系的完善，加强用人机制的优化，对岗位进行有效的管理，充分发挥人力资源的价值。同时，制定人力资源规划战略，来对人才进行有效的管理，满足公共组织发展的需求。因此，对人力资源管理过程中所存在的问题进行改进，并提出有效的策略。

（一）促进科学人力资源管理理念的树立

在当前的公共组织人力资源管理的过程中，我们要结合公共组织的发展特点，将科

学的管理理念落实在实际的人力管理过程中，要能够意识到人力资源管理的价值，对自身的观念进行转变能够加强人才的培养。人在整个组织的发展过程中是最为关键的生产要素，要转变人力资源利用的方式，树立以人为本的理念，在不断的实践过程中，对人的潜能进行挖掘。尤其在人才引进后，要落实相关的问题，能够留住人才，发挥人才的作用，促进组织利益的提升。

（二）促进人才选拔机制的完善

在当前的社会发展过程中，我们进行人才的有效管理，要能够借助时代的发展特征，在实践过程中对人才进行跨行业的选拔和培养，所以，要对人力资源管理过程中所存在的问题进行解决，能够对选拔机制进行完善，扩大选人的视野，能够建立更为开放的人才选用机制，给予人才更多的展示机会，以提高人才的利用效率。除此之外，建立科学的激励机制，对于一些有潜力的人员，我们要给予一定的奖励和激发，使得他们能够利用自身素质，提升创新意识。在实际工作中，能够有一定的效率和质量，使得公共组织的工作质量能够得到保证。其次，在进行人才应用的过程中，要能够使人才之间的优势进行互补，促进资源的合理配置，从而保证工作的顺利开展。

（三）加强科学人才培训机制的建立

在当前的经济与社会发展过程中，我们要充分利用信息技术来进行人力资源管理工作的融合。尤其在人才培训的过程中，我们对人才培训机制不断进行完善，要能够结合信息技术对培训课程进行适当的调整，使得人员能够结合理论与实践，创造公共组织人力资源管理的特色道路，加强信息技术的融合构建管理系统，开展科学的培训和实践，提升公共组织人才的综合素质和业务能力，使得他们的主观能动性能够得到发挥，更好地为公共组织的发展贡献力量。

（四）促进人力资源管理方式的创新

在当前的公共组织人力资源管理过程中，我们要应用先进的方式提高管理效果，进行不断的创新，引入竞争机制，能够对人员进行淘汰，使得一些业务能力较差的员工能够对自己的岗位及时进行调整，使得他们能够不断提升整体素质。另外，在当前的网络化时代下，利用多种方式来进行人才招聘，能够建立人才开发战略与时代进行接轨，打造优秀的人力资源管理队伍，对公共组织的文化加以传播和丰富，促进人才发展环境的优化，提高公共组织人力资源管理效果。

在当前的公共组织发展过程中，进行有效的人力资源管理，能够使人才的优势得以发挥，对人力资源进行合理的配置，提高管理的效果，将管理优势能够得到最大化的发挥。在具体的管理过程中，要能够分析管理过程中所存在的一些问题，进行深层的剖析，采取针对性的策略，能够创新管理方法，从人才选拔、培训机制的建立与完善等方面来进行深层次应用，促进公共组织能够提高工作质量，更好地为大众服务。

第三节 学习型组织的人力资源管理

学习型组织理论是当今最前沿的管理理论之一，它通过个人和组织的学习过程，将个人与组织的发展目标整合在一起，使组织保持持续的创新能力和旺盛的生命力。据有关专家调查，美国排名前 25 家企业中有 80% 按照学习型组织模式改造自己；世界排名前 100 家企业中有 40% 按学习型组织模式进行了彻底改造；我国的伊利集团、上海宝钢、江淮汽车、江苏油田、山东莱芜钢厂等一批企业已建立学习型企业。

为什么学习型组织如此受到企业青睐？经过反思人们认识到，工业时代已被知识经济时代逐渐替代，知识经济时代加速了企业组织变革，企业持续的学习能力和创新能力成为企业核心竞争力的重要内容，这种条件下旧的管理理念和模式必须进行更新和扬弃，于是学习型组织管理理论也就应运而生了。此时，企业竞争的焦点越来越多地聚焦在人力资源上，企业人力资源的综合竞争力决定了企业能否在新一轮的竞争中脱颖而出，学习型组织人力资源管理是人力资源在管理理论和思想上的创新，是为了适应现代市场竞争而不断完善的。

一、学习型组织理论与当代人力资源管理理论

对学习型组织的研究最早可追溯到 20 世纪 60 年代，高潮是 1990 年彼得·圣吉出版的《第五项修炼——学习型组织的艺术与实务》一书，自 1990 年后中外学者对学习型组织的研究取得了长足的进展。学习型组织理论倡导"全员学习、自觉学习、终身学习"理念，号召员工进行"否定自我、超越自我、品格提升"，注重把员工自身的发展需要同企业的利益追求有机地结合起来，培养共同的愿景，激发员工的学习意识，突破能力上限，实现由靠制度、靠奖罚管理，转变为既靠制度更靠改善心智模式、自觉主动地管理，由行政等级管理转变为民主管理。这也是人力资源管理新的内容和长远发展目标。

人力资源管理理论倡导"人是第一资源"理念，尊重员工的个人价值，激励员工发挥出最大的潜能，维持高素质的核心团队，以实现组织的长远目标，这与学习型组织理论中的"共同愿景"不谋而合。更为重要的是，人力资源管理日益重视员工的教育和培训，这些都可以通过创建学习型组织来实现。因此，学习型组织理论与人力资源管理相结合，就可以起到相互促进的作用。

二、组织学习与人力资源管理的关系

彼得·圣吉通过对企业组织做大量研究发现：许多团队中，很多成员的智商都达到了120，而团体的整体智商却只有62。这个结论可以说明组织成员的能力没有得到充分的发挥，也就是说组织中人力资源没有得到有效的开发和利用。研究表明，人力资源与组织学习之间有着辩证统一的关系。

企业的人力资源开发与管理需要组织学习。（1）组织学习适应了全球化的人力资源开发与管理。经济全球化的推进促使很多企业跨地域、跨文化经营，跨文化经营中人才本土化，公司与子公司的企业文化磨合，帮助子公司构建有效的人力资源管理系统，有效地调动母、子公司员工的工作积极性以提高他们的工作效率等，这些都是人力资源管理所要解决的新问题。经济全球化的趋势在很大程度上改变了人们的行为和观念，企业要适应这些变化，就必须树立企业全球观。企业全球观的培育是一个长期性的过程，要不断地进行企业文化的变革。在这一过程中企业需要打破母公司中心文化的格局，建立全球性的知识库和通信系统，通过全球性的跨文化培训等方式来培育企业的全球观。另外，组织学习可以加强企业的学习和创作能力，有利于更新和整合组织的信息和知识，更有利于建立全球性的战略协调机制。（2）组织学习有利于对"知识型"员工进行激励。激励是人力资源管理的核心内容。在知识经济时代，"知识型"员工在组织中的比例越来越大，知识型员工是维持组织生存与发展的重要的资源。根据马斯洛的需求层次理论，对知识型员工的激励，应该是满足其较高层次的需要即社交、自尊、自我实现等需求。彼得·圣吉指出"如果能够实现员工内心深处的愿望，他们对工作的态度就如同艺术家对待艺术作品那样全心投入，不断进行创造和超越"，这才是一种真正的终身学习。学习是一种较高层次的需要，能够满足员工的社交、自尊、自我实现等高层次的精神需求。因此，组织学习是对知识型员工的有效激励方式，能够满足知识型员工高层次的需求，从而促使知识型员工最大限度地发挥出创造力。（3）组织学习是变革传统人力资源管理的需要。经济全球化及知识经济改变了企业生存和发展的环境，由此加速了企业的变革，为了能够更好地适应这种变化，企业必须摒弃传统的"控制"型管理理念，形成现代化的"指导与激励"型的管理理念，协调发展组织与员工的关系，注重组织的发展和员工的生活质量，注重组织和员工的学习和创造能力，这些都会促使传统的企业人力资源管理发生重大变化。学习型组织能够将组织的发展与员工发展有机地结合起来，协调员工的工作效率和生活乐趣，着重于培育企业的凝聚力和创造力，使企业始终保持旺盛的活力和竞争力。可见，通过组织学习建立学习型组织能够适应人力资源管理体系变革的需要。

组织学习离不开人力资源开发与管理。（1）人力资源是组织学习的主体。人是知识的载体，也就是学习的主体，因而是学习型组织的核心部分。知识经济时代，知识老化周期加快，社会变化剧烈。对员工的教育与培训是人力资源开发与管理的中心，而且在中国的现实背景下显得尤为重要和迫切。我国基础教育的投资长期不足，高等教育的普及率远远低于发达国家；职业技术教育方面，与发达国家相比更是相差甚远。例如德国的职业技术教育普及率达到了 85%，而我国仅在 60% 左右。这些造成我国的人力资源在学历水平、知识水平、创新能力等方面均落后于发达国家，因此，我国建立学习型组织是首要任务。（2）良好的人力资源开发与管理有助于组织内外知识的学习。组织学习的主体是人，组织学习的客体是组织内外的知识。组织学习的过程是组织的系统思考和过程，即把个人的知识聚集化和系统化，使其符合"整体大于局部之和"的原则。要实现这个过程是非常困难的，首先要求组织激励员工把个体知识拿出来同大家共享；其次是创造一个使员工有机会实现知识共享的条件。在知识经济时代，人是拥有知识的主体，掌握更多、更新知识的人才是企业的稀缺资源，人们不愿意将自己所掌握的知识拿出来与他人分享。Brnener 研究认为，使知识型员工能更多地控制其环境是当今组织的关键，给予自我掌控的权力才是留住人才的关键因素。另外，组织文化与制度也起着关键的作用，在提倡知识共享的同时重视员工个人自我实现的需要，让员工感到自己是受重视和信任的。显然留住人才是知识共享的前提，也是组织学习的基础。

因此，知识经济时代人力资源管理，必然要完成建立学习型组织的任务。建设学习型组织对于组织管理和人力资源管理都有着十分重要的作用。根据彼得·圣吉的描述，建立学习型组织的方法被称作"五项修炼"——自我超越、改善心智模式、建立共同愿景、团队学习、系统思考。一个组织通过这五项修炼，有意识地培养和积累，就可以形成一个完善的组织学习体系，最终逐步建立成熟的学习型组织，同时使组织的人力资源状况达到完善的程度，为组织总体战略目标的实现奠定坚实的组织结构、文化和人力资源基础。

三、学习型组织人力资源管理的新特点

学习型组织人力资源管理的战略性。学习型组织将"学习"从个体层次的学习上升到组织层次，因此人力资源管理也应从传统的员工招聘、培训、报酬确定、绩效考核等目标任务上升到战略性人力资源管理（SHRM），从而将人力资源管理的行为和功能与组织的战略目标结合在一起，学习型组织理论把人力资源管理上升到战略管理层次。

在高度动荡的社会环境中，为实现员工和组织能力与变化的竞争优势，可以通过组织学习来提高组织人力资源的数量和质量。另外，知识经济时代对人才的争夺将更加激烈，这些都会促使人力资源的开发与管理向战略化方向发展。

学习型组织的人力资源管理的系统性。系统思考是研究和管理复杂系统的一种方法，是彼得·圣吉的"五项修炼"的核心与归宿，系统思考是注重看待整体的一项修炼。根据

系统思考的观点，学习型组织不是相互独立的组织单元，组织单元与整个组织的需求和目标联系在一起。

系统观点认为学习型组织是由若干子系统构成，这些子系统中首要的是学习子系统，其余子系统都是学习子系统的附属部分。系统思考要求对各个子系统有一个全面的认识，且要在组织运作的更大的内外部竞争环境中加以深化。学习型组织的人力资源管理必须使人力子系统与其余子系统密切配合、协调运作。

学习型组织的人力资源管理将学习定位为投资。学习型组织将学习看作公司对未来的投资而非耗费，组织必须维持一定的物质储备，也必须维持一定的知识储备。通过培训等学习活动对人力资本进行投资，是组织储备必要知识的过程。许多企业日益重视员工培训，在人力资源方面提出"全员素质大提升"等培训计划，实际上是自觉不自觉地应用了学习型组织理论。

通过教育培训向组织和员工传授知识，是实现人力资源素质全面提高的方法，同时也是实现组织学习创造能力的过程。教育培训不仅是知识传授的过程，同时也是利用和开发人力资源的重要手段，通过教育全面提高员工的整体素质，使员工的观念能够适应知识经济时代要求，以实现人力资源开发的良性循环。

第四节　我国非政府组织人力资源管理

近年来，非政府组织（NGO）作为一支新兴的社会力量伴随着广泛的经济、行政体制改革正快速发展起来，在弥补市场与政府缺陷方面发挥了不可替代的作用，然而相比发达国家而言，我国非政府组织还很不成熟，各方面依然问题突出。本节以非政府组织人力资源管理为出发点，着重从非政府组织人员结构、人员选拔机制、绩效考核机制以及激励机制几个方面探讨非政府组织人力资源管理所存在的问题，进而从政府扶持、人员选拔机制、绩效考核机制、激励机制等方面寻找非政府组织人力资源管理的出路。

关于非政府组织（NGO），联合国新闻部将其理解为"在地方、国家或国际上组织起来的非营利性的自愿公民组织"。自改革开放以来，我国广泛实行的经济与行政体制改革为非政府组织的发展创造了前所未有的发展机遇。民政部《2011 年社会服务发展统计公报》指出，截至 2011 年年底，全国社会组织已达到 46.2 万个。随着非政府组织数量的日益递增，其在弥补市场与政府缺陷方面发挥了不可替代的作用。然而，当前我国非政府组织面临一系列人员管理问题，如人力资源不足、人员流动性大、人员老化等。同时，其内部缺乏系统的人力资源管理制度，导致岗、责、权混乱，由此带来的诸如运行乏力、效率低下、公信力缺失等问题致使非政府组织所倡导的目标无法实现。根据目前广为流传的战略人力资源管理理论，在现代社会，人力资源是组织中最具能动性的资源，如何吸引优秀人才，如何使组织现有人力资源发挥更大的效用，促使组织战略目标实现，是每一个非政府组织领导者都必须认真考虑的现实问题。

一、我国非政府组织目前所面临的人力资源管理问题

相比西方发达国家，我国非政府组织发展还很不成熟，其组织内部并没有形成完备的人力资源管理体系，这极大阻碍了我国非政府组织战略目标的实现。

（一）人员结构不合理

非政府组织的人力资源一般由有酬员工与志愿者两部分组成：有酬员工是指非政府组织内职位较固定并领取薪酬的长期工作人员，包括领导者、管理者等管理主体，也包括执行者等一般获酬员工。志愿者是根据组织使命与工作任务的需要招募而来为组织免费服务的人员。从有酬员工角度看，民政部民间组织服务中心曾经做过统计，目前非政府组织专职人员比例约占60%，退休和兼职人员约占40%；在年龄结构方面：50岁以上的专职人员比例数为52%，30~50岁则为32%，30岁以下的仅占16%；而在学历结构方面：66%的专职人员只具备大专以下学历。这反映出我国目前非政府组织人员在能力、素质以及资历上还存在较大问题。

在有酬员工中，我国有相当一部分非政府组织是通过获取自上而下的资源建立和发展起来的，它们或者由各级党政机构直接创办，或者本身就是从党政机构转变过来的，或者由原党政官员和与党政关系密切的人士所创办。在其专职人员中，有一部分人来源于原政府机构直接任命以及原政府机构退休人员。据清华大学非政府组织研究所调查，中国非政府组织的负责人有49.2%曾在行政部门任职，致使非政府组织战略目标设立或多或少受到政府的牵制，缺乏应有的独立性，这也是造成我国非政府组织行政依附性严重的原因之一。由于受到政府管理体制的影响，我国非政府组织内部的管理模式，大多采用政府组织的行政命令形式。

（二）缺乏科学的人员选拔机制

"人尽其才，人事相宜"是目前组织人员招聘的基本原则，由于制度环境、组织性质、组织文化以及价值观与政府、企业的差异，非政府组织的人员选拔以及构成上存在较大差异。

我国非政府组织志愿者占有较大比重。然而目前存在的问题是，绝大多数非政府组织没有系统科学的人员招聘机制，在招募志愿者过程中，通常是来者不拒，采用的是"广撒网"的招聘方法，从而带来以下三个问题：一是人员数量庞大，管理困难。由于非政府组织的非营利性特点，其财政来源主要依靠社会赞助与政府扶持，除支付组织内部雇员薪酬以及项目建设外，用于人员管理的资金极其有限，进而使志愿者管理流于形式，给组织目标实现造成负面影响。二是难以招聘到适合人选，专业人才缺乏。不同的人加

入非政府组织有着不同的动机,由于缺乏有效的人才选拔机制,在人才招聘过程中随意性大,对人员知识、能力、特质以及入职动机的认识了解不足,招聘的人员往往根本无法满足非政府组织提供优质公共产品与公共服务的需要。三是人员流动性大。目前很多非政府组织只是针对项目招募志愿者,在某个项目完成以后,志愿者的工作也就完成了,没有形成系统的人力资源储备机制,致使很多志愿者完成工作后不得不另寻他路,人员流动性大,不利于人才专业化培养。

(三)绩效考核执行不力

从企业与非政府组织的比较中可以看到,与营利性企业不同的是,非政府组织具有典型的非营利性、公益性及志愿性。首先,从考核动机上看,许多非政府组织领导者认为,参与非政府组织的人员,尤其是绝大多数志愿者,他们的入职动机是为社会服务,"做好事",因此没有必要对员工实行绩效考核。由于有绩效考核,出于对组织自身的保护,维护组织尊严,很多组织领导者想方设法干预绩效考核,或者在制定绩效考核指标过程中采用模糊不清的指标,致使绩效考核流于形式。其次,从财政上看,我国非政府组织由于其非营利性与公益性,其本身可支配的资金很有限。尽管近年来我国学者及研究人员针对非政府组织的特殊情况,在借鉴国内外经验教训的基础上提出了颇有建设性的非政府组织绩效考核政策建议,诸如,"六维棱柱"绩效评估模型(Six Dimensions Prism)、"APC"绩效评估理论、平衡计分卡绩效评估模型(BSC)等。但由于资金有限,绩效考核往往没有落到实处。最后,从绩效考核指标上看,企业的一切活动都是以盈利为出发点,往往以能够量化的实际产出诸如计件、计时效率及利润为绩效考核标准,考核指标直观,具有很强的客观性、准确性。而非政府组织以实现社会使命为其存在准则,考核指标设计难度大。我国现有的非政府组织的绩效评估都是在原有的评估基础上进行的,因此指标体系设计主观性强,不科学、不全面;以定性的描述为主,缺乏指标的进一步细化和量化;侧重经济指标,非货币性指标,如满意度、社会认同度、学习能力、创新能力等,强调其社会使命的指标难以包含在内。

(四)缺乏有效的激励机制

根据现代管理的基本原理,工作绩效是能力与其工作积极性的乘积的函数,因此,激发个体积极性应当是目前摆在任何组织面前的重要任务。20世纪50年代兴起的内容型激励理论指出,人类的活动具有目的性,需要决定动机,动机决定行为,需要则是动机的源泉,组织通过各种手段满足个人的需要,影响个人的动机,从而激发个人为组织工作的积极性。人们加入非政府组织正是为了获得个人需要的满足,这些需要包括获得合理的薪酬、取得社会认可、履行社会责任、实现社会理想。

然而,我国目前非政府组织在满足这些需求上并没有得到真正的体现,主要表现在以下方面:第一,薪酬水平总体较低。2010年《中国公益人才发展现状及需求调研报告》

显示,非政府组织从业者薪资收入在5000元以下的约占90%,2000~3000元段最为集中,无固定收入和月薪在1000元以下的占到18.4%。很多人认为非政府组织从业人员具有较强的奉献精神,因此薪资对于他们来说意义不大。然而根据马斯洛需要层次理论可知,物质需要是人类最基本的需要,是维持个体生存以及社会需要、自我实现需要等高层次需要的基础,当前社会是以市场经济为主体的利益导向社会,如果最基本的物质需要无法满足,员工的工作积极性将会逐渐消退。第二,精神激励不足。目前成立的非政府组织中,志愿者数量占据大多数,许多具体事务都是由他们来完成,但由于当前我国公民社会发育不成熟以及制度不完善等方面原因,许多国家行政部门甚至社会对志愿者的身份不认可,他们为社会付出了辛劳,他们强调奉献、强调实现自我,但得不到应有的认可。长此以往,这部分人所追求的社会理想无法实现,进而也就导致非政府组织人力资源积极性不足、人员流动性大、人员"边缘态"、专业人才缺乏等现实问题。

二、我国非政府组织人力资源管理对策

高绩效、高产出是任何类型组织所共同追求的两大基本目标,根据目前广泛流行的现代人力资源管理理论,人的问题始终是各种战略问题中的核心问题。如何有效地利用本组织人力资源,充分发挥好人力资源的能动性与高增值性,对于实现非政府组织战略目标、提升其提供公共产品与服务的能力,具有广泛的现实意义。

（一）加大政府扶持力度

纵观国内外,非政府组织作为一支新兴力量,在弥补市场与政府缺陷上发挥着不可代替的作用。我国非政府组织是改革开放以来经济、行政体制改革以及政府职能转变的过程中以不同领域为基础发展起来的,具有较强的专业性与针对性,能够更有效地提供政府无法提供的公共产品与服务。同时,由于非政府组织所具有的民间性,与基层人民联系比较紧密,因而能够处理好政府因人员不足、专业性不强而无法处理或处理不好的事务。因此,政府要转变观念、深化认识,重视非政府组织在提供公共产品与公共服务方面的特殊作用,加大财政转移支付力度。首先,要将非政府组织培育发展资金列入财政预算,设立非政府组织发展基金,建立公共财政对非政府组织的资助和奖励机制,扩大税收优惠种类和范围,彻底解决非政府组织人力资源管理资金投入短缺问题,为非政府组织发展创造宽松的经济环境。其次,积极探索并建立有效的合作、引导机制。可以通过公开招标、政府购买公共服务等方式。一方面,可以拓宽非政府组织的资金来源渠道;另一方面,通过政府招标、购买,引导同行业非政府组织展开合理竞争,促进非政府组织内部各项机制的不断改进与完善。

（二）建立健全人员选拔机制，改善人员结构

是否拥有一支专业化、高素质的人才队伍,对非政府组织提供优质的公共产品与服

务、履行社会使命具有决定性的现实意义。第一，转变认识，树立人才观念。要认识到人才在实现非政府组织目标、完成社会使命方面的关键性作用，制定科学合理的人才发展战略。第二，建立规范的人员选拔标准。由于非政府组织的自发性、志愿性、非营利性及公益性特征，对人员的选拔也应当具有特殊要求。在对组织岗位、人员规划进行深入分析的基础上，按照人岗匹配原则选拔人员，明确招聘程序，除运用笔试考察应聘者是否符合组织岗位的能力素质外，在面试过程中要重点考察其是否具有利他主义精神，是否具有崇高的社会理想。可运用非结构化面试、情景模拟面试同时结合人格测试等方法考察应聘者的入职动机。第三，建立与高校人才联动机制。非政府组织在人员选拔过程中，可以利用其公益性，积极深入高校。一方面，在校大学生普遍接受过良好的教育，思想觉悟高，且年轻、专业性强，富有创造力；另一方面，在招聘过程中，可以扩大非政府组织在高校的知名度，更有利于后续人才的储备。

（三）规范绩效考核

由于非政府组织涉及同政府、捐款人、提供产品和服务的对象及成员等多方面的利益关系，因此，对非政府组织的营运进行绩效评估就显得极其重要。首先，领导者及其下属要转变观念，重视绩效考核。其必要性在于：其一，绩效考核实际上是一种组织控制，无论什么样的组织，由于内外部因素的影响，其在运行过程中难免会出现偏差，这就需要绩效考核及时发现运行过程中出现的一系列问题，从而采取纠偏措施，避免出现不必要的失误。其二，由于员工在能力、素质以及入职动机上存在着个体差异，在完成组织任务上也有好坏之分，通过绩效考核，对于完成任务好的员工，给予其各种形式的奖励，才能达到激发员工积极性的作用。对于完成任务相对较差的员工，能够及时发现其不足，帮助其改进、成长。其三，建立科学的绩效考核指标体系与方法。在非政府组织中，由于其非营利性、公益性特点，员工的绩效很难以量化的方式进行考核，因此，笔者认为应当围绕员工行为建立绩效考核体系，可以借鉴企业在绩效考核中所使用的行为导向的客观考评方法。该方法的典型代表主要有四类：关键事件法、行为锚定等级评价法（BARS）、行为观察法、加权选择量表法。这些方法的共同点是运用各种技术列举出员工工作行为，然后对员工在多大程度上出现了这些行为做出定性或定量的评价，具有较高的信度与效度。

（四）建立科学有效的人员激励机制

美国哈佛大学的詹姆斯教授在多年研究的基础上指出：如果没有激励，一个人的能力发挥将仅为20%~30%，如果施以适当的激励，将通过其自身努力使能力发挥出80%~90%。目前我国非政府组织运行乏力、效率低下、人员流动性大、积极性不高等问题与其缺乏科学有效的激励机制存在着密切的关系。因此，建立非政府组织人员激励机制显得尤为必要。

首先，政府要加快有关非政府组织登记制度规范化。由于法律、制度等方面原因，我国非政府组织注册登记十分烦琐，行政许可门槛过高，致使大量非政府组织影响力不足，这些组织往往被学者称为"草根"组织。因此，加快非政府组织立法工作，规范登记注册程序，对于扩大非政府组织影响力具有很强的现实意义。

其次，建立合理的分类激励制度。赫兹伯格的"双因素理论"认为不满意的对立面并不是满意，消除工作中的不满意因素并不必然带来满意。该理论把那些用来消除带来工作不满意却不一定有激励作用的因素称为"保健因素"，而把做到了便能达到激励下属目的的因素称为"激励因素"。由于非政府组织人员构成主要分为有酬员工与志愿者，这两类人由于其入职动机的差异，在激励方式上应当有所区别。对于有酬员工，组织应当建立起合理的薪酬体系，充分保证其基本的物质需要，即激发其积极性的"激励因素"，在此基础上创新组织结构，保证其社交、安全需要。而对于志愿者，更应该关注实现社会理想与自我价值，因此，可以采取诸如培育积极奉献的组织文化、颁发有效的工作证明与证书、在政府引导下与赞助商一道组织富有积极意义的文化活动、巡演义演以及以非政府组织名义向政府部门推举优秀人员如劳动模范、爱心模范等激励举措。

第五节　公益组织人力资源管理

近年来，公益组织不断发展壮大。然而在发展的过程中，公益组织也面临许多人力资源管理方面招不到优秀的人才、存在人才流失严重等困境。人才是组织发展的根源，因此，加强公益组织的人力资源建设显得尤为重要。要想促进公益组织的进一步良性发展，就要针对目前存在的问题采取相应的对策，做好组织的人力资源规划、完善薪酬和社会保障体系、完善组织的激励制度及丰富培训体系，做好员工职业生涯规划等方面的工作。

公益组织一般是指那些非政府的，不把利润最大化当作首要目标，而以社会公益事业为主要追求目标的社会组织。随着我国市场经济的发展以及服务型政府的建设，公益组织在经济发展、文化建设以及和谐社会构建等领域的作用日益凸显。但是，在不断摸索发展的过程中，公益组织难免会存在不同程度的招不到人、用不好人、留不住人等人力资源问题。在倡导"以人为本"的当今社会，"人"是组织发展至关重要的因素，甚至关乎组织的成败，因此，公益组织的发展和内部管理水平的提高亟须科学完善的人力资源管理与开发做保障。

一、公益行业人才发展现状

2014 年 9 月 20 日，南都公益基金会、壹基金、阿拉善 SEE 公益组织等 8 家机构联合与零点研究咨询集团共同发布了《2014 年中国公益人才发展现状调查报告》（以下简称《报告》），其内容涵盖了人才的成长环境、流动、需求及培训等内容，概括起来主要有以下几个方面的发展现状：

第一，薪酬待遇方面：与2010年相比，"五险一金"覆盖率明显增加，社保水平得到改善，薪酬水平有微幅增长。但是，目前仍有超过三分之一的从业者未能被社保所覆盖，并且薪酬整体水平仍低于当地城镇职工的平均薪酬水平，与企业相比差距显著，与从业者的理想薪酬落差较大。

第二，人才流动方面：报告显示，离开公益组织的从业人员中有37.5%的人选择去企业工作，家庭原因、薪酬水平低和有更好的工作机会是导致公益人才流失的三大主要原因。并且，最令从业者不满意的是公益组织没有提供明确的职业生涯发展规划，这种不确定性使从业者没有安全感。

第三，人才需求方面：随着近几年公益组织的发展壮大，公益组织对公益人才可谓求贤若渴。然而，由于岗位专业化的提升，招募到满意员工的难度增大。不同岗位71.3%的从业者认为自己与所从事的岗位能力相匹配，然而高管对于岗位的工作满意度评价均低于员工自我评价。并且由于人力市场资金不足导致公益组织无法为有经验的员工提供足够的待遇，较低的待遇难觅资深人才。

第四，人才培养方面：虽然公益人才支持计划被广泛关注，培训也受到重视，然而由于资金短缺，近五成的培训是其他机构提供的无偿培训。由于发展阶段不同的公益组织对人才支持需求和方式存在差异，因此培训应当多样化、有针对性。

二、公益组织人力资源管理面临的主要问题

从2014年的《报告》我们不难看出，跟四年前相比，我国的公益组织虽然已经有了很大的进步，也正在朝着积极的方向不断发展，并且对人才的需求也日益增大，但是公益人才的发展现状仍有待改善，这其中也反映出不少公益组织在人力资源管理方面面临的问题。

无法吸引到优秀人才。首先，目前我国的公益组织大多数缺乏长远的人力资源规划。清华大学的调查数据显示，目前我国公益组织专职人员比例极低，78.5%的组织专职人员在9人以下。大多数组织都是在谈到了项目，什么时候缺人了什么时候才招，没有计划性，没有对人才需求的预见性把握和对人力资源的供需判断，很难在迫切需要优秀人才的时候找到合适的人选。

其次，公益组织的特殊性对员工提出了较高的素质要求。不仅要有较强的业务素质，而且要有较高的道德水平和奉献精神，这就从客观上增加了招聘到合适员工的难度。另外，近年来，随着岗位专业化的提升，招募到满意的员工难度也增大。

最后，由于受公益组织经费来源以及资金不足等的影响，较低的待遇难以吸引更多的优秀人才。公益组织的管理者在谈到招聘时，多数管理者都表示更加青睐于有一定公益组织工作经验的员工，而对应届生和没有经验的基层员工的需求仅为 2.8%。但因无法提供足够的待遇难以吸引到有经验的员工。

缺乏对人才的合理利用和培养。人力资源需要开发和培育，这样才能发挥人的潜能，实现人尽其能，避免人力资源的浪费。然而，我国的公益组织缺乏完善的激励约束机制，更多的激励是体现在精神层面，通过奖励、薪资调整和晋升等方式的激励少之又少。不完善的激励环境使员工无法在有效率的状态下开展工作，无法实现人岗匹配，无法充分发挥个人能力。

并且，人们对公益组织服务质量的要求在不断提高，技术上的改革也要求员工具备新技能，因此对员工实施培训，提高素质和能力以应对各种挑战必不可少。但是很多组织由于资金缺乏、工作繁重、人力不足等原因，未能给员工提供培训或未能提供更加多样化和有针对性的培训，同时也导致了公益组织在一定程度上缺乏创新精神。

无法留住人才，人才流失严重。首先，就公益组织而言，工作要求有奉献精神又不计较报酬的人才能胜任。然而，员工并非生活在真空当中，根据马斯洛的需求层次理论，实现自我的前提毕竟得先实现生存和安全的需要。随着家庭的组建，生活压力增大，许多员工在有更好的工作机会的情况下就很有可能会选择离开公益组织。

其次，公益组织的保障制度不够健全。目前仍有超过三分之一的员工没有被社保覆盖，社会保障无法落实到位，无法解决员工的后顾之忧也是造成人才流失的重要原因。并且，目前我国公益组织志愿服务也缺乏相应的保障措施，没有一个全国性的法规制度来保障志愿者服务过程中的合法权益，这也是值得组织和全社会关注的。

最后，虽然公益组织价值认同和工作氛围良好，但是，大部分公益组织缺少对员工的职业生涯发展进行规划，在很大程度上降低了员工的满意度，使员工缺乏安全感，不知道自己未来的方向在哪里。并且公益组织不能很好地提供培训学习的机会，满足不了员工自我进步的需要，不能实现员工的自我发展，这就容易出现对组织缺乏信任和忠诚感。

三、公益组织人力资源管理应采取的对策

长期以来，我国公益组织在人力资源管理方面依然存在大量问题，导致公益组织能力提升较慢。缺乏对人力资源的有效管理，直接制约了我国公益组织的进一步发展。因此，需要政府、社会、公益组织和公民共同努力，促进公益组织的良性发展。

（1）制订合理的人力资源规划。人力资源规划是在系统地了解组织人力资源现状和需求的基础上，以组织目标为指导的系统战略工程。公益组织专职人员少且流动性大，

且公益组织的活动多以项目的形式存在，临时性强，因此，公益组织的人力资源规划不能简单对其进行数量上的分析，而应具有前瞻性和预见性。要及时掌握岗位数量，人岗配置情况，在了解内部配置的基础上进行岗位需求分析，合理预测人员需求。做好人力资源规划能够更好地保障其他工作的有序开展。

（2）完善薪酬和社会保障体系。薪酬是劳动者劳动的货币表现，合理的薪酬更是对劳动者价值的尊重，也是吸引人才的重要因素。公益组织要想建立完善的薪酬体系就要全面考虑内外部因素，如当地生活水平、劳动力市场供求、法律政策等外部因素，也要合理考虑组织的发展目标、运行情况以及财力状况等内部因素。公益组织虽然给了员工很多的精神激励，但是公益人员也有"经济人"性质，只有满足了基本的需求才谈得上更高层次的发展。要完善薪酬管理，除了组织自身管理水平的提高以外，获得社会关注、提供更多的捐赠、加强政府资金投入、减免税收也必不可少。此外，在构建完善的薪酬体系中不可或缺的一部分是完善社会保障制度。进一步扩大"五险一金"的覆盖率，建立一套面向公益组织的具有公共性质的保障制度，解除员工的后顾之忧。

（3）完善组织的激励机制。不同的组织由于性质、工作内容的不同，因此在激励方式上也存在差别。公益组织应贯彻人本管理，将内外部激励相结合。首先，对内的物质激励必不可少，同时应树立员工的责任感和集体荣誉感，加强员工之间的沟通交流，实现自我激励和相互鼓励，以人为本，肯定个人的价值，还需保持对员工的尊重。同时组织应当营造良好的社会氛围，通过外部激励增强员工的组织认同感。员工在社会服务中期待被认可，通过表彰、奖励等形式使员工获得成就感，以此得到更多来自社会的尊重和支持。

（4）丰富培训体系，做好员工职业生涯规划。一个组织要想不断发展壮大就应不断提高服务能力和水平，对员工进行培训有利于提升员工的素质，使员工获得必要的知识技能，实现自我能力的提升。对于员工的培训不能仅靠其他组织提供帮助，培训形式也不是单一的，对于不同的员工，不同的岗位要有针对性。培训形式应当注重多样化，除了知识技能的培训，提供一些拓展活动培养员工的组织认同感也很重要。同时，做好职业生涯规划也是组织留住人才的关键。通过职业生涯规划可以使员工对自己的职业路径进行规划设计，以实现个人目标。职业生涯规划也能够激发员工的积极性，充分发挥员工的潜能，为员工提供发展晋升空间，也为组织培养了人才，有利于组织更好地向前发展。

第六节　组织人力资源管理培训需求

随着知识型社会的不断高速发展，各企业、部门对于人力资源的管理越来越重视，而这其中又以人力培训为重心。随着技术的不断发展以及管理理念的不断创新，有关的企业培训的形式变化和发展趋势也在不断更新。本节围绕组织人力资源管理培训需求展开具体的分析研究。

不论现代培训的发展趋势如何变化，把握好企业内部的培训需求与人力开发导向是至关重要的。因而，在结合企业的实际情况与社会发展的趋势、需求的基础上，我们将在明确在企业中开展培训需求分析的基本意义之后，结合管理培训的几种模型来具体地展开企业内部的需求分析。

一、人力资源管理培训分析的基本意义

培训需求分析是企业开展人力培训所需要经历的第一个步骤，它存在的意义在于解答为什么要培训以及培训需要达到什么样的目标等诸如此类的问题。因此，培训需求分析是进行培训设计与采购、培训的实施以及培训评估的基础。企业只有在开展了合理的培训需求分析之后，才能够明确人力培训所需要达到的最终目标，并且企业可以以此为标杆来评定培训的最终效果。同时，在明确培训目标的过程中，企业能够有效分辨问题的性质，并且予以针对性的解决，如对干部职工进行培训提升，或是正面激励等。

二、培训需求分析的具体办法

在组织人力资源管理培训的过程中，我们要基于企业的实际情况，结合相应的培训需求分析的理论模型来考虑企业实施培训的方向及目标。接下来我们将以三种新兴的培训需求分析方法为例来进行探讨。

（1）基于胜任力的培训需求分析法。胜任力是指干部职工胜任某一工作或任务所需要的个体特征。在运用这种方法进行需求分析的过程中，企业需要充分结合职位的具体要求以及人员的相应特征来加以考虑。具体的步骤分为职位概描和个人概描两大类。在确定了职位所需要的知识、技能以及个人的胜任力之后，企业再来确立培训需求的方向就相对比较容易。基于干部职工能力与职位要求的培训需求分析相对而言较为精确，在对个人及职位有了规范的评价之后，企业能够更加有针对性地开展人员培训。例如企业可以在组织层面建立胜任力模型，通过新兴的胜任力模型进行企业的内部分析，同时，再结合内部干部职工本身的基础技能、知识加以考察，企业可以基于此来对未来的需求进行初步的预测。

（2）任务和技能分析。顾名思义，这种方法就是通过任务和技能分析来确定培训需求。企业首先需要明确某一项任务或是技艺，在此基础上尝试将任务拆解成若干项主要任务，再进一步拆分得到主要任务下的子任务，最终企业可以根据这些精练、明确的子任务来确定完成任务所需要具备的技能，基于此开展干部职工培训。这种方式主要以

职务为首要的评定目标，根据职务细化之后所需要的具象技能来对干部职工进行更加有针对性的培训。以文员为例，在明确了这一职务以后，企业可以尝试细分文员所需要掌握的基础技能，并以此为培训的最终目标。职务细分可以帮助企业精确地实施培训，同时技能的划分也使培训开展得更加具体，有针对性。

（3）缺口分析。人员培训的另一个目标在于解决现有问题，企业需要通过需求分析了解现有技能水平的不足，并且明确干部职工培训所期望达到的技能水平。在充分考察了现状与需求以后，企业再来考虑如何通过培训来弥补这些问题，这是缺口分析的基本步骤。缺口分析可以帮助企业明确通过培训是否能够弥补缺口，或是在明确了缺口之后企业来考虑进行多少培训较为合理。因而这一需求分析法能够帮助企业最大限度地提高培训的效率，同时也能够有效避免进行无谓的培训。同时，这一方法需要企业领导者积极关注到内部干部职工的水平以及外部技能水平的发展情况，结合了二者之后，企业才能够将缺口分析的作用发挥到最大。

以停车场管理中心为例，在现代化进程的不断推进中，互联网技术成为现代人所必须掌握的技能之一。而管理中心的人员流动性较强，在人员管理上面缺少实际经验，因为保安人员文化水平较低，培训起来困难。基于这种情况，企业可以对内部展开缺口分析，首先要了解新型的信息管理系统需要达到什么样的技能水平，再通过访谈、问卷等方式来了解干部职工实际的技能水平。进而企业能够根据可能出现的技术缺口来开展相应的技能培训，以此来保证信息系统的现代化进程及效率最大化。

只有经过了培训需求分析的具体过程，把握了培训的需求以后，企业才能够确定培训的目标及具体的实施步骤。在组织人力资源管理培训需求分析的过程中，我们需要充分考虑以上三种分析法的理论模型，结合企业面临的现状及干部职工需求来运用不同的需求分析法。而不论是运用哪一种分析方法，其根本核心都在于干部职工与职位的匹配，企业只有做好了内部的职位分析以及人员的技能需求，并且以此为基础展开培训才能够实现内部运作效率的最大化，这同样也是需求分析的最终目的及发展方向。

第七节 "大数据"的公共组织人力资源管理

随着互联网技术的进步，互联网的应用已经不再停留在"概念"的阶段，为应对社会飞速发展的需要，"大数据"的爆炸时代已经到来。直至今日，按照传统的步骤"按部就班"的发展对于公共组织的人力资源管理来说不是正确的，还需要引进科学技术。本节通过分析我国公共组织人力资源管理存在的问题，进一步剖析其存在问题的成因，进而提出基于大数据的公共组织人力资源管理变革路径。

一、"大数据"下公共组织人力资源管理的概述

随着我国社会的不断进步、科技不断发展，互联网技术越来越受到人们的重视，将互联网运用到社会生活的各个步骤和各个组织中是社会发展"大浪潮"推动的结果。

（1）大数据的内涵。大数据是指运用先进信息技术，将相关数据统计起来，加以分析整理，挖掘数据规律，建立相关数据库。在大数据的支持下，不仅能够缩短各领域工作的程序，也能提供方便的服务。因此，在人力资源管理方面如果能够运用大数据也必将是一项很大的成就。

（2）"大数据"与公共组织人力资源管理的关联。大数据同公共组织人力资源规划、招聘与配置、培训与开发、绩效管理、薪酬管理、劳动关系管理各个模块密切相关。公共组织人力资源管理方面大数据观念的改变主要有：①从事人力资源管理的相关人员必须有大数据的观念，在日常的管理中必须有非常灵活的思维方式，要有驱散迷雾的技能，同时也要有高度的集中能力及创造能力。②公共组织中人力资源管理必须引入大数据的管理方式。人力资源部门中遇到的数据量逐渐增加，数据的类型也在多元化，将大量的人力资源数据按照大数据的观念进行处理、加工，可以为公共组织提供长期的、有保障的员工，提升公共组织的行政效率。

二、我国公共组织人力资源管理存在的问题及成因

（一）我国公共组织人力资源管理存在的问题

（1）人员及岗位的配置不够精准。当前我国公共组织中的人员及岗位的配备往往不能等比例存在，岗位招聘人员数量与实际岗位需求数量不同，造成"人浮于事"、责任界限不明确的现象，当工作出现失误追寻错误源头时就会出现相互之间推诿、扯皮，非常不利于公共部门行政效率的提高和行政质量的优化。之所以会出现这种现象，就是因为人力资源部门的人员缺乏其工作方法的创新理念，不能将"大数据"的优势引进到人员的招聘和岗位的配备中去，出现人员与岗位配备不精准的问题。

（2）绩效考核机制难以量化。一位公共部门的工作人员是否合格是否称职，应该由一个全面的、科学的评估标准来决定，这种评估方式会在实践工作中产生积极的影响。但是，实际在公共部门的绩效考核中绩效考核并没有发挥出本来的优点，比如公共部门的绩效考核不被重视、考核的标准比较模糊、考核的方法也不够科学等，这就需要我们对公共部门的绩效考核进行重新的认识并做出合理改变。

（3）人力资源规划缺乏同社会整体发展趋势分析的结合。现在，"大数据"的应用不仅对金融、医疗、高校等产生巨大影响，人力资源管理变革也迎来了新的机遇与挑战。

公共组织人力资源管理依旧保持传统的工作方式，不利于行政成本的降低、行政效率的提高、人员与岗位的合理配备，从大方面来说也是我国公共组织与社会整体发展趋势相分离的表现。

（二）我国公共组织人力资源管理存在问题的成因

（1）数据价值忽视。就人员的招聘和配置这一环节来说，利用"大数据"可以通过数据分析出需要招聘人员的岗位具体需要什么样的人才、需要多少人才，然后通过将应聘者的信息进行整合、分析，对其专业、技能、经验、年龄、性别等因素进行统一筛选，选出最适合招聘岗位的招聘人才，这样既缩短了时间和程序，又提高了可靠性。传统的方式忽视了数据的价值，仅仅依靠人工和人们的主观判断，很容易错失人才且成本很高、效率很低。

（2）管理模式落后。传统的公共组织人力资源管理方式单纯依靠人力和主观判断，在人才的招聘等方面效率低下，在绩效管理、薪酬管理等方面更是需要大量的成本进行计算，且单纯依靠人力进行计算很有可能出现计算错误，计算结果受主观思维影响，在增加工作压力的同时也会造成薪酬发放错误，出现一连串的后续问题，又一次降低了行政效率。

三、基于大数据的公共组织人力资源管理变革路径

（1）合理规划目标，制定发展战略。基于大数据，分析现有的公共组织人员情况，同时对招聘与配置、培训与开发、绩效管理、薪酬管理、劳动关系管理等情况进行科学分析；结合社会发展趋势，分析该组织现有的人力资源整体规模及组成结构，判断所制定的目标、规划是否合理，运用大数据思维合理决策，奠定整个组织良好发展的基础。

（2）人员智能选拔，岗位精准匹配。结合大数据，分析人员的背景、性格、心理素质、能力、工作经历等，判断人员的岗位胜任力及自身潜力，从而让每一位员工获得合适的职位，同时对已有员工要定期分析，对不合适的岗位人员进行及时、合理的岗位调换。

（3）量化绩效考核，优化薪酬体系。大数据时代，公职人员的绩效考核需逐渐摆脱落后的管理模式，充分考虑不同岗位的工作特点，收集各类数据，通过构建绩效管理的数据信息系统，再将数据进行合理分析，进而得出正确结论，从而实现组织薪酬分配的公平性、激励性，实现公共组织人力资源管理的创新。

第八章　人力资源管理的绩效管理设计

　　所谓绩效管理，就是以客观的事实为依据，对员工成绩、能力和努力程度等各方面有组织地观察、分析和评价。绩效管理的主要内容包括德行、能力、业绩和勤劳程度四方面，但在实际工作中可以有不同的侧重点。我国人力资源到底要不要实施绩效管理体系、如何实施绩效管理、如何解决在实施绩效管理时的种种问题等，都是摆在我们面前的现实难题，也是人力资源目前急需解决的问题。人力资源的管理模式不同于企业管理，人力资源员工的绩效管理也有其自身的特点，甚至在人力资源发展的不同阶段，绩效管理也呈现不同的特点。因此，在人力资源中实施有效的绩效管理，需要建立一套适合本组织的绩效管理体系。

第一节　绩效精神和绩效

　　激励可以挖掘人的潜力，提高人力资源质量。对于人力资源来说，激励是激发人力资源员工活力的关键一环。这是由于人力资源区别于企业和政府，具有自身的特殊性。从员工构成看，其以志愿者居多。此外，人力资源员工工资较低、社会地位不高等造成了员工的积极性不高。从这个意义上看，人力资源也要激励员工。而有效的激励需要人力资源管理者多关注员工的需求、动机与积极性的内在关系，并结合激励的一般理论来指导和促进人力资源员工积极性的提高，不断激发人力资源员工的活力。

一、什么是人力资源的绩效

　　国际货币基金组织在最近发布的报告中称，中国购买力 GDP 实际上已经超过美国。这不禁让人想起肯尼迪 1968 年的演讲："即使我们消除了物质的贫困，我们还面临一个更大的任务，那就是——满足的贫困、目标的贫困、尊严的贫困——还困扰着我们每一个人。在很长一段时间里，我们太注重物质的积累，而忽视（忽视或者把美德与社会价值排在后面、放弃，好像有点完全没有了）了个人的美德和社会的价值。我们的国民生产总值现在已经超过 10 万亿美元，但这个国民生产总值——如果我们用它来衡量美国——包括了空气污染和香烟广告，以及为交通事故而奔忙的救护车。它包括了我们装在门上的特种锁和关撬锁的人的监狱，包括了我们对红木森林的破坏和因城市无序蔓延而消失的自然奇观。它包括了凝固汽油弹，包括了核弹头，包括了警察用来应付城市骚乱的装甲车，包括了惠特曼步枪和斯佩克刀，包括了为了向孩子推销玩具而美化暴力的电视节目。然而，这个国民生产总值不包括我们孩子的健康，他们教育的质量和游戏的快乐。不包括我们诗歌的美丽、我们婚姻的坚强、我们公众辩论中的智慧和我们官员的正直。它不包括我们的机智和勇气，不包括我们的智慧和学问，不包括我们的同情心，不包括我们对国家的热爱。总之，它衡量一切，却把那些令人生有价值的东西排除在外。它告诉我们美国的方方面面，却不能告诉我们为什么为她自豪。"半个世纪过去了，这段演讲放在今天的中国同样发人深省。中国是否可以因前车之鉴而有后发优势？

孩子的健康，美丽的诗歌，教育的公平和质量，婚姻的稳定，爱、力量、勇气和智慧，所有这些关乎美好生活乃至生命意义的东西，由谁来担当？个人？家庭？企业？社会？政府？管理大师彼得·德鲁克在《非营利组织的管理》的前言部分开篇给出了明确答案："40 年前，当我刚开始与非营利组织打交道时，在美国社会中政府机构和大型企业占据主导地位，而非营利组织通常被认为处于边缘地带。事实上，非营利组织自身也普遍认同这种观点。当时我们都相信，政府理应有能力承担所有主要的社会责任，而非营利组织的角色只是弥补政府计划的不足或使其锦上添花。如今，我们对此已有了更为深入的了解，知道了非营利组织处于美国社会的中心位置，并且这确实是美国社会一个最显著的特征。"

企业为社会提供必要的产品和服务，政府负责制定游戏规则并监控，那人力资源承载什么？如何衡量其对社会的贡献和价值？换言之，什么是人力资源的绩效？要回答这一问题，我们应首先回到人力资源的使命和客户。

人力资源的使命根本而言是某个社会问题的解决，如消除贫困、帮助残障人士就业、保护自然环境、改善流动儿童成长环境、帮助贫困家庭自强自立等。人力资源的相关利益方一般包括受益人、捐赠者、基金会、政府、志愿者、员工等。人力资源需要让所有利益相关方就组织的长期目标达成共识，否则任何成果都可能是短期的、暂时的，因而没有长远价值和意义。例如，大部分人力资源大量使用志愿者，如果其提供的服务只是满足受益对象的需求，而不能满足志愿者的某种需求，那么志愿者就会逐步流失，从而人力资源的工作也就无法长期持续开展下去。因此在开始建立志愿者招募、使用和保留的时候，就要充分考虑志愿者在从事志愿活动时其个人的诉求是否得到满足。仅此一点就能看出人力资源绩效的衡量需要考虑除财务以外更加多维的因素。这些因素往往是人的问题，关乎尊重、成长、价值和意义等深入和复杂的方面。因此理解人力资源绩效，首先要明确使命。组织所有活动的展开、项目的设计等均需要从使命出发，在实施过程中不断询问："这一活动对于我们达成使命确有价值吗？如果价值不明确，我们为什么要投入人力、物力？"最终需要再次回到使命。在这样的循环往复中不断推动组织使命的达成。明确了使命，才能依此来确定形成组织战略和关键绩效的领域。"非营利组织是改造人类的机构，因此其结果不外是引起人类的改变——行为、环境、见识、健康、希望的改变，当然最重要的是能力和潜能的改变。"

2008 年汶川地震和随即席卷全球的金融风暴，促使中国这个以经济建设为中心飞速发展的东方巨人开始反思。自然和人为灾难的双重夹击向人们昭示，发展的轨迹并非不断上升的线性形态，而是循环往复螺旋上升的。伴随少数人的觉醒并付诸些许行动的是人力资源的涌现和蓬勃发展。时至今日，这一群体在整个社会中寥若晨星，但生命力已经显现。人力资源的创立往往伴随着巨大的精神诉求，其使命即存在的目的是期望通过自身的服务对人类社会有所改变。因此，人力资源虽然不以营利为目的，财务和经济指标不是其主要诉求，但对于一个靠使命和愿景驱动的组织，价值和意义何其重要。如果不是为了让生活更美好，那又是为了什么呢？笔者经常听到公益圈的朋友这样说："不赚钱可以，搭钱也可以，但总要有点意义，否则为什么不歇歇？当今如此奔波劳碌的社会，谁又不需要多些休息放松呢？如果是为了那点工资和报酬（人力资源员工的收入水平目前还处于一个相当低的水平），干吗不干脆去打工或做生意，这样更加简单直白些。"在当今中国，愿意在非营利性机构工作的人，不论是员工还是志愿者，往往是那些在物质需求方面比较容易满足（不一定是物质财富的富有者），但对于精神生活追求很高的人。因此，笔者这样认为："公益不简单是工作或职业，而是一种生活方式。"对此类性质的组织和群体，进行绩效管理并衡量其产出的效率似乎天生存在悖论。

二、绩效精神之于人力资源的重要性

20 世纪 80 年代前，中国人力资源的使命主要侧重在输血式的传统物质救助和帮扶，工作成果相对易于衡量，如受救助人员的数量，救助物资的数量、金额等。1996 年世界妇女大会后，中国引入 NGo（非政府组织）的理念，从传统物质帮扶发展为关注广泛的社会领域和环境的变化，从而形成自下而上参与式的、以能力提升为主、以人为本的新型模式。在这种背景下，以使命感为驱动力的人力资源往往会不断追问自身的使命以及如何衡量使命的达成，同时，来自社会资助方的要求也越来越高，不仅关心钱去了哪里、帮了多少人，而且开始关心钱的使用效果，与此同时，中国政府开始购买人力资源的服务，并建立了问责制。

对于商业组织来说，通过为客户创造价值而获得相应的经济收益，其他方面如使命是否达成，利益相关者是否兼顾虽不明显，起码财务方面的指标和生产力效率是显而易见的。即便如此，对于商业组织来讲，有效的绩效管理也非易事。美丽中国家致力于解决中国教育资源不均衡的非营利组织人力资源工作人员最近在《公益机构是否需要绩效管理》一文中提到："绩效管理，其实在哪里都是一个难点，都是人们不太愿意接受的一个情况，其实更多的原因不是非营利组织，而是对绩效的抗拒，尤其是以前没有正式的绩效管理系统，现在却要实施。"是的，提起绩效管理，人们脑海中即刻闪现的是考核、评价、利益挂钩、奖惩等，而人们天生是不愿意被控制和驱使的，所以抗拒是自然的。

人力资源主要通过政府、基金会、企业和社会各方捐赠等方式获得运转所需资金，同时有大量志愿者的时间精力投入，投入的不是股东的钱，而是社会资源。如何有效运用这些社会资源以解决相应的社会问题，达成使命，也是一个投入产出和效率效益的问题。因此公开有监督的"绩效衡量与管理"是政府购买人力资源服务时的需要，是捐赠人的需要，也是人力资源诚信建设的需要，否则人力资源不仅面临公信力的挑战，而且面临自身有关意义和价值的拷问。如果说有些商业组织在没有使命，也没有卓有成效的管理的情况下还能存活，非营利性机构几乎很难。彼得·德鲁克在其《非营利组织的管理》中曾讲过："非营利组织似乎并不太重视绩效和成果。然而相对企业而言，非营利组织的绩效和成果其实更加重要，但也更难测评和控制。"

随着社会的发展，公益机构越来越重视绩效管理，但由于各种原因，其绩效管理仍存在一定问题。（1）物质资源有限，因此绩效评价的结果和工资奖金等很难挂钩，目前主要用于员工能力提升，学习成长和工作改进。在这种情况下，有些员工会说，"反正不论评价高低，也就半个月或一个月的工资差异，而工资基数又比较低，干好干坏一个样"，根本不在乎。（2）人力资源的管理者和员工普遍存在公益心态，公益行业羞于谈钱，这种情况比较普遍，也不太接受绩效评价这种方式，侧重于鼓励合作协作。另外，人力资源基本以项目制为核心，工资是固定的，捐助方也不太接受变动员工奖金的方式。（3）人力资源的绩效指标不好量化，项目和项目之间不易比较。（4）没有专业的人力资源人员进行制度和体系建设，基本是负责人根据自己的想法进行操作实施，因此专业化和系统性不足。

基于人力资源绩效管理出现的各种问题，究其原因，主要为：（1）机构人数比较少，十几个人属于可控的管理幅度和范围。（2）组织架构是以项目为主的扁平化结构，项目经理和团队成员是伙伴关系，而非上下级关系，每个人工作上的自主性都很强。（3）员工具有很强的社会公民意识，因此对项目和机构的主人翁责任感和使命感强烈，在工作中能够充分体会到成就感。比如在机构预算有限的情况下，有一位员工在年度调工资的时候主动提出放弃涨薪机会，让给更需要的同事调两级。这种境界非常高。（4）在招募全职员工的时候非常慎重，往往是宁可用实习生，实在不行，确认有足够饱满的工作量再招全职人员，因此每个员工的项目充分、任务饱满。

小机构的一面是易于管理，另一面就是没有专业的支持部门。物质激励不足的另一面是本来我们就注重精神追求，这是我们的主动选择；不易量化管理的另一面是我们的工作可以在过程中不断优化，并充满创新。至于物质资源的有限性及绩效结果与物质激励挂钩的程度是认知和理解问题，而非人力资源特殊存在的管理问题。因为对于任何组织和个人，资源都是有限的，因此如何有效利用有限的资源才是关键。物质激励的强度，是管理理念问题，而非物质有限问题。对于一个从业者普遍具有很强的社会公民意识和责任感，组织结构扁平化，业务开展以项目为主体的小型人力资源（这可能也是目前中国比较典型的一类人力资源），只要充分发挥员工的自主性，倡导绩效精神就可以了吗？人力资源是否因为其规模小、人员少、衡量指标难以量化就不需要系统的绩效管理？答案是否定的。为了回答这一问题，我们首先需要了解什么是绩效管理。

三、绩效管理是什么

绩效管理是一个在各类组织中普遍提及并使用的管理概念，是组织用来确定绩效目标、评估绩效表现、识别绩效结果和发展需求，从而实现组织战略的系统。该系统既是监督和发展员工的过程，同时，它还将员工的贡献和组织的优先发展顺序结合起来，并鼓励员工参与对自己和组织绩效的管理，建立各层次的绩效责任。我们可以这样进一步理解绩效管理。

"战略管理的工具"：绩效管理可以帮助组织分析其愿景与战略目标，并澄清实现战略目标所必须完成的工作重点。以此为基础，将组织的战略分解到部门和每一个岗位，并且通过辅导、考核、激励等方式来加以落实。因而绩效管理关注的是未来，而不是过去。

"一个过程"：绩效管理不只是一套需要定期填写的表格或者每年一度的考核，也不是一项奖金分配计划，它关注的是员工为了提高自我绩效水平，并协助他人提高绩效水平所表现出来的日常行为。

"达成共识"：绩效管理解决的问题是"要达到什么目标以及如何达到这些目标"。为了提高绩效水平，每个员工都应该非常清楚岗位对其绩效的要求，以及怎样才算成功地完成了工作。对员工的绩效要求既包括结果，又包括行为表现。

"管理人的一种方法"：绩效管理的重点是"人"及"如何对人来进行管理"，它关注的是人和人之间、团队和团队之间如何并肩作战、互相支持来完成共同的目标。管理层的工作即在于如何有效地带领所属的团队完成既定的目标，就此而言，管理层的工作就是进行绩效管理。

"它增加了成功完成工作的可能性"：每位管理者都有自己的管理风格，绩效管理体系实际上是将管理方法系统化，以完成团队的工作目标。影响员工绩效的因素包括内因与外因，每个员工自身的素质能力是其内因，而其所处团队的气氛即是外因。管理者的作用，在于建立良好的团队气氛，以规范员工的行为，创造高绩效。绩效管理的流程正是为提升组织气氛而设计出来的管理工具和管理方法。

绩效管理越来越多地被用作一种管理员工和组织绩效的战略性整合工具。事实上，绩效管理在人力资源管理体系中处于非常重要的地位，对人力资源管理的许多功能提供支持：职位分析与职位设计；培训需求分析与培训实施；员工个人发展和职业生涯规划；人力资源规划和招募；薪酬激励；人才盘点和继任计划；组织和员工沟通。

第二节　绩效管理系统和方法

随着经济全球化的步伐越来越快、志愿者及志愿服务的社会转型，人力资源的管理面临诸多机遇和挑战。在这种现状中，一个人力资源要想有效提高服务质量，必须不断提高组织的整体效能和绩效。针对人力资源绩效管理的现状，绩效管理系统就如同为人力资源的各种管理系统搭建了一个管理平台，它也是各种管理系统的纽带，透过它来验证人力资源管理系统的运作效果。如何建立科学有效的绩效管理系统和方法，已成为人力资源管理者普遍关注的问题。在引进和开发绩效管理系统和方法的过程中，有些人力资源已经积累一定的经验，但不同组织的发展状况、组织文化、组织氛围、组织结构和管理风格是不同的，在建立绩效管理系统和采用绩效管理方法上，应当建立适合自己组织的绩效管理系统和方法。

一、绩效管理系统

绩效管理系统主要由绩效计划、绩效辅导、绩效评价、绩效反馈四个环节组成，它们形成一个完整的闭环。绩效计划是由管理者与员工根据既定的绩效标准共同制定并修正绩效目标以实现目标的过程。其前提是，第一要了解组织的使命和战略；第二要了解员工所承担的职位本身。

绩效辅导是整个绩效管理循环中持续时间最长的一个阶段。绩效辅导过程的重点主要为：主要责任承担者是员工，作为工作任务完成的主体。

1.绩效计划

活动：（1）与员工一起确定绩效目标、发展目标以及行动计划时间，新绩效周期开始必须通过自己的努力达成对绩效的承诺；（2）员工的直接上级承担重要的管理责任，通过监控、协调、指导等活动推动或激励所属员工实现预定的绩效目标。在绩效辅导中，要进行积极沟通，主要原因有三：（1）对绩效计划做出适时调整；（2）员工在绩效计划执行过程中需要了解相关信息，同时获得必要的资源支持，需要上级的支持；（3）管理人员需要了解员工工作进展，了解进度与计划的差距，了解执行过程中的困难，适时辅导和调整。

绩效评价又称绩效考评、绩效考核、绩效评估等，是指将战略转化成一整套可执行的绩效衡量标准与体系，并对照绩效标准，采用科学的考核方法，评定员工的工作目标完成情况、员工的工作职责履行程度、员工的发展情况等等。绩效评估无疑是以绩效为导向的，但是绩效导向并不意味着只关注结果（绩效本身包含"绩"和"效"），它也关注取得这些结果的过程。

绩效反馈的重要环节是绩效考核结果应用，绩效考核结果应用必须与有效的人力资源管理决策挂钩，这样才能真正发挥作用。绩效结果的主要应用有：薪酬调整；绩效工资或奖金发放；奖惩或评优；晋升、调职、降级或淘汰（如试用期考核）；培训提升（为培训提升提供需求信息，同时也提供培训与开发有效性的建议）。

二、平衡计分卡的绩效管理思想

在单纯的目标管理方式下，由于缺乏对组织整体战略目标的了解和有效的绩效管理工具，部门与部门间，甚至部门内个人与个人之间各自为战，绩效考核反而起了负面作用，甚至破坏了员工间和部门间的合作。以项目筹资为例，如果绩效考核指标就是筹资的金额，并和奖金挂钩，就会导致有关信息不共享，从而破坏组织内部共享和协作的气氛和文化，而且社会可能不接受这种做法。因此人力资源绩效管理关注的焦点也在于怎样提高不同领域的工作绩效，使它们能够协同工作，共同为组织的战略目标服务。平衡计分卡的管理思想非常值得人力资源借鉴。

平衡计分卡（Balanced Score Card，简称BSC）在商业领域经过20年的发展，已经发展为组织战略管理的工具，在战略规划与执行管理方面发挥着非常重要的作用。平衡计分卡的出现，使得领导者拥有了全面统筹战略、人员、流程和执行四个关键因素的管理工具。所谓平衡，是其反映财务、非财务衡量方法的平衡，长期目标与短期目标的平衡，外部和内部的平衡，结果和过程的平衡，管理业绩和经营业绩的平衡等多个方面，所以能有效反映组织综合经营状况，使业绩评价趋于平衡和完善，利于组织长期发展。

组织的使命往往是激动人心的。但作为一名普通员工，一定会有这样的疑问："我现在和服务对象在一起，我在执行项目，我每天应该做些什么？怎么做才能实现我们组织的使命？"使命与员工的日常行动之间有很大的距离。平衡计分卡把使命和战略转变为目标和指标，形成四个不同的层面：财务、客户、内部业务流程、学习和成长。计分卡提供一个框架、一种语言，以传播使命和战略，它利用衡量指标来告诉员工当前和未来成功的驱动因素。管理层通过计分卡阐述组织渴望获得的结果和这些结果的驱动因素，借此凝聚员工的精力、能力和知识来实现长期目标。很多人把绩效管理和衡量更多看作控制和评价，但实际上衡量指标应该有不同的用途，可以用于阐明组织目标，沟通和促使个人、组织、不同部门的行动方案一致，以实现一个共同目标。它不会试图控制个人和部门严守一个事先制订的计划，应该是一个沟通、告知和学习系统，而不是控制系统。

那么在人力资源当中，这一逻辑是否依然成立？如果成立，如何呈现？

财务层面：人力资源中人们往往羞于谈钱，然而没有钱是万万不行的。对于商业组织而言，财务目标通常与获利能力有关，其衡量指标有营业收入、投资回报率、销售额增长率、利润率等。人力资源不以营利为目的，但衡量财务资源的投入产出效率，进而优化，才是体现绩效精神的做法，也是实现使命的前提。指标方面，可以采用成本费用类和投入产出类，如组织的运营成本、人力成本、资助一个儿童的管理成本和费用、建立一个社区图书馆的费用、服务一个卧床老人的成本等等。

客户层面：人力资源的客户包括首要客户（是指那些生活通过人力资源的工作有所改变的人或事物）和支持客户（对使命的推进有一定的兴趣和作用，他们有说"是"与"否"的选择。可能包括合作伙伴、捐助人、志愿者等其他需要满足的人）。类似的指标包括服务对象的数量、志愿者的数量和服务时间、服务对象和志愿者的保持率、服务对象和志愿者的满意度、新增的服务对象数量和志愿者数量等。

商业组织经常采用"神秘客户"查访机制，即请专人扮演客户，进行产品或服务体验来评估客户满意度，此类方法人力资源也可借鉴。例如，公立医院的人力资源，可以让员工定期以假名住院，换位体验，来增强客户服务意识并改进有关管理和服务水平。

内部业务流程层面：需要首先确认组织要想实现财务和客户目标，必须擅长和采用的关键流程。关键流程从大的方面包括创新流程（发现客户需求并满足需求）和运营流程（提供既有的服务给现有的客户），如项目管理流程和有效性、财务管理规范和透明度、人力资源体系建设和完善性等。

学习与成长层面：主要基于组织能否持续提升并创造价值。主要目标是规范与提升组织的创新能力、学习能力，衡量组织是否为长远发展营造了积极健康的工作环境和组织文化，是否培养和维持了组织中的人员竞争力。类似的指标有员工满意度、员工保有率、员工培训和技能提升、专业资质人才（如社工师、心理咨询师等）数量和等级。

平衡计分卡不仅是一种管理手段，也体现了一种管理思想，组织愿景的达成需要考量多方面的指标，除财务要素外，还应包括客户、业务流程、学习与成长。这样的绩效管理思想对于人力资源来讲是非常有意义的。对于刚刚起步发展的人力资源，普遍存在员工缺乏相关经验和技能的状况，在这种情况下，如何有效开展辅导和培训，提升员工的工作能力是非常重要的，如果仅仅关注被服务对象的满意度、服务的产出数量和质量、服务过程记录的完整性等方面无疑是偏颇的，因此平衡计分卡的思想就显得很重要。具体设计时，人力资源在不牺牲有效性的前提下，可以尽量使其简化、易于操作，降低管理成本。

第三节　绩效目标的设定

绩效目标是指给评估者和被评估者提供的所需要的评价标准，以便客观地讨论、监督和衡量员工绩效。从管理学上说，绩效目标的确定有助于保证绩效考核的客观性，因此，绩效目标是人力资源有效管理的基础。在人力资源中，绩效目标主要指人力资源所期望达到的结果，以及为达到这一结果所应采取的方式、方法，通常是管理者（上级评估者）与人力资源员工（被评估者）共同制定、完成一个绩效目标。组织绩效目标的实现应在各部门绩效或个人绩效实现的基础上，如果组织的绩效按一定的逻辑关系被层层分解到每一个职能部门、每一个工作岗位以及每一个员工，只要每一环节都达成了组织的要求，组织的绩效就实现了。通过明确的绩效目标，人力资源员工在对自我进行监控的同时，可以明确自己在完成对工作单位和组织有重要意义的事情时的重要角色，即每一个岗位、每一个人、所做的每一件事情，对组织最终的经营发展，都有巨大的帮助。

一、战略目标分解

任何绩效管理的体系都应该为战略服务，缺乏战略指挥棒的绩效管理体系可能会让组织在失败的道路上死得更快。组织的核心人员一定要对"在哪个领域提供服务、利益相关方是谁、其核心诉求是什么、如何满足"等核心问题进行分析辩论，并达成共识。这种自上而下的战略澄清、目标分解过程，就是确保战略能够通过落实到人的目标、指标和行动计划并彻底锁定，从而确保落实。在和公益行业从业人员接触的过程中，大家普遍提到公益行业的人员编制"一个萝卜一个坑"，因为是项目制的，捐赠人对于人员和工资是有预算控制的，因此人手非常紧张，大家都很忙。在这样的背景下，清晰的目标和行动路线也许不失为提升效率，适当降低大家繁忙程度的一个方法。如果脱离了战略导向，这些"忙"可能是无用功，或起到了反作用。忙不一定意味着取得成果、价值创造或使命达成。

绩效管理体系的使用，需要设定绩效指标，组织每一层面均要有一套自己的绩效指标，将下层的绩效指标汇总即为上一层领导的绩效指标，通过清晰明白的绩效指标管控，容易发现问题所在，以业绩管理代替"人管人"的情况，使组织和个人的目标达到和谐的统一。无目标则叫无考核或假考核。对于人力资源来讲，财务指标可能不是重点，但也会用到，如收入、成本费用等，另外还有客户、内部管理和发展的指标，可以说纷繁复杂，在选择上就颇费思量，至关重要的指标不会太多，也不能太多，不需要面面俱到，否则就会失去焦点和重点，反而不能有效执行，偏离甚至失去了业绩管理的真正目的。

二、关键绩效指标（KPI）和工作目标（GS）

绩效指标通常分为关键绩效指标和工作目标两大类，如下图 8-1 所示。

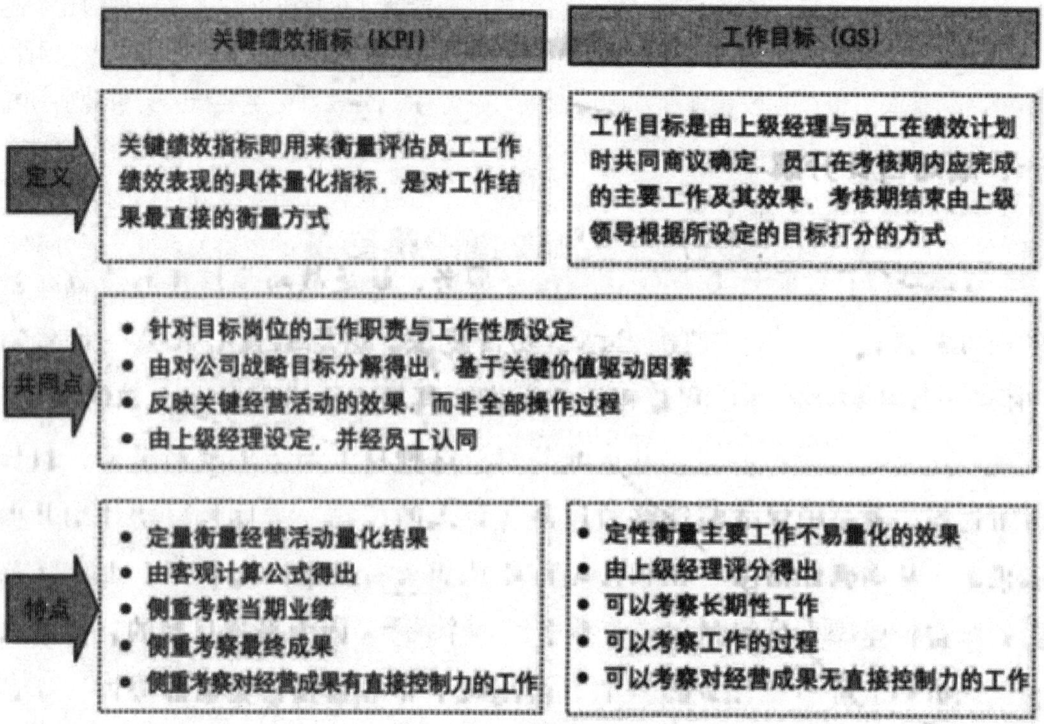

关键绩效指标（KPI）	工作目标（GS）
关键绩效指标即用来衡量评估员工工作绩效表现的具体量化指标，是对工作结果最直接的衡量方式	工作目标是由上级经理与员工在绩效计划时共同商议确定，员工在考核期内应完成的主要工作及其效果，考核期结束由上级领导根据所设定的目标打分的方式

 共同点
- 针对目标岗位的工作职责与工作性质设定
- 由对公司战略目标分解得出，基于关键价值驱动因素
- 反映关键经营活动的效果，而非全部操作过程
- 由上级经理设定，并经员工认同

特点 · 定量衡量经营活动量化结果 · 由客观计算公式得出 · 侧重考察当期业绩 · 侧重考察最终成果 · 侧重考察对经营成果有直接控制力的工作	· 定性衡量主要工作不易量化的效果 · 由上级经理评分得出 · 可以考察长期性工作 · 可以考察工作的过程 · 可以考察对经营成果无直接控制力的工作

图8-1 绩效指标分类

三、什么是好的目标（SMART 原则）

在制定目标时必须要遵循非常经典的 SMART 原则，既清晰可衡量，又具有一定的挑战性。我们可以在不同组织看到这种普遍的现象，领导在和下属制定目标的时候没有很好地掌握这个原则和方法，导致考核困难，甚至产生不公平现象。

SMART 原则：

明确具体（S——Specific）：工作目标应该尽量具体，如明确目标任务的细化描述、完成任务的评判特征等。最后选定的工作目标不宜过多，一般以不超过 6 个为宜。

可衡量性（M——Measurable）：可以用质量、时间或成本等指标对目标的完成效果进行描述，或能够通过定性的等级划分进行转化。

可达成性（A——Attainable）：工作目标既不要高高在上、遥不可及，也不要轻易就能达成，员工必须付出一定的努力才可以达到。

相关性（R——Relevant）：工作目标应该与岗位职责、部门、企业目标直接相关，并能够满足工作伙伴和顾客的需要。

时限性（T——Time bound）：工作目标应包含完成目标的可衡量的时间表，即完成目标有时间限制标准。

SMART工作目标是包括一个主动动词、工作成果或结果、情境及完成的时间安排四项主要因素的完整句子，在设定工作目标时应按照此原则来描述，具体的模型如下：

通过回答以下的问题对工作目标进行分解，可以用SMART原则指导设定工作目标。

明确具体（S——Specific）：根据客户的需求、企业战略目标及部门目标等，我最需要完成哪些工作？根据岗位职责，我希望和需要完成哪些工作？我是否知晓做哪些工作才能完成以上的工作目标？受我的工作目标影响的其他人对我的工作是否与我有相同的理解与认识？我是否与主要的工作伙伴就工作目标达成共识并相互认可？对其他人来说，我试图完成的工作目标是否清晰明确？

可衡量性（M——Measurable）：我要完成的具体绩效目标是什么？我如何知道工作目标已经达到？哪些描述性指标可以帮助我及我所在或所领导的工作小组明确地知道我们期望的工作目标已经达成？这些指标是否足够清晰？我如何检验或证实工作的进展程度？哪些绩效指标不够清晰，可能会引发歧义，如错误的时间期限、质量等？

可达成性（A——Attainable）：为达成工作目标，我需要付出哪些努力？为达成工作目标，我需要获取哪些资源？我是否很有信心最终能够达成工作目标？哪些因素会阻止我达成工作目标，主要障碍在哪里？

相关性（R——Relevant）：我的工作目标是否强调了来自客户以及主要工作伙伴的需求？我的工作目标是否与组织整体目标直接相关？我的工作目标是否依据我的工作职责？

时限性（T——Time bound）：为达到工作目标需要多少时间？我期望工作目标在何时完成？是否需要设定时间表对工作目标进展程度进行评估？我的工作安排是否能满足那些以我的工作结果来实现工作目标的人们的需求？

四、确定绩效目标

在制订计划的过程中，不仅要与员工确认绩效年度当期的关键绩效指标（KPI）和工作目标（GS），还要向员工明确具体指标的目标值，即员工达到何种程度的指标目标值即会被认可为完成计划，同时，也要与员工就组织所希望的胜任素质、工作过程及行为等进行明确的传达，以便员工在工作中避免组织不鼓励的行为和工作方法。

（一）确定关键绩效指标的目标值和权重

绩效指标的目标值用来考核被评估者工作是否达到组织期望的标准，是保证绩效管理体系客观性和公平性的关键，也是员工绩效年度努力方向的重要指导。设定各绩效指标的目标值时，要综合考虑以下因素：每个考核指标都需事先设定目标值，并设定相应的评分标准，即不同的实际完成值对应不同分数的规则，以便评估双方对目标和评估标准有共同的认识，在评估时有据可依；目标值与衡量标准必须是评估人与被评估人共同认可、达成一致的，以便被评估人在整个考核年度中对努力的目标有明确清晰的了解；目标值与衡量标准每年核定一次，原则上一经设定就在考核周期内不做改动，但如遇不可抗因素等特殊情况可予调整，但必须由被评估人向评估人书面申请，并按规定程序审批。

绩效指标的目标值设定的难点是争取各个部门、各个岗位在设定标准的时候尽可能保证一致性和公平性，即被评估人在达成绩效目标时所付出的努力程度相当。为此，在具体设定各绩效指标的目标值时需遵循以下原则：关键业绩指标（KPI）往往包含组织或部门的重要业绩成果，其目标值的设定直接关系到组织目标的实现，涉及组织整体计划和预算过程，因此需经过正式的测算慎重确定；实践证明具体的和富有挑战性的目标能创造出最好的结果，要避免设定模糊的目标及衡量标准，同时又避免设定太容易实现的目标；对于波动性较强的指标，应设定较高的挑战目标值；绩效目标及衡量标准的设定需要各级主管检查一致性，如在横向上检查相近类型部门/岗位的标准设定是否维持统一的标准，在纵向上检查绩效目标的达成难度与任职资格的对应关系是否一致；对于同类型岗位，其目标值可以因自然条件、业务环境或所得资源等客观原因而有所不同，但不能由于个人能力以及过去的业绩水平不同而产生差异，否则会造成不公平对待。

权重是绩效指标体系的重要组成部分，通过对被评估者的工作性质、特点及对经营业务的控制和影响等因素的分析，确定每项指标在所有关键绩效指标中的重要程度，赋予相应的权重，以达到考核的科学合理。各项关键绩效指标的权重之和为100%，一般而言各岗位的关键绩效指标均应在6~8项，权重的分配应突出工作重点，将权重在不同指标类别中进行分配。权重确定的一般原则为：对战略目标重要程度越高的关键绩效指标权重越大；被评估人影响直接且影响较大的关键绩效指标权重越大；单个关键绩效指标的权重不应低于平均权值太多，也不应高于平均权值太多；一些通用的指标，如部门费用控制率、部门员工平均培训时间，在各部门所占权重应该保持统一。

（二）确定工作目标和权重

第一，以SMART原则设定个人工作目标。根据岗位说明书，归纳合并工作活动内容，写出工作职责描述，结合组织、部门及所在小组的工作目标，利用相关帮助工具，确定符合SMART原则的个人工作目标。

第二，与直接上级就制定的工作目标进行会谈。会谈不仅为了确定具体的工作目标制定，而且要检查所制定工作目标的内、外部一致性，即检查所制定的目标是否明确具体和可衡量，所制定的衡量标准是否共同认可，所制定的目标是否既有挑战性又可实现，所衡量的区域是否与企业目标密切相关，最后检查所制定的工作目标与其他职位工作目标的关联性及一致性，使该职位目标与其他职位目标间保持一致性及相互支持性。

第三，根据与直接上级会谈结果，必要时对工作目标进行修改。需要修改工作目标的情况如下：工作目标设定时的关键假设条件错误，如预算或下属员工人数假设错误；组织整体战略重点或目标轻重缓急发生变化；个人工作职责发生变化，如承担全新的职责或增加相关工作职责。确定工作目标的权重：对组织战略目标的重要程度越高的工作目标权重越大；对被评估人影响直接且影响较大的工作目标权重越大；单个工作目标的权重不应小于5%；一些通用的工作目标，如内部审计满意度、外部检查合格率等，在各部门所占权重应该保持统一。

（三）关键绩效指标与工作目标之间的权重分配

将关键绩效指标和工作目标同时作为对工作结果的考核内容时，则需要确定各自在工作结果绩效成绩中所占的权重。两者之间权重分配的原则是：岗位等级越高，关键业绩指标（KPI）的权重越高；对于不同的岗位性质而言，业务类岗位的关键业绩指标（KPI）所占的权重高，而职能支持类岗位的工作目标可能占相当大的权重；通常业务类岗位的财务、市场客户类指标所占的权重高，而职能支持类岗位在内部运营类指标的权重较高。

人力资源的从业者普遍认为人力资源的KPI很难设定，无法界定，没有可比性，无法区分，工作量难以衡量等。人力资源基本以项目制为主，无论是否设立KPI，每个项目从申请到执行再到评估其实本身一定有明确的衡量目标。只是说除项目本身的指标以外，在组织层面、部门层面、员工层面是否需要一个系统绩效管理的问题。KPI似乎是一把"永远的双刃剑"，在明确目标，调动组织整个节奏方面非常有效，但如果为了把KPI搞得好看，实际上背离组织使命的做法也是可能出现的。因此，对于人力资源，尤其是处于创业和发展阶段的小型社会机构如何既要进行方便有效的管理，保持成果的产出和使命的达成，同时又充满活力和创新，需要拿捏一个度。

五、注重设定目标的过程与双向沟通

在运行有效的绩效管理系统中，员工并不是处于被管理和监控的地位，而是参与整个绩效管理体系的建立和运行，真正参与到组织管理工作中。这种绩效管理体系是向前看的系统，进行绩效管理的目的是共同提高和进步，不是对历史的审核和算账，它要求的是通过绩效管理体系的运作，使组织和员工个人在企业发展过程中，能够紧盯组织目标，及时发现问题，找出原因并提出解决问题的办法，在员工不断取得进步的同时，提升其工作满意度，并最终使组织绩效不断提高。绩效管理的过程是一个经理和员工就绩效问题进行充分沟通并达成一致理解的过程。在这个过程中，经理要与员工一起确立目标，一起清除障碍，一起完成并超越目标，而要做到这一切，绩效沟通必须做好。所以，我们对一个企业的绩效管理体系进行评价的时候，不仅要看它的硬件是否具备，更要看软件，比如绩效沟通的环境是否良好、绩效沟通的渠道是否顺畅、绩效沟通的习惯是否已经建立等等。

第四节　绩效反馈与成长辅导

绩效管理是一个连续的过程，制订员工的绩效计划只是第一步，下一步所要做的就是真正落实并完成所制订的绩效计划。在此过程中，虽然各级人员均对自己所计划的绩效指标或工作目标负责，但是上级人员对下级人员在日常工作中的跟踪指导，帮助他们完成或超越所制定的绩效目标仍是绩效管理中不可或缺的关键步骤，这个步骤被称为绩效辅导。

在组织内部，上级的绩效目标是通过所有下级人员协同完成他们的绩效目标来实现的，保证下级人员按时保质保量地完成绩效目标直接影响到组织整体目标的实现与达成，而绩效辅导对于帮助员工按时高效完成目标具有重要意义。

主管人员通过绩效辅导，对下属人员的绩效完成情况不断跟踪，适时提供积极的反馈，鼓励产生优良绩效的行为及工作方法，并及时提供建设性的反馈以纠正不良的工作方法，以此提高个体绩效，进而提升组织整体的经营效果，避免因平时疏于指导，造成到年底结束时才知道下属人员不能完成绩效指标计划或工作目标而带来负面影响。

一、反馈和有效反馈的原则

人们行为最大的动力来自结果的反馈，绩效反馈主要是指绩效管理过程中随时的动态反馈，即告诉员工他"干得如何"。通常很多组织这项工作开展得不好，要么不反馈，要么只是简单地签字交差，没有中间的过程。这既是对绩效管理制度的忽视，也是对员工的不负责。

反馈分为定期正式和不定期非正式的反馈。定期正式反馈通常出现在一阶段绩效评价结束后，经理将评价结果通过正式面谈的方式告诉员工，与员工就评价结果达成一致理解，并真诚地指出员工存在的不足，提出建设性的改进意见。不定期非正式反馈出现在日常管理中任何适合反馈的时间和场合，及时表扬、指出不足，往往取得最具"现场感"的反馈作用，员工如能清晰、具体、及时地接收到信息，反馈效果会很好。如果组织没有做这项工作，我们就不能认为这个组织的绩效管理体系是有效的。

提供反馈可以帮助员工工作得更好。员工知道自己表现如何，可提高积极主动性，引导其关注不足的地方，增强意识，激励优点的发挥和缺点的改进。

最有益的反馈应该是具体的、描述性的、客观的和有启发的。反馈不是批评，反馈是以积极的方式改变员工行为，批评是告诉员工应该如何做，由愤怒驱使，是笼统的、评价性的、针对人的、模糊的、注重过去的，以责备为目的。反馈的原则是具体的、叙述性的、对事不对人、明确的、注重将来，以寻求解决方案为目的。

二、辅导

在反馈的过程中给员工以辅导，是领导者的一项关键职责。作为管理者，能够运用辅导来熟练地影响他人，提升他们的绩效。辅导是由某人（教练／辅导者）提供并与被辅导者创建的一种有效关系，使他人能学习并持续提升绩效的过程。辅导着眼于与一名员工的长期承诺，而不仅仅是短期的服从。当发现绩效差距或被要求提供辅导时，团队领导与员工进行的有目的的谈话，旨在以可衡量的方式提升员工的绩效和能力，因此辅导是一个协作性的、注重解决方案、以结果为导向的系统过程，在这个过程中辅导者促进了他人的绩效提升、自主学习与个人成长。绩效辅导可以采取非正式与正式两种方式进行。

非正式辅导主要是指日常的绩效辅导，是主管人员通过在日常工作中提供反馈意见、方向指示来帮助下属人员完成绩效指标的一种方法。根据管理幅度和下属人员的绩效表现差异，管理人员采用的指导方式有具体指示型、方向引导型和鼓励型。

为了确保上级主管与下属人员能有机会共同讨论，回顾跟踪绩效计划完成情况，绩效管理还需要正式辅导。其目的是采用正式会谈的形式来确保上下级之间讨论和确认绩效计划完成情况、遇到的问题、应做何种调整等。正式辅导可以在中期与年终进行。

三、持续不断地辅导

成功建立上下级关系并推动绩效提高的关键在于保证开诚布公的沟通渠道。沟通必须是双向的：上司要对下属进行辅导，对他的绩效状况提供有建设性的反馈并对他进行鼓励；下属也应当主动就工作中的问题同他们的上司进行讨论和沟通。

当有需要时，上述一对一的沟通可以由上司或下属中的任何一方主动提出。一般来说，辅导是持续性的、非正式的，体现在上司和下属的日常沟通当中。当然，有时候进行正式的辅导也是必要的，特别当下列情况出现时：

当有必要对员工重申绩效计划的重要性时（如当员工变得日渐松散或当额外的推动能够增加员工达成目标的可能性时）；

当员工的绩效情况不错，需要同他进行正式的辅导沟通，对他的成绩和进步给予认可，并对他良好的工作行为予以称赞和强化，以激发他的积极性时；

当绩效目标需要根据组织或部门计划的变动而重新确定时，或者员工个人的工作内容发生变化时。

在进行辅导时，正面和负面的反馈都是必要的，而且两者之间应当平衡。绩效管理体系一般要求上级对下属每年要进行不少于两次的正式辅导。

第五节　绩效评估与奖励绩效

绩效评估是按照既定的程序和方法，对被考核对象在一定期限内实现的个人绩效情况进行定量计算和定性评价。评估结果是实施绩效奖励的依据，是进行绩效后续管理的基础。绩效评估与考核将下属人员在绩效期初所计划的绩效指标或工作目标逐项与实际完成的绩效进行比较，按照绩效评估表中事先制定好的标准来逐项给予相应的分数，将每项所获得的分数乘以各自的权重并加总成总分。上下级人员对每项得分和总体分数达成共识后签字存档。这一过程也是下一个绩效年度制订绩效计划的重要基础，需要上下级人员密切配合，共同完成。

一、采用经过明确界定的等级量表来衡量

针对不同类型指标采用不同的等级量表：

对于一般定量性指标，根据目标完成情况，计算目标达成率，然后根据下面的目标达成率换算表格，换算对应的绩效得分。

二、绩效评估的流程

绩效管理体系要求上下级间就员工的绩效评估进行开诚布公的讨论。在进行绩效评估时，如果正确地实施了绩效管理的各个环节，员工对于评估的结果应该事先心里有数，不会对结果感到惊讶。因为上级在一年当中已经对下属进行了定期的绩效辅导，同绩效相关的事情早就在这些辅导当中涉及。上下级要在绩效考核表上签字确认。

三、绩效评估结果的应用

绩效评估结果的应用旨在使员工把注意力放在重要事情上，并激励员工发挥最大潜力。根据绩效评估结果和企业的整体绩效情况，制定各绩效等级的激励措施，对员工实施物质性奖励、非物质性奖励以及帮助与处罚。考核的结果同时可以作为晋升、培训、

轮岗的依据。由人力资源部依据所有员工完成的绩效级别统一确定相应的薪酬回报。目前人力资源绩效考核的结果和薪酬基本不挂钩或激励力度很小，一般为一两个月的工资。考核结果缺乏差异化和激励力度很小，可能导致的一个结果就是很难提高员工对业绩考核的重视程度。鉴于人力资源增加更多奖金确实有资金压力，所以建议人力资源"重管理、轻考核"，考核是手段，目的是达成绩效和实现更好的个人能力提升与职业发展，获得成就感。因为人力资源是使命驱动的，更好的绩效意味着向使命达成更好的靠近，所以这个成就感将非常巨大，不是商业组织能够比拟的。

1. 绩效评估结果与固定薪酬（岗位工资）调整挂钩。绩效评估的结果可以作为下一年度固定薪酬调整幅度的重要依据。通常绩效越好、固定薪酬在组织薪酬结构中的位置越低，则下一年度的薪酬增长幅度越大。

2. 绩效评估结果与浮动薪酬（奖金）挂钩。通常奖金的数额主要取决于绩效评估的结果。具体挂钩的方式因组织而异。但是在年初制订绩效计划的时候就应该有绩效奖金发放方案，而且必须和员工沟通，而不是到了年底才由高管决定如何分配。所以，严格意义上的奖金总盘子是活的，在年底之前没有人事先知道具体的奖金总盘子会是多少，但是可以控制在一定的范围内。因此浮动薪酬又称为"自给自足"的（Self-funded），即绩效好了，员工分得的也多了；反之都低了。激励奖金分配原则是：关注组织的整体发展，同时与部门和个人绩效相匹配。在突出个人业绩的同时兼顾团队。在确定个人奖金的分配时，由部门负责人考虑个人和组织的业绩，并有一定的灵活性。在确定项目类型的奖金分配时，以项目参与时间和项目难度系数为主要因素决定项目奖金库，并且通过界定项目成员在项目当中角色的不同来调节项目奖金的实际发放比例。

3. 绩效评估结果与职位调整挂钩。通常情况下，绩效表现优异者，其职位晋升的机会也会相应增加，反之，则可能面临职位调整的可能。同时，可以和员工探索个人兴趣与特长，也可以将员工调整到更合适的岗位。岗位的平行移动在有些情况下也是一种非常好的对员工的激励。

4. 绩效评估结果与培训发展。要根据评估结果和员工日常绩效反馈辅导的情况，针对性地制订有关培训计划，发展相应能力。这样的培训计划往往比随机的、没有针对性的培训学习，对于员工绩效和能力的提升效果更为显著。

5. 绩效评估结果与其他非物质奖励。除以上应用外，人力资源还可以开展更为多样的绩效奖励，充分发挥人力资源丰富的想象力和创新思维，如额外的带薪假期、短途家庭旅行、负责人签名的表彰信、具有象征和纪念意义的奖章或奖品等。

浩途是一家成立于2011年的商业注册的非营利性机构，其使命是助力父母自我成长，成就孩子独立人格，该机构在2006年就以父母成长读书会的形式开始，这些年来"且行且摸索"。该机构的发起人和核心管理人员因为都是具有跨国企业高度职业化背景的人员，因此目前看来使命愿景清晰，管理流程和制度规范也相应健全。组织虽小，全职员工也不多，但在绩效管理方面已经初具体系。浩途每年邀请外部专业顾问引导进行战略研讨，年中会有中期战略回顾会议，年底有总结会。在组织绩效的关键领域设立 KPI 进行管理，因为机构定位是会员制的组织，而该类型的组织是广泛存在且有行业运作规律的（不论是商业机构还是非营利组织），所以主要的 KPI 围绕这个方面设置，如会员绝对数量、会员保有率、会员出席率、会员增长率、嘉宾带入率和转化率、收入、成本和费用等。

这些关键业绩指标在设计公益产品的时候就被设计进去，用办公软件进行处理就可以进行简单的分析。目前还没有专门的会员管理和数据系统。每周会员沙龙活动的报表要提交反馈，员工和会员都能及时拿到这些数据，通过数字，如参加学习的次数、承担的角色等去感受自己的成长。所有这些指标层层分解到部门，再到每个职位和个人，每周进行数据汇总并在周例会上呈现，以便所有员工全面、清晰、透明地了解组织各项关键指标推进执行的情况。这是一个通过具体数字推进组织使命和战略达成的过程，数字会告诉每一个人你在做什么。这是我们所达成共识的，也是你同意和拥有的，你说的、你做的、你答应的，差距在哪里。对于存在差距的地方，会一起分析问题在哪里，问题背后真正的原因是什么，一起看工作需要怎样的支持，是需要帮手，还是调整岗位，还是需要指导。总之回归到人的本位上来。

在这样一个绩效管理较强的文化氛围中，员工虽然是在非营利机构工作，但显而易见，每个人依然会有压力。但这种压力不同于商业组织中那种强制分布和末位淘汰制下带给人的硬性的、尖利的感受。因为组织是创业型的公益组织，又是以父母成长为使命的，因此文化中更多的是倾听、接纳，通过绩效管理来照镜子，在这个过程中激发员工。而结果目前主要用于人心的激励，还没有办法和物质的奖励相联系。在绩效管理与员工培训发展方面并没有清晰的规划和成文的培训方案。目前免费的培训学习资源较多，不仅包括有关基金会和公益机构，如恩派提供的课程，还有横向联合机构共建共享的学习课程，以及会员中专家的分享。但思考哪些是员工不同发展阶段真正需要的、业绩能力提升的关联度分析，以及培训学习之后的真正内化和行动做得还很少。绩效管理系统如何和人员管理的其他系统如员工培训发展系统有机关联，从而促动业绩提升，也是人力资源目前需要思考的问题。

浩途的运营总监张毅感慨道："从浩途的发展历程来看，如果一个人力资源群龙无首，没有统一目标的指引，完全自发地工作，靠自我的使命来驱动是非常困难的。落脚点是追求人的发展，但如果没有现存的桥梁，就会很虚。使命、战略和目标必须紧扣。因此目前绩效管理体系虽然有待完善，但其必要性是毋庸置疑的。"

四、业绩考核之难，难在业绩考核之外

没有一个绩效管理体系是完美的，重要的是组织能否持续地改进这一体系。要在实践中不断回顾，解决使用时发现的不足，并持之以恒。这种锲而不舍的改进精神可以不断提升这一战略性体系的有效性。战略性绩效管理体系的有效执行，关键点并不在于体系本身设计得怎样完美无缺，而在于这一体系是否得到不折不扣的实施，是否得到持续的回顾和持续的改进。

此外，还要考虑如何将作为结果导向的业绩考核与作为过程控制的日常跟踪有机结合起来，否则员工就会反映说"不管不顾，随便给个分数，也不给个说法，也没给人家进步的机会"。这里说的就是缺乏日常跟踪机制，领导不知道在完成业绩过程中所遇到的情况、员工所遇到的困难是市场问题还是态度问题，抑或是能力问题。如果是没有市场机会问题，那我们就要调整市场策略和产品策略；如果是能力问题，就要给员工机会加以培训提高；如果是态度问题，也要教育指导。做好了这些工作，就不会产生员工的抵触心理和考核不公平的现象。在长期专注于绩效考核的组织也发现了作为结果导向的绩效考核的许多弊端，比如为达成结果不顾过程，不择手段，甚至作假，这些组织已更多地转向过程跟踪，而非单纯地依赖以结果为导向的绩效考核，但这样的做法要求日常管理的基础非常扎实，并且有很好的信息收集与反馈系统。

绩效管理实施的有效性取决于各级管理者的绩效管理能力。制度的好坏固然重要，但管理者的能力远比制度重要。好的领导者会为组织长远发展去制定并不断完善制度。但一个不得力的管理者即便在一个好的制度下也会执行错误。体系设计得再好，使用体系的人能力不到位，体系也实施不好。这一过程中，各级管理者是否具备足够的战略性思维能力，能否引导员工抓住工作的重点，并与员工一起定下恰当的绩效目标和指标；他们是否拥有足够的影响力和沟通能力，能够引导员工挑战自我又保持信心；他们是否具备相当的管理能力，既充分授权，又适当控制，在管理过程中做到收放自如；他们是否具有辅导员工的意愿和能力，帮助员工不断成长，以迎接更大的挑战和承担更大的责任，都非常重要。显然，各级管理者自身的能力是个大问题。因此，持续大力提升各级管理者的自我认知、管理能力和领导能力，已经成为各类人力资源提升组织绩效的重中之重。

通过有效的绩效管理，我们期望：人力资源中每个个体的活动都能与机构使命和战略紧密连接；员工的贡献都能够得到公平公正的认定和认可；员工能够既达成组织和个人的绩效目标，又提升个人能力、获得职业发展，最终实现公益梦想和人生的意义。

第九章 人力资源管理的薪酬与福利管理设计

对于任何一个组织来说，人力资源都是第一资源，人力资源管理的职能实质即为"选、育、用、留"四个字。在如何吸引、选用、培育、用好、留住人才的决策中，薪酬管理是最为核心、最受关注、最为根本的激励方式。人力资源虽然具有非政府性、非营利性和志愿性等特征，但不能因此而忽视员工的薪酬管理，不能认为人力资源员工的低水平工资就是理所当然的。新的历史发展时期，社会治理创新必须激发人力资源活力，使人力资源为社会提供更为优质高效的服务，还面临着与政府、企业等其他组织在市场上进行优秀人才的竞争，而为人力资源员工提供精神激励的同时，必须更加重视建立和完善对内公平、对外具有竞争性的薪酬管理体系。

第一节 人力资源员工薪酬概述

提起薪酬，人们往往会想到收入、待遇、工资、报酬等相关概念，对薪酬概念的不同理解，直接影响个人的行为。尤其对于人力资源的管理者来说，要设计符合人力资源特点的科学合理的薪酬体系，首先要明确薪酬和薪酬管理的相关概念。

一、薪酬与薪酬管理的相关概念

（一）报酬与薪酬

通常情况下，我们将一位员工因为为某个组织工作而获得的所有他认为有价值的东西统称为报酬（reward）。从这个定义可以看出，报酬并不等同于金钱或者直接折合为金钱。报酬一般有两种分类方法：一是将报酬分为经济报酬（financial reward）和非经济报酬（non-financial reward）；二是将报酬分为内在报酬（intrinsic reward）和外在报酬（extrinsic reward）。区分经济报酬和非经济报酬主要是看报酬的提供是否是金钱或者货币的形式。经济报酬通常包括各种形式的薪酬和福利，其中，薪酬又被称为直接经济报酬，福利被称为间接经济报酬。成长和发展的机会、从事有挑战性的工作的机会、参与管理和决策的机会、特定的个人工作环境、工作地点的便利性等为非经济报酬。内在报酬和外在报酬主要是从心理的角度进行区分，即某种报酬给予劳动者的是外部刺激还是内部的心理刺激。

薪酬是报酬的一种，即薪酬仅仅指货币性薪酬，包括基本薪酬、可变薪酬或浮动薪酬，不含福利。在实践中，大多数实际管理部门都倾向于使用此种定义。基本薪酬也称为固定薪酬，是由岗位在组织中的价值决定，不随业绩或工作结果的实现情况而变化；浮动薪酬也称为可变薪酬，是直接随着业绩水平或工作结果的实现程度而变化的薪酬项目。浮动薪酬也包含短期奖励薪酬和长期奖励薪酬。

（二）全面薪酬

20世纪90年代，面对激烈的工作场所的变化、严峻的竞争环境、急速的技术变革及转瞬即逝的商业机会，企业越来越认识到，战略性地设计和管理薪酬福利体系有助于企业在快速变化的环境中赢得竞争优势。随着人才争夺战的日益激烈，一些企业敏感地认识到薪酬和福利方案的重要性，开始以更为开阔的眼界来看待人才的吸引、保留和激励，它们学会了运用各种可能的要素来赢得自己的战略优势。在这种情况下，全面薪酬的概念应运而生。

全面薪酬是指员工作为雇佣关系的一方所得到的各种形式的财务回报、有形服务与福利。全面薪酬形式主要包含总体薪酬（total compensation）与相关性回报（relational returns）。相关性回报指学习机会、社会地位、富于挑战性的工作等，是从心理学角度对薪酬的分类。总体薪酬更有交易性，它包括直接以现金形式获得的报酬（如基本工资、绩效加薪等），或者间接以福利方式（如养老金、医疗保险、工作与生活平衡计划、色彩鲜亮的制服等）获得的报酬。薪酬有不同的形式，薪酬分配方案也可以设计成多种形式。

最具代表性的是美国全面报酬学会的全面报酬模型。2005年8月至9月，美国全面报酬学会就全面报酬问题对自己的会员进行了大规模调研。发现薪酬和福利两个领域在吸引、保留和激励员工方面发挥着越来越重要的不可替代的作用。2006年，根据调研的结果，美国全面报酬学会提出了新的薪酬体系模型。

美国全面报酬学会的全面报酬（total rewards），是雇主用来吸引、保留和激励员工的各种可能的工具，包括员工认为他们从雇佣关系中能够获得的各种有价值的东西。它是雇主为了换取员工的时间、才智、努力以及工作结果而员工提供的各种货币性和非货币性的收益，是能够有效吸引、激励和保留优秀人才，从而达到理想经营结果的五种关键要素的有目的的整合。薪酬、福利、工作和生活平衡、绩效管理与认可、开发与职业发展机会等五种要素根植于组织文化、经营战略和人力资源战略之中，多个角度体现了员工的价值和贡献，将多种激励方式有机地整合在一起，在组织和员工之间形成一种积极特殊的关系，最大限度地调动了员工的积极性，提升了员工的敬业度，使员工全身心投入工作，从而实现组织的战略目标。

（三）薪酬管理

所谓薪酬管理，是指一个组织针对所有员工所提供的服务来确定他们应当得到的报酬总额以及报酬结构和报酬形式的一个过程。在这个过程中，组织就薪酬水平、薪酬体系、薪酬结构及特殊员工群体的薪酬做出决策。同时，作为一种持续的组织过程，组织还要持续不断地制订薪酬计划，拟订薪酬预算，就薪酬管理问题与员工进行沟通，对薪酬系统的有效性做出评价后不断予以完善。

二、薪酬的功能

薪酬的功能主要有支付功能、保障功能、激励功能、市场竞争功能及调节功能。对于劳动者、组织和社会，薪酬分别具有不同的功能。

（一）对于劳动者来说，薪酬的功能主要体现在支付功能、保障功能和激励功能

薪酬最终表现为组织和员工之间达成的一种供求契约，组织通过员工的工作来创造市场价值，并同时对员工的贡献提供经济上的报酬。

薪酬结构主要为固定薪酬和浮动薪酬，固定薪酬主要是指基本薪酬，它是保障功能的一种体现。组织与员工之间的工资额度的底限就是能维持员工及其家庭的生活发展需要，即衣、食、住、行和教育的需要。随着社会和组织的发展，薪酬对于员工的保障还不仅仅体现在它要满足员工的吃、穿、住、用、行等方面的基本生存需要，而且体现在要满足员工娱乐、教育、自我发展等方面的需求。组织的薪酬只有达到了保障功能，才能使员工对组织产生归属感和较高的忠诚度。

员工作为社会人，既有自身价值、社会地位等精神方面的需求，又有实际的物质利益需求，而这种物质利益正是员工通过劳动获得的，劳动是员工提高生活水平的最重要的手段。薪酬可以把员工的收入与组织价值的增值联系起来，发挥激励功能。

（二）薪酬对组织的功能

薪酬实际上是组织向员工传递的一种特别强烈的信号，通过这种信号，组织可以让员工知道哪些行为、态度及业绩是受到鼓励的，哪些是组织不鼓励的，从而引导员工的工作行为和工作态度以及最终的绩效朝着组织期望的方向发展。不合理和不公正的薪酬会导致员工采取不符合组织利益的行为。

薪酬对员工的行为和态度有很强的引导作用，因而，合理的和富有激励性的薪酬有助于塑造良好的组织文化，或者对现有文化起到积极强化作用。组织可以通过设置合理公平的薪酬制度来提高员工的归属感和忠诚度，让员工体会到组织对自身价值的认可，激发员工的工作激情和创新能力。

薪酬差异是组织调节人才流动和配置的重要手段。一方面，组织可以通过设置不同的薪酬水平来调节内部员工在不同部门之间及不同组织间员工的流动；另一方面，组织可以调节收入来吸引外部的优秀人才。

组织成本中的一个重要组成部分就是人工成本。如果薪酬过低，组织将面临招聘不到高素质人才的风险；如果薪酬过高，又会给组织带来成本上的压力。因此，组织在经营过程中要做到吸引人才和控制薪酬成本之间的平衡。

（三）薪酬对社会的功能

薪酬作为一种特殊的商品，其价格会随着市场规律而变动。比如，当某个地区或者某种职业劳动力市场供过于求时，就会导致该地区或职业劳动力价格即薪酬下降；当某个地区或者某种职业劳动力市场供不应求时，又会导致该地区或职业劳动力价格即薪酬上升。

这种薪酬的升降必然会造成劳动力的自然流动，使人力资本随着市场的变换自然地从劳动力剩余的区域或者职业流向劳动力紧缺的区域或者职业，最终达到平衡。通过薪酬的这种调节，可以实现全社会劳动力资源的优化配置。同时，薪酬的高低也会对不同职业和岗位的评价造成影响，进而调节着人们的岗位价值判断和岗位就业的流向。

三、人力资源薪酬模型

人力资源薪酬模型可以作为现行人力资源薪酬体系设计的框架，主要包括三个模块，即薪酬目标、构成薪酬体系的政策、构建薪酬体系的技术。

（一）薪酬目标

设计人力资源的薪酬体系是为了达到人力资源特定的目标。在薪酬模型右边列出来的目标包括效率、公平及合法。

效率可以细化为提高绩效、改进质量、取悦服务对象和利益相关者、控制成本。

公平是薪酬体系的基本目标，比如通过员工的贡献，向绩效突出或经验丰富的员工支付更高的薪酬；承认员工的需要，设计公平的工资和公平的程序。程序公平与薪酬决策的过程有关，对员工而言，程序公平意味着薪酬决策的方式和决策结果同等重要。

合法意味着要遵守各类全国性和地方性法律法规。一旦相关法律法规发生变化，薪酬体系也需要做相应调整。目前，与人力资源薪酬相关的法律法规主要有《关于全国性社会团体编制及其有关问题的暂行规定》，以及民政部《关于申请社会团体编制有关事项的通知》《社会团体登记管理条例》《基金会管理条例》《中华人民共和国公益事业捐赠法》《劳动法》《劳动合同法》《民政部关于加强人力资源专职工作人员劳动合同管理的通知》《关于鼓励社会团体、基金会和民办非企业单位建立企业年金有关问题的通知》等。

薪酬目标作为设计薪酬体系的方针，还为其他一些目的服务。比如，某些人力资源的薪酬目标是提高客户服务的满意度，就需使用激励工资计划和绩效加薪对员工的绩效付酬；薪酬目标是提高服务质量和技术创新，就需要通过工作设计、培训和团队建设达到此目标。

此外，薪酬目标还受组织的价值观、文化等方面的影响。对人力资源而言，其创立的宗旨、创始人及理事长的价值观会直接影响薪酬目标的取向。

（二）政策选择

所有的人力资源都需要关注四种薪酬政策，即内部一致性、外部竞争性、员工贡献和薪酬管理。这些政策是人力资源建立薪酬体系的基石，是指导薪酬管理达到既定目标的行动纲领。

内部一致性（internal alignment）是针对同一组织内部不同工作之间或不同技能水平之间的比较，也称为内部公平性，即强调在同一组织内部因不同的工作、岗位，不同的技能水平及员工对组织的贡献大小不同而报酬应该不同。这意味着组织内部的报酬水平的相对高低应该以工作内容为基础，或者以工作所需要的技能的复杂程度，或者员工个人贡献大小不同为基础，也可以是三者的某种组合。总体来说，内部一致性强调的重点是根据各种工作对组织的整体目标实现的相对贡献大小来支付报酬。要实现组织薪酬内部一致性，其技术手段是在职位分析、职位描述的基础上采取一些技术方法，进行职位评价或技能认证，以确保薪酬的内部公平性。

外部竞争性（external competitiveness）是指一个组织的薪酬水平的高低及由此产生的组织在劳动力市场上竞争能力的大小。人力资源需要参照其他竞争对手的薪酬水平给自己的薪酬水平进行定位，同时，还需要考虑薪酬组合以赢取竞争优势，比如，有些竞争对手采取了市场领先的薪酬政策；有些竞争对手采取的是基本工资与团队激励相结合的薪酬组合，在团队绩效达到期望的目标时向员工提供高薪奖励；有些竞争对手采取创新福利的形式，重视员工工作与生活平衡，提升其工作体验，以此吸引和留住员工，以获取组织的竞争优势。

薪酬调查是了解市场通行工资水平的手段和方式，薪酬调查所得到的结果是确定本组织支付给相应员工工资的重要依据。

外部竞争性决策包含了薪酬水平和薪酬组合，对薪酬目标有双重影响。一是确保薪酬足以吸引、保留和激励员工，如果组织支付的薪酬水平过低，既找不到合适的优秀员工，也会降低员工的忠诚度，优秀员工流失率较高；二是控制劳动成本，以使提供的产品和服务相对成本保持较低，确保在市场上的竞争力。

员工贡献在工资结构中主要是绩效工资的确定依据。作为人力资源，也必须要关注员工的个人贡献、工作态度和工作行为，以确保薪酬水平的公平性。

薪酬管理意味着要确保那些"以正确的方式完成正确目标的员工能够获得正确的报酬"。如果缺少薪酬管理，即使能够设计一套基于内部一致性、外部竞争性、员工贡献的薪酬体系，也不一定能够帮助组织实现预定的目标。组织需要通过薪酬管理实现劳动力成本的控制，同时设计薪酬管理部门以确保薪酬决策的科学化、合理化和灵活性。

（三）薪酬技术

薪酬政策的四个不同阶段分别具有不同的薪酬技术，下面将进行具体阐述。

四、人力资源薪酬体系设计思路及步骤

（一）人力资源薪酬体系设计思路

首先是根据人力资源战略及核心价值观，确定人力资源薪酬政策，进行薪酬内部一致性和外部竞争性分析：根据职位分析及职位描述，建立任职资格标准，并通过人力资源内部职位价值评估确定各个职位的相对价值，作为薪酬内部公平性的基础；市场定价由薪酬调查结果确定薪酬水平和薪酬组合，确保人力资源薪酬水平具有一定竞争力。在薪酬内部一致性和外部具有竞争性的政策指导下，结合个人贡献，确定人力资源的薪酬结构，规定薪酬的支付方式。为确保薪酬目标的达成，需进行薪酬管理以控制劳动成本，并实现薪酬信息的有效沟通。在人力资源发展的不同阶段，要根据内外部环境的变化适时调整和优化薪酬体系，以吸引、保留和激励人力资源需要的优秀人才，实现薪酬管理的效率、公平、合法目的，以最终实现人力资源的战略目标，提升竞争力，促进人力资源持续健康发展。

（二）人力资源薪酬体系设计思路

人力资源薪酬体系设计是在组织薪酬战略选择的前提下，通过薪酬政策确定、职位价值评估、薪酬外部定价、薪酬体系设计及薪酬管理制度设计等五个步骤展开。

第二节　人力资源薪酬政策选择

薪酬政策是组织的重要组成部分，它是组织为了把握员工的薪酬总额、薪酬结构和薪酬形式所确立的薪酬管理导向和基本思路。具体地说，薪酬政策体现为组织对薪酬管理运行的目标、任务和手段的选择，包括组织对员工薪酬所采取的竞争策略、公平原则、薪酬成本与预算控制方式等内容。薪酬政策确定的目的即薪酬体系设计的指导原则与目标，人力资源要建立具有内部一致性与外部竞争力的薪酬体系，从而通过薪酬来吸引、留住、激励员工，以支持人力资源战略目标的实现及可持续发展。

一、人力资源薪酬政策选择需要考虑的问题

人力资源首先应确定组织战略，据此选择依靠什么样的薪酬决策帮助组织获得持续的竞争优势。因此，人力资源的薪酬政策选择需要在薪酬战略基础上回答以下问题：

第一，薪酬管理的目标是什么？即薪酬如何支持人力资源的经营或服务战略？在不同的发展阶段和外部环境压力下，人力资源应该如何调整自己的薪酬战略？

第二，薪酬内部一致性如何实现？即决定薪酬水平的因素是什么？如何针对不同职位和不同技能水平支付差异性薪酬？薪酬支付方式如何？对于特殊贡献者的奖励政策是什么？

第三，薪酬外部竞争性如何实现？即竞争对手的薪酬水平是多少？他们采取了什么样的薪酬形式？相对于竞争对手，组织在劳动力市场上的薪酬水平如何定位？选取哪类行业的标杆数据？薪酬曲线的斜率如何？

第四，员工贡献如何认定？即基本薪酬调整的依据是什么？是个人知识、经验增长还是技能的提高？是个人绩效还是团队绩效？根据员工个人绩效还是团队绩效设计薪酬奖励计划？

第五，薪酬体系如何管理？薪酬决策的透明度和薪酬沟通如何实现？谁来设计和管理薪酬体系？薪酬成本的有效性如何？薪酬成本如何有效控制？

二、内部一致性：以人和职位为基础确定薪酬结构

薪酬结构是指单个组织内部不同工作或技能的工资率组合，主要通过薪酬等级数量、不同等级之间的薪酬级差及确定这些差异的标准来描述薪酬结构。薪酬结构由薪酬内部一致性来决定。薪酬内部一致性通过"工作的人"和"人的工作"来实现，即人力资源薪酬结构建立途径可以以"工作的人"和"人的工作"为起点，基于工作的结构考察员工所从事的工作岗位性质的要求（工作职责）及组织期望获得的结果，基于技能与能力的结构考察从事工作的人。

不管是以职位还是以人为基础的薪酬结构，这一流程所涉及的各个阶段的潜在目的都是一致的：（1）职位分析、技能分析及核心能力皆是收集和归纳那些可以识别工作的相似性与差异性的信息；（2）职位评价、技能模块及能力集合都是确定评价的要素；（3）要素等级与权重、认证过程、行为描述符都是评估相对价值；（4）将相对价值转化为内部结构。

以职位为基础和以人为基础两种薪酬结构设计途径的有效结合是实现人力资源薪酬

内部一致性的重要方法，可以达到支持组织战略、支持工作流程、公平对待员工、根据组织目标激励员工行为的目的。

三、外部竞争性：以行业薪酬水平为依据确定薪酬市场定位

外部竞争性要求我们考察人力资源的外部比较，即与聘用具有相同技能员工的其他竞争对手的比较。其重要的战略决策是需要反映竞争对手的薪酬支付水平，或者设计一种既区别于竞争对手又能较好地与组织战略相适应的薪酬组合。无论薪酬支付水平还是薪酬组合都需要关注两个目标，即控制成本和有效吸引、留住、激励员工。

外部竞争性的影响因素主要为劳动力市场因素（供给和需求性质）、产品和服务市场因素（竞争程度、产品和服务需求水平）、组织因素（人力资源背景行业、战略、规模、文化、价值观、管理者风格）。

根据我国人力资源相关法律规定，其薪酬政策主要是参考事业单位的薪酬制度。但由于事业单位薪酬制度本身存在一些不易解决的问题，人力资源又是区别于企业和事业单位的特殊组织，因而人力资源薪酬水平可以突破市场定位，除了考虑劳动力市场、产品及服务市场等因素外，还需要重点考虑人力资源所在行业的薪酬水平。

企业有三种传统的薪酬水平政策，即领先型、跟进型（匹配型）、滞后型。近年来，企业管理实践中产生了一种混合型（弹性）的薪酬水平政策，可以针对不同的职位族实施不同的薪酬组合政策。人力资源的薪酬政策可以在总体薪酬水平上选取其中一种，也可以采取组合形式，根据职位价值和组织需要分别针对不同的职位族采取混合型政策，在确保人力资源薪酬水平有足够的吸引力、保持力和激励力的基础上，尽可能地降低人工成本。

确定外部竞争性薪酬政策需要关注外部市场的信息，薪酬调查可以获取把这种政策转化为薪酬水平、薪酬组合及薪酬结构所需要的数据。

四、关注个人贡献：薪酬和绩效管理挂钩

人力资源薪酬设计还需要回答以下四个问题：第一，如何吸引优秀员工加入人力资源？第二，一旦这些优秀员工加入了人力资源，如何留住他们？第三，如何促使员工为当前和未来的职位开发技能？第四，如何促使员工干好现在的工作？

也就是说，人力资源薪酬设计应该强化三种行为：一是吸引力，即人力资源薪酬设计应该具有充分的吸引力，从而使招聘和雇佣到具有良好潜力的员工成为可能；二是保持力，即人力资源薪酬设计需要确保高素质的员工能够留在组织；三是人力资源薪酬设计需要设法激励员工高绩效地完成工作，用其知识、技能为提高组织绩效做出贡献。

以岗位为基础的薪酬结构设计，主要是考虑工作本身，即职位分析、职位评价、职位定价都是确定组织赋予职位的价值的技术。除了考虑职位本身的因素之外，还需要关注承担这些工作的人，既有人的技能和能力，还有人的行为。人力资源在薪酬决策和管理实践中，应该能够增加员工按照有利于组织实现其战略目标的方式行事的导向。

绩效管理的目的是强化员工的积极行为，以确保组织期望的行为、定期绩效评审中测评的行为与薪酬管理实践相一致。绩效评价和绩效管理正是实现人力资源薪酬三种强化行为的有效方式。因此，人力资源需要设计绩效管理计划以认可员工的贡献。绩效计划有多种形式：短期绩效计划（如绩效加薪、一次性奖金）及长期绩效计划；个体绩效计划及团队激励计划。人力资源可以根据自身组织特点及需要设计有效的绩效计划形式。至于长期激励计划，对于企业一般是指股票期权。对于人力资源而言，由于其非营利性等特点，不能以股票期权等形式制订长期激励计划，可以探索和尝试其他形式的长期激励计划。

五、设计薪酬管理：有效控制成本

要使薪酬真正发挥作用，需要确保适当的人以适当的方式实现目标获得适当的报酬。首先，在人力资源内设置薪酬管理的职能部门或者设立薪酬管理委员会，以提供薪酬管理的组织保障。其次，通过薪酬预算，即在薪酬管理过程中进行一系列成本开支方面的权衡和取舍，以有效控制成本并影响员工的行为。再次，在实际薪酬管理过程中，人力资源可以通过对薪酬水平、员工人数及薪酬结构的调控来合理控制总薪酬的费用开支。最后，通过薪酬沟通，把有利于人力资源的价值理念正确地传递给员工。

第三节　人力资源职位价值评估与薪酬外部定价

薪酬的内部一致性及外部竞争性既是人力资源重要的薪酬政策，也是薪酬体系设计的重要原则。那么，薪酬内部一致性如何体现，薪酬外部竞争性如何实现呢？

一、体现内部职位价值，做好职位价值评估

这一环节需要做好两项工作，第一项是职位分析和职位设计，第二项是职位价值评估。

（一）职位分析与职位管理体系

职位分析也称工作分析，是指了解一个职位并以一种格式把这种信息描述出来，从而使其他人能够了解这个职位的过程。职位分析主要回答两大问题：第一，某个职位上

的任职者应该做什么、怎么做、为什么做。第二，什么样的人来承担这个职位上的工作才是最合适的。也即回答"工作是什么"和"什么样的人来做"两个问题。

职位分析的决策主要有五个方面。其一，为什么要做职位分析？职位分析在薪酬管理中的作用主要体现在两个方面：一是确立各种职位在工作内容上的相似性和差异性；二是协助建立具有内部一致性和公平性的职位结构。其二，需要哪些信息？选取典型职位进行信息分析，主要分析的信息包括职位名称、主要职责、任务维度及工作流程等。其三，如何收集信息？收集信息的方法主要是由承担该职位工作的人填写问卷调查，分析者对任职者及其主管进行访谈，以确保他们理解问卷中的问题及所收集信息的准确性；另外一种方法是观察法，即分析者可以对工作中的员工进行观察，并将其正在做的事记录下来。其四，应该由哪些人参与？由全面熟悉组织及其职位并且知道如何进行分析的人员，即人力资源专业人士和主管人员承担此项工作，方可将职位分析做得更好。而从事该工作的人及其主管是职位信息数据的主要来源。其五，职位分析结果的效用如何？对职位分析过程中获取的信息数据从信度、效度、可接受性和有用性等方面进行筛选和评估。

职位分析的步骤主要有五个：第一步，了解人力资源的基本组织结构和职位在人力资源中的具体位置。组织机构设置包括会员大会、理事会、理事长、副理事长、秘书长、副秘书长、管理团队，这个组织机构图明确地表示了它们自身的主要职能和关系。组织设计一般有两种形式，即依据组织功能分工设置部门机构，通常设置财务、人事、推广公关、募捐及业务执行等部门；按照服务对象或服务内容设置部门机构。第二步，收集与特定职位的性质相关的各种信息，即进行职位分析工作。第三步，整理通过职位分析得到的各种信息，并按照一定的格式把这些信息描述出来加以确认，即明确职位说明书。第四步，通过一些技术方法对典型职位进行价值评估，即完成职位评价工作。第五步，根据职位的相对价值高低对职位进行排序，即建立职位等级结构，以确定职位的薪酬等级。

职位说明书主要包括职位描述和职位规范两个组成部分。职位说明书的构成一般包括以下几个要素：职位标识、职位目的或概要、主要职责、关键业绩衡量标准、工作范围、工作联系、工作环境和工作条件、任职资格要求、其他有关信息。

通过对职位横向划分形成职位序列（职位族），对职位序列（职位族）纵向划分形成职位通道后，就搭建成了职位体系的基本框架。同时，在职位体系的基本框架建成后，需要为与不同职位序列和不同层级相对应的职位设定名称，即职衔的设计。比如，对于同样是专业技术序列最高层级的职位，不同组织可能会称其为总工程师、技术总监、首席专家等。

职位体系最直接的应用是在薪酬管理中设计员工职业发展通道，员工职业发展通道根据组织职位分类和职位分层、分级结果来确定。在五级通道发展模型中，每个员工可以至少拥有两条职业发展通道。比如，对于技术人员来说，在获得技术资格二级之后，可以根据自身特长和意愿，既可以选择往技术通道方向发展，又可以选择管理通道。这种情况改变了过去"千军万马过独木桥"的状况，成了"条条道路通罗马"。

与人力资源薪酬管理体系直接挂钩的人力资源职位管理体系设置详见本章"人力资源薪酬体系设计"部分内容。

任职资格是指与工作绩效高度相关的一系列人员的特征，包括为了完成工作任职者所需具备的基本资格（包括教育程度、经验、业绩）、有效的行为、能力素质（包括知识、技能）等。任职资格标准描述了每个职位序列、每个职位族不同等级的员工应该知道什么、能做什么、应该如何做、能够做到什么程度。任职资格等级标准的基本框架为基本资格标准、行为标准、能力标准。

通过建立能力库，引入资格管理，可使在相同职位上的员工，由于能力、知识、态度的差别，在个人收入上有所区别，以在组织内部建立良好的竞争和学习氛围。

人力资源任职资格体系详见本章"人力资源薪酬体系设计"部分内容。

（二）职位价值评估的概念及方法

薪酬设计的公平对于组织内部来说，主要体现在根据岗位的价值和贡献设置岗位薪酬。岗位评估又称职位价值评估或工作评价，是判断岗位价值的重要方法，它是指在岗位工作分析的基础上，采取一定的方法，对岗位在组织中的岗位贡献度、影响范围、职责大小、岗位不可替代性、工作强度、工作难度、工作环境、任职资格条件、岗位安全性等特性进行全面评价，以确定岗位在组织中的相对价值，并据此建立岗位价值序列，从而为进行薪酬调查和薪酬设计建立统一的职位评估标准，这样才能确保工资的公平性。职位价值评估的目标是确定职位之间的相对价值大小，为建立一个公平、具有内部一致性的薪酬体系提供依据。特别需要注意的是职位评估的重点是"职位"，而不是职位上的"人怎样"或"做得怎么样"。

对于典型职位的选取，结合不同职位序列和层级职位特点进行。由于人力资源职位一般较少，因此可以对所有职位进行价值评估。

职位价值评估的方法主要有分类法、排序法、要素计点法和要素比较法。

岗位评价方法的选用应依据组织实际情况进行，工资结构中的岗位评价部分在总工资结构的比例一般会根据组织发展的阶段、对各类人才需求的差异等因素进行系统调整；规范化组织在岗位设置中对岗位的调整是通过人力资源部统一管理，对岗位增设、工资变化利用同样的评估方法管理控制。

由于职位价值评估方法的选择需要因不同人力资源的特点及管理者的需要不同而不同，因此我们不能为人力资源选取统一的职位价值评估方法，只能以举例的方式展示利用要素计点法进行职位评价的流程：第一，确定职位评价的主要因素。组织一般会选择四个方面，即责任因素、知识技能因素、职位性质因素、环境因素。第二，根据职位的性质和特征，确定各类职位评价的具体项目。第三，对各评价因素区分出不同档别，并赋予一定的点数（分值）。第四，将全部评价项目合并成一个总体，根据各个项目在总体中的地位和重要性，分别给定权数；权数的大小应根据组织的实际情况，以及各类职位的性质和特征来加以确定；然后计算出各职位的总点数。通过以上步骤，可以得出各职位的总点数。

（三）体现个人价值，做好员工技能评估与定位

薪酬的内部公平性还体现在根据员工的技能评估进行定位，即将员工的工资与其所获得的与工作相关的技能、能力及知识的深度和广度相关联。本环节基于技能分析，类似于职位分析中的任务陈述，相关的技能可以组合为技能模块，按照不同的等级可以将技能模块组合成技能结构，为建立技能结构，需要一种可以描述、认证和评价技能的程序。在管理实践中，往往通过建立职位能力素质模型来完成，即从胜任职位工作的角度出发，全面界定完成某一职位职责所需要的能力素质要求。但人力资源要建立自己的能力素质模型有一定的难度，在实际操作上可以简化，采用显性的因素评定法，如学历、专业、工作经验、技能、素质等，组织可以根据实际情况确定相关因素。这一环节有三个目的：一是判断某员工是否胜任该职位；二是判断该员工对该职位的胜任程度；三是完成对该员工的薪酬定位。

二、体现外部竞争力，做好薪酬外部定价

在确定薪酬外部竞争性的流程中，薪酬调查工作是关键环节。薪酬调查是一种收集其他组织的薪酬数据并做出判断的系统工程。进行薪酬调查的目的有多种，主要为：根据竞争对手变化着的工资率调整薪酬水平；相对于竞争对手所支付的薪酬形式调整薪酬组合；建立薪酬结构或为其定价；分析与薪酬相关的问题；评价产品或服务市场竞争对手的劳动力成本；了解其他人力资源薪酬管理实践的最新发展和变化趋势。

薪酬调查的主体应该是政府、行业和专业协会、咨询公司、人力资源本身等，但一直以来，没有专门的机构实施针对人力资源方面的薪酬调查，自 2012 年开始，民政部民间组织服务中心与中国人事科学研究院合作开展全国人力资源薪酬调查，薪酬调查方式和薪酬数据分析逐渐成熟，而且以后每年会进行人力资源薪酬调查并在系统内发布薪酬调查报告，各人力资源薪酬设计可以参考此数据。

从人才竞争的角度看，人力资源竞争对手应该是该人力资源所依靠的行业、其他人力资源，这些竞争对手也即人力资源薪酬调查的对象。人力资源根据对竞争对手工资率的变化、支付形式或薪酬组合、薪酬结构、劳动力成本等方面情况的调查信息来确定薪酬政策，确定外部薪酬水平定价，并适时调整薪酬水平或者薪酬组合。

第四节　人力资源薪酬体系设计

人力资源薪酬体系设计需要解决的问题主要有薪酬总额管理、薪酬标准、薪酬结构及薪酬管理等四个方面。薪酬总额管理是指人力资源根据其规模大小、支付能力等情况进行考虑；薪酬标准即通过职位价值及竞争对手薪酬水平确定员工收入水平；薪酬结构即关注不同性质及不同层级员工的薪酬结构，以及如何与绩效管理挂钩；薪酬管理即关注薪酬体系的切换、过渡与管理，这是薪酬体系顺利运行的保障。

一、人力资源薪酬体系设计的政策及原则

（一）人力资源薪酬体系设计的政策

人力资源薪酬体系设计首先需要确定薪酬设计的政策。第一，确保人力资源薪酬内部一致性，即相对于人力资源内部其他员工的薪酬是公平的，相对于个人的贡献薪酬是公平的；第二，实现人力资源外部竞争性，即相对于外部（所依靠行业及其他人力资源）相似岗位员工的薪酬是公平的；第三，确保个人薪酬与岗位价值相匹配，与绩效相匹配，与人力资源规模与实力相匹配；第四，在预算范围内执行人力资源内部所设各项奖励、薪酬调整战略，有效控制人工成本。

（二）人力资源薪酬体系设计的原则

薪酬体系设计的原则即坚持职位、市场、能力与业绩等四个方面的价值导向。人力资源薪酬设计的原则以薪酬政策为指导，可以从以下几个方面考虑：

薪酬的确定：薪酬的确定需要考虑员工所承担工作的工作职责、任职资格及在工作中表现出来的能力。依靠科学的价值评估，对各职种、职层人员的任职角色、绩效进行客观公正的评价，给高绩效者以合理回报。

薪酬的调整：需要将薪酬与任职资格水平及绩效密切结合，对依据任职资格水平的变化及业绩大小确定的考核结果进行薪酬调整。

薪酬的结构：确定建立在任职资格基础上的薪酬结构，增加薪酬调整的科学性和灵活性。对于人力资源而言，既要确保薪酬的保障功能，也需要强化薪酬的激励机制。

薪酬的差距：人力资源的薪酬水平需要适当拉开差距，有利于形成和稳定核心层和骨干层的人才队伍，薪酬需要向关键职位和核心人才倾斜。

二、人力资源薪酬结构

（一）人力资源薪酬总结构

通过对人力资源问卷调研及实地访谈获得的信息，人力资源薪酬结构比较单一，而且相对不够统一，人力资源薪酬结构设计欠缺科学性和合理性。人力资源社会保险部分有缺失和不合理的地方，比如缺少养老金的缴纳。

（二）人力资源薪酬结构各部分说明

1. 职位工资部分

职位固定工资是刚性的保障因素，作为社会团体每月支付给员工固定收入，以保证员工的基本生活需要。根据员工的职位等级与出勤情况进行核算，不与人力资源的整体状况挂钩，执行标准参照薪酬等级。

工龄工资是指根据员工工作年限的增加而定期增加的收入，作为人力资源对老员工历史贡献的回报，用以保证员工的稳定性。工龄工资计算方式可以采用分级累进制（累进原则可根据在本人力资源内部的工龄连续计算）。比如，前10年每5年为一级，每级设计固定的级差，10年以后不再分级，采用固定的年增幅（员工入本人力资源后的第13个月开始计算）。

日常绩效工资用于体现个人、部门及组织的日常工作绩效。日常绩效工资以月或季度或半年（根据人力资源的特点，建议以季度或者半年为考核期限）为单位发放，与员工绩效考核结果直接挂钩，依职类职级与组织及部门整体绩效挂钩。

年度绩效工资用于体现个人、部门及组织的年度工作绩效。年度绩效工资与个人、部门及组织的整体绩效挂钩，根据不同职类的层级进行绩效薪酬的结算与发放。

2. 福利部分

政策福利是指按照国家及地方政策规定员工必须享有的福利，主要指"五险一金"，即医疗保险、养老保险、失业保险、工伤保险、生育保险、公积金。

组织福利是指人力资源结合自身市场特点和管理特点，为了吸引、保留和激励员工，在员工政策福利之外提供的具有本组织特色的福利性报酬。

福利部分内容在第五节单独进行分析。

3. 奖惩部分

奖惩部分是针对特定的事项设计的工资组成，面向与特定事项有关的员工奖惩根据特殊事项的发生时间支付，根据组织的目标战略导向和年度重点单独设立主题及其标准。

奖金是为特殊事项向员工支付的激励性报酬，具有文化导向作用，特殊事项如技术创新、挽回损失、募集大项基金等为组织做出特殊贡献的行为。

罚款项是因员工发生了违反工作纪律、工作流程及损害人力资源公信力等行为，根据相关制度对员工工资进行的扣项。

4.激励部分

激励一般以年度业绩奖为主，在人力资源完成年度计划的情况下，对各部门及员工个人良好业绩的特别奖励。

对于企业来说，长期激励部分一般以股票期权的形式呈现，由于人力资源的公益性特点，可以探讨适合人力资源特点的长期激励方式，比如建立信用积分机制，在人力资源工作一定年限且业绩突出者，可以获得信用积分，信用积分达到一定程度，可以优先在政府、企业、人力资源之间进行岗位流动；也可以获取社会的一些"优惠"服务，比如家庭教育、家庭护理等方面的帮助。

在人力资源的薪酬结构中，职位固定工资、日常绩效工资、年度绩效工资为主要工资，主要根据员工的知识技能等任职资格、职位等级及价值贡献确定其指导标准；工龄工资、奖惩项、激励等为辅助工资，根据实际情况和指导标准发放；福利部分参照主要工资的比例发放。主要工资是员工收入的主体部分，决定了员工的实际收入水平，具有经济报酬导向；辅助工资和福利是员工收入的补充，具有组织文化导向。

三、人力资源薪酬等级的确定

（一）建立任职资格体系

人力资源薪酬体系需要与任职资格等级制度紧密相连，员工工资水平由其任职资格等级确定。任职资格等级制度是组织对职位的相对细化的管理工具，是人力资源管理主要活动实施的基础和前提，它为人力资源管理的其他模块，比如薪酬、人力资源开发、考核、员工晋升和培训等提供了依据。通过建立职位体系，确定职位管理序列和职位通道，为建立内部公平性和外部竞争性的薪酬体系奠定了基础。

任职资格是指员工承担某一职位所必备的条件与能力。员工任职资格等级的高低取决于其所具备的条件与能力水平高低。任职资格的构成要素主要包括任职者的知识与经验、任职者的技能和绩效要求。

（二）人力资源职类职种划分

任职资格等级制度是对任职者承担职位的任职资格进行的制度性区分。根据人力资源的特点和现实情况，可以将员工的任职资格分为三类（管理类、专业/业务/技术类、操作类）、三层（高层、中层和基层）。

管理类职位序列：人力资源中直接从事行政管理和业务管理工作，履行管理职责，承担领导和直线管理责任的职位。管理类职位包括会长、副会长、秘书长、副秘书长、秘书长助理、各部门负责人（含正职和副职）及主管等管理岗位。

专业/业务/技术类职位序列：人力资源各业务部门按照项目划分的部门的一些职位，这些职位对承担者的专业技能、技术水平等有一定的要求，比如社会工作师及劝募师、会员管理师，作为人力资源新职业，已纳入国家职业分类大典社会公共服务人员类别，是典型的专业或者技术岗位。同时，项目管理、财务、人力资源、对外宣传与沟通、资源开发等相关职位也属于此类职位序列。

操作类：人力资源中从事不需要复杂专业知识的操作性工作岗位。操作类职位的工作性质一般是按照一定的规范和要领操作动作，注重的是动作的熟练程度，对于创造性和脑力要求不高，比如司机、后勤等。

（三）人力资源薪等薪级确定

薪等薪级确定方法及步骤：第一，通观被评价职位的点值状况，根据职位评价点数对职位进行排序；第二，按照职位点数对职位进行初步分组；第三，根据职位的评价点数确定职位等级的数量及其点数变动范围；第四，将职位等级划分、职位评价点数与市场薪酬调查数据结合起来；第五，考察薪酬区间中值与市场水平的比较比率，对问题职位的区间中值进行调整；第六，根据确定的各职位等级或薪酬等级的区间中值建立薪资结构。

宽带薪酬是指将多个薪资等级以及薪资变动范围进行重新组合，使之变成只有相当少数的薪资等级以及相应较宽的薪资变动范围。宽带薪酬体系和传统薪酬体系的区别在于，宽带薪酬中员工不是沿着组织中唯一的薪资等级层次垂直往上走；相反，他们在自己职业生涯的大部分或者所有时间里可能只是处于同一个薪资宽带中。员工在组织中的流动是横向的，但是随着他们获得的技能、能力、承担的责任提高，他们就能获得更高的薪资。宽带薪酬设计的几个关键决策如下：第一，薪资宽带数量的确定。薪资宽带数量的决策还应当考虑组织中能够带来附加价值的不同员工的贡献等级到底应该有多少比较合适。第二，宽带的定价。参照市场薪资水平和薪资变动区间，在存在外部市场差异的情况下，对同一宽带中的不同职能或职位族的薪资要分别定价。第三，将员工放入薪资宽带中的特定位置。第四，跨级别的薪资调整及宽带内部的薪资调整。

在人力资源职位划分为管理类、专业/业务/技术类、操作类三大职类的基础上，对各职类中的职位根据职位的重要性和价值高低由低到高进行等级划。员工工资水平以薪点数代表。薪点越高，工资水平越高，反之越低；薪点本身没有单位，赋予每个薪点货币价值的大小代表不同金额。

人资源薪等薪级的确定需要注意以下细节：

第一，在相邻的薪酬等级之间的薪酬区间要设计成有交叉重叠（简称薪酬区间叠幅），薪酬区间叠幅是指除了最高薪酬等级的区间最高值和最低薪酬等级的区间最低值之外，其余各相邻薪酬等级的最高值和最低值之间也要有一段交叉和重叠区域。薪酬等级的区间中值极差越大，同一薪酬区间的变动比率越小，则薪酬区间叠幅就越小。相反，薪酬等级的区间中值极差越小，同一薪酬区间的变动比率越大，薪酬区间叠幅就越大。薪酬区间叠幅的设置可以避免一些矛盾和问题，一方面可以避免因晋升机会不足而导致的未被晋升者的薪酬增长受限；另一方面由于给被晋升者（绩效优秀者）提供了更大的薪酬增值空间而对被晋升者提供了刺激。但是，重叠的区域不宜过大，否则会限制不同薪酬等级之间的区间中值的差异，甚至会出现上级的薪酬低于下级的情况。

第二，不同薪酬等级之间的中值极差，是指相邻薪酬等级之间的区间中值变动百分比，在最高薪酬等级的中值和最低薪酬等级的中值一定的情况下，各薪酬等级中值之间的极差越大，则薪酬结构中的等级数量就越少；反过来就越大。

根据任职资格等级标准，对每个员工的任职资格等级进行评定；根据员工所在职种及其任职资格等级，确定其薪等；根据员工目前的标准工资（没有加班、旷工，考核分为 1 的情况下，组织应向员工支付的工资）数额，在该薪等找到与其对应的薪级。如果标准工资数额介于薪级之间，就高取值。

四、人力资源薪酬总额计算

（一）月度工资结构

员工的月工资由固定工资和浮动工资构成，固定工资与浮动工资的比例反映了员工收入的稳定程度。

比例代表正常情况下，不同层级员工工资收入中固定和浮动部分的比例。固定薪酬所占比例越大，员工收入越稳定；浮动薪点数所占比例越大，员工收入与个人绩效及组织运营挂钩越紧密，变化也越大。通过改变固定薪酬与浮动薪酬比例，可以调节员工收入与组织运营情况挂钩的紧密程度，即调节员工工资水平的风险水平和感受市场压力的程度。

（二）职位工资总额计算

职位工资包括职位固定工资、日常绩效工资、年度绩效工资、工龄工资、加班工资、请假工资六项内容，其计算公式如下：

$Z=Z1+Z2+Z3+Z4+Zb+Zj$

其中，$Z=$ 职位工资，$Z1=$ 职位固定工资 × 出勤率，$Z2=$ 日常绩效工资，$Z3=$ 年度绩效工资，$Z4=$ 工龄工资，$Zb=$ 加班工资，$Zj=$ 请假工资。

绩效工资支付系数是一个乘数，指根据员工绩效考核结果得出的与员工实际绩效工资直接挂钩的系数。

五、人力资源薪酬预算与调整

（一）人力资源的薪酬预算

所谓薪酬预算，实际上指的是管理者在薪酬管理过程中进行的一系列成本开支方面的权衡和取舍。薪酬预算需要追求操作的规范化，以利于组织实现提高效率、促进公正及手段合法等几个方面的薪酬管理目标。人力资源薪酬预算的目标有二：一是合理控制员工流动率，同时降低人力资源劳动力成本，保证人力资源的目标能够得以实现；二是有效影响员工的行为。

薪酬预算的几个关键决策：（1）什么时候对薪酬水平进行调整？（2）对谁的薪酬水平进行调整？（3）组织的员工人数是增加了还是减少了？这种变动是在什么时候出现的？（4）员工的流动状况怎样？（5）组织里的工作职位状况会发生哪些变化？

（二）人力资源的薪酬调整

整体工资水平调整包括三个方面：一是工资总额调整。通过统一调整薪点值实现。人力资源可以根据物价指数、发展阶段、组织战略的改变和薪酬策略的变化等因素提高或者降低薪点值，以此提高或者降低整体工资水平。二是福利水平调整。通过调整人力资源福利的水平实现。在员工职位工资不调整的情况下，通过调整各项组织福利的水平，可以提高或者降低员工的实际收入水平，通过这种方法可以方便地对物价上涨、消费水平提高等情况做出快速反馈。三是薪酬结构调整。通过调整职位固定工资、浮动工资的相对比例对薪酬进行调整，通过调整薪酬结构引导人力资源的薪酬导向。

岗位调整带来的员工薪酬调整包括两个方面：一是调整后职位等级上升或下降。职层进入新岗位对应的职等、薪酬等级由人力资源部按新岗位的要求对其进行评定，确定新的薪级。调整后薪级的职位工资高于或者低于原水平。二是调整后进入新的职类。职层进入新岗位对应的职类序列，薪酬等级由人力资源部按新岗位的要求对其进行评定，确定新的职等职级。

年度绩效考核薪酬调整：薪酬等级可以根据员工的业绩和态度表现有升有降，人力资源可以根据自己的实际情况在一定期限内根据考核结果调整员工薪酬水平。

特别工资调整：对于有特别贡献的优秀员工，其所在部门负责人可提出特别申请。

（三）人力资源的"特殊人才"薪酬管理

人力资源可以设置"特殊人才"薪酬管理政策。"特殊人才"需要具备两个条件：第一，"特殊人才"是为了支持人力资源现在及未来战略发展要求，确实需要从市场引进或者从组织内部留用的战略性、高技能的稀缺性人才；第二，现有相对应薪酬等级的薪酬水平与"特殊人才"的市场价值和能力水平不相匹配。满足以上两个条件且符合人力资源其他要求的人才可以作为"特殊人才"引进或者留用。

人力资源"特殊人才"可以包括高级职业经理人、资深专家、高级专业人才，比如面向全球招聘的职业化的秘书长、高水平的劝募师及会员管理师等。

第五节　人力资源员工福利管理

在吸引、留住、用好及激励员工方面，各类组织越来越重视福利的作用，越来越丰富的福利内容及各种创新性的福利提供形式成为激励人才的新趋势。作为人力资源管理者，如何设计有助于提升人才竞争力的、高效的、灵活的、可控的福利解决方案，是一个重要的实践命题。

一、人力资源员工福利管理概述

员工福利指员工因为保持与组织之间的雇佣关系而获取的各种间接的经济性或非经济性的报酬，是任何一位员工的薪酬收入中一个非常重要的组成部分。

从组织的角度来讲，在制订福利方案时，会产生三个主要的管理问题：

一是谁应该受保障或享受福利？二是在一系列的福利项目中，员工可以有多少种选择？三是福利的资金怎样筹集？这些问题常常使组织产生困惑。在大多数情况下，组织更多的选择是被动地制订福利方案，而对如何合理有效地利用福利方案，在吸引、留住及激励员工方面发挥足够的作用往往认识不足。

员工福利的影响因素包括组织外部因素和内部因素两个方面。就前者而言，首先是国家的法律法规。其一，国家法定福利具有强制性，任何组织必须遵守；其二，福利应该根据社会的经济发展水平、物价指数而相应波动；其三，福利受劳动力市场状况的影响，劳动力供求关系的变化，会影响劳动力价值的衡量；其四，竞争对手之间的竞争会引起组织内福利政策的变化，为保证外部竞争力，组织也需要根据外部竞争对手的福利状况相应地对自己的福利计划进行调整、创新和完善。就后者而言，影响员工福利计划制订的因素主要有三个方面：第一，员工福利计划需要和组织的不同发展阶段相适应，不同的发展阶段组织战略目标及薪酬政策不同，福利计划也不同；第二，受组织的经济效益影响，由于福利的成本问题，对于人力资源而言，福利受人力资源规模、运营状况、服务水平等方面的影响；第三，福利受员工个人因素影响，包括员工的福利需求、员工绩效及工作年限等等。

员工福利计划包括很多种类型，划分方法也不统一，下面将福利划分为法定福利、组织补充保险及生活服务福利等三种类型分别进行介绍。

二、人力资源员工的法定福利

我国《劳动法》第 70 条规定，我国社会保险包括五大险种：养老保险、工伤保险、基本医疗保险、失业保险、生育保险。这五大险种与公积金共同构成我国的法定福利。

（一）养老保险

养老保险是国家和社会根据一定的法律和法规，为解决劳动力在达到国家规定的解除劳动义务的劳动年龄界限，或因年老丧失劳动能力退出劳动岗位后的基本生活而建立的一种社会保险制度。我国目前采用的是社会统筹与个人账户相结合的基本养老保险制度。在基本养老保险基金的筹集上由国家、单位和个人共同负担。缴费比例分为以企业参保和以个体劳动者参保两类：各类企业按职工缴费工资总额的 20% 缴费，职工按个人缴费基数的 8% 缴费；个体劳动者包括个体工商户和自由职业者按缴费基数的 19% 缴费，全部由自己负担。

《劳动和社会保障部、民政部关于人力资源专职工作人员参加养老保险有关问题的通知》（劳社部发〔2008〕11 号）对人力资源专职工作人员的养老保险规定如下：

第一，按属地管理原则，参加当地企业职工基本养老保险。参加养老保险对象是依法在各级民政部门登记的社会团体（包括社会团体分支机构和代表机构）、基金会（包括基金会分支机构和代表机构）、民办非企业单位、境外非政府组织驻华代表机构及其签订聘用合同或劳动合同的专职工作人员（不包括兼职人员、劳务派遣人员、返聘的离退休人员和纳入行政事业编制的人员）。

第二，尚未参加企业职工基本养老保险的人力资源的养老保险规定。应在当地规定的时间内，持民政部门颁发的登记证书（如《社会团体法人登记证书》《社会团体分支机构、代表机构登记证书》《基金会法人登记证书》《基金会分支机构、代表机构登记证书》《境外基金会代表机构登记证书》或《民办非企业单位登记证书》）及参保所需的文件材料，到住所所在地社会保险经办机构办理社会保险登记手续，参加企业职工基本养老保险。

第三，养老保险的补缴和续接问题规定。人力资源及其专职工作人员在本通知下发前签订聘用合同或劳动合同的，可按当地有关规定补缴基本养老保险费。人力资源专职工作人员曾在机关事业单位工作的，其符合国家规定的工作年限视同为基本养老保险缴费年限；曾在企业或以个人身份参保的，要按有关规定做好养老保险关系的接续工作。

第四，养老保险缴纳基数问题的规定。人力资源及其专职工作人员应按规定缴纳基本养老保险费，其中人力资源的缴费基数为全部参保专职工作人员个人缴费工资之和。

（二）失业保险

失业保险是指国家通过立法强制实行的，由社会集中建立基金，对因失业而暂时中断生活来源的劳动者提供物质帮助的制度。我国规定企事业单位按本单位工资总额的 2% 缴纳失业保险，职工本人按工资的 1% 缴纳失业保险，政府提供财政补贴、失业保险基金的利息和依法纳入失业保险基金的其他资金。

享受失业保险待遇需要同时具备的条件：所在单位和本人按规定履行缴费义务满 1 年；非本人意愿中断就业；已办理失业登记并有求职要求。

失业保险累计缴费时间满 1 年不满 5 年的，最长可领取 12 个月的失业保险金；累计缴费时间满 5 年不满 10 年的，领取失业保险金的期限为 18 个月；累计缴费时间满 10 年以上的，领取失业保险金的期限为 24 个月。

各地政府机构为了维护广大劳动者的合法权益，按照国务院《失业保险条例》《社会保险费征缴暂行条例》有关规定，下发了失业保险规定有关问题的通知，基本都把社会团体、基金会及民办非企业单位专职工作人员纳入属地失业保险范围，可以参照执行。

（三）基本医疗保险

基本医疗保险是为补偿疾病所带来的医疗费用的一种保险。就是当人们生病或受到伤害后，由国家或社会给予的一种物质帮助，即提供医疗服务或经济补偿的一种社会保障制度。

用人单位的缴费比例为工资总额的 6% 左右，个人缴费比例为本人工资的 2%。医疗保险费的缴纳基数：职工本人上一年月平均工资低于上一年本市职工月平均工资 60% 的，以上一年本市职工月平均工资的 60% 为缴费工资基数，缴纳基本医疗保险费。职工本人上一年月平均工资高于上一年本市职工月平均工资 300% 以上的部分，不作为缴费工资基数，不缴纳基本医疗保险费。无法确定职工本人上一年月平均工资的，以上一年本市职工月平均工资为缴费工资基数，缴纳基本医疗保险费。

（四）工伤保险

工伤保险是通过社会统筹的办法，集中用人单位缴纳的工伤保险费，建立工作保险基金，对劳动者在生产经营活动中遭受意外伤害或职业病，并由此造成死亡、暂时或永久丧失劳动能力时，给予劳动者及其实用性法定的医疗救治及必要的经济补偿的一种社会保障制度。

工伤保险基金的征集比例应根据各行业工伤风险类别和工伤事故及职业病的发生频率实行行业差别费率和浮动费率，按用人单位工资总额的一定比例征集。

人力资源社会保障部、财政部《关于进一步做好事业单位等参加工伤保险工作有关问题的通知》（人社部发〔2012〕67 号）对于人力资源等关于工伤保险的相关规定如下：

第一，按照属地管理原则参加并缴纳工伤保险。人力资源等组织按照《中华人民共和国社会保险法》《工伤保险条例》规定，依照属地管理原则，参加统筹地区的工伤保险，并按时足额缴纳工伤保险费。缴纳工伤保险费所需费用在社会保障缴费中列支，其费率均暂按一类风险行业执行。

第二，人力资源等组织的工作人员遭受事故伤害或者患职业病的，其工伤范围、工伤认定、劳动能力鉴定、待遇标准等按照《工伤保险条例》规定执行。

第三，参照公务员法管理的事业单位、人力资源工作人员因工作遭受事故伤害或者患职业病的，按照《工伤保险条例》第65条的规定执行。

（五）生育保险

生育保险是社会保险的其中一项，是国家通过立法，对怀孕、分娩女职工给予生活保障和物质帮助的一项社会政策。其宗旨在于通过向职业妇女提供生育津贴、医疗服务和产假，帮助她们恢复劳动能力，重返工作岗位。

我国生育保险待遇主要包括两项。一是生育津贴，用于保障女职工产假期间的基本生活需要；二是生育医疗待遇，用于保障女职工怀孕、分娩期间及职工实施节育手术时的基本医疗保健需要。

生育保险费由企业按月缴纳，个人不缴纳。

（六）公积金

住房公积金是单位及其在职职工缴存的长期住房储金，是住房分配货币化、社会化和法制化的主要形式，具有强制性、互助性、保障性。单位和职工个人必须依法履行缴存住房公积金的义务。

住房公积金由两部分组成，一部分由职工所在单位缴存，另一部分由职工个人缴存，职工个人缴存部分由单位代扣后，连同单位缴存部分一并缴存到住房公积金个人账户内。职工和单位住房公积金的缴存比例均不得低于职工上一年度月平均工资的5%；有条件的城市可以适当提高缴存比例。

住房公积金制度一经建立，职工在职期间必须不间断地按规定缴存，除职工离退休或发生《住房公积金管理条例》规定的其他情形外，不得中止和中断。

（七）法定假期

公休假日是指职工工作满一个工作周以后的休息时间，一般情况下安排在每个星期六和星期日。

法定节假日是指根据各国、各民族的风俗习惯或纪念要求，由国家法律统一规定的用以进行庆祝及度假的休息时间。2007年11月9日，对国家法定节假日时间安排进行调整：元旦放假1天不变；春节放假3天不变，但放假起始时间由农历年正月初一调整为除夕；"五一"国际劳动节由3天调整为1天，减少2天；"十一"国庆节放假3天不变；清明、端午、中秋增设为国家法定节假日，各放假 1 天（农历节日如遇闰月，以第一个月为休假日）。部分公民放假的节日及纪念日、少数民族习惯的节日。

带薪年休假是指劳动者连续工作 1 年以上，就可以享受一定时间的带薪年假。2007 年 12 月 7 日国务院颁布的《职工带薪年假条例》规定：职工累计工作已满 1 年不满 10 年的，年休假 5 天；已满 10 年不满 20 年的，年休假 10 天；已满 20 年的，年休假 15 天。同时，条例还规定：国家法定休假日、休息日不计入年休假假期。

其他假期包括探亲假、婚丧假、产假、配偶生育假等，人力资源可以参照相应规定执行。

三、人力资源员工的组织补充保险计划

（一）企业补充保险计划

企业补充养老保险是指由企业根据自身经济实力，在国家规定的实施政策和实施条件下为本企业职工所建立的一种辅助性的养老保险。企业补充养老保险计划有三种形式：一是团体养老金计划，即企业（或包括员工）向养老基金缴纳一定的养老金；二是延期利润分享计划，即组织会在每个员工的储蓄账户上贷记一笔数额一定的应得利润；三是储蓄计划，即员工从其工资中提取一定比例的储蓄金作为以后的养老金，同时企业通常还会付给员工一定数额的补贴。

大多数企业都为其员工提供团体人寿保险。因为这是一个适用于团体的寿险方案，对企业和员工都有好处。作为一个群体的员工，相对个人而言，可以以较低的费率购买到相同的保险，团体方案通常适用于所有的员工。

健康医疗保险的目的是减少当员工生病或遭受事故时本人或其家庭所遭受的损失。一是集体投保，即企业向保险公司支付一笔费用，作为保险费，当员工或其家庭发生某些事故时，保险公司可以部分或全部赔偿其损失；二是加入健康维护组织，企业以此来为员工提供健康医疗保险服务。

（二）人力资源的企业年金计划

人力资源社会保障部、民政部《关于鼓励社会团体、基金会和民办非企业单位建立企业年金有关问题的通知》（人社部发〔2013〕51 号）规定：

已经依法参加企业职工基本养老保险并履行缴费义务的人力资源，可以建立企业年金。其中工作人员较少的人力资源可以参加企业年金集合计划。

人力资源建立企业年金，应当由人力资源与本单位工会或职工代表通过集体协商确定，并制订企业年金方案。人力资源的企业年金方案应规定人力资源缴费计入工作人员企业年金个人账户的比例，可以综合考虑工作人员个人贡献、年龄等因素确定不同的计入比例，但差距不宜过大。

人力资源建立企业年金所需费用由人力资源和工作人员共同缴纳。人力资源缴费每年不超过本单位上年度工作人员工资总额的 1/12，列支渠道按国家有关规定执行。人力资源缴费和工作人员个人缴费合计一般不超过本单位上年度工作人员工资总额的 1/6，工作人员个人缴费可以由人力资源从工作人员个人工资中代扣。

四、人力资源员工的生活服务福利

员工生活服务福利主要有员工援助计划、咨询计划、教育援助计划、儿童看护帮助、老人护理服务、饮食服务、健康服务等，人力资源可以根据相关规定参照考虑。

五、人力资源员工福利的规划与管理

在组织的福利规划和决策过程中，主要解决两个方面的问题：一是组织需要决定提供什么样的福利；二是为谁提供这些福利。针对提供什么样的福利的问题，需要了解国家立法、开展福利调查、做好组织的福利规划与分析、对组织的财务状况进行分析、了解集体谈判对于员工福利的影响。针对为谁提供这些福利的问题，需要思考是对组织内的所有员工实施相同的福利，还是对不同员工群体实施不同的福利计划。

福利管理包括三个方面：一是处理福利申请。在一般情况下，员工会根据组织的福利制度和政策向组织提出享受福利的申请，而组织此时就需要对这些福利申请进行审查，看其申请是否合理。二是福利沟通。组织有必要设计一种完善的福利沟通模式，一方面告诉员工他们都享受哪些福利待遇；另一方面告诉员工他们所享受的福利待遇的市场价值到底有多高。三是福利监控。监控有关福利的法律变化；监控员工福利需要和偏好的变化；监控其他组织的福利变化；监控本组织的福利成本变化。

第十章　人力资源管理的激励管理机制设计

激励本是心理学的概念，却广泛应用于管理学的实践中。美国管理学家贝雷尔森和斯坦尼尔认为："一切内心要争取的条件、希望、愿望、动力都构成了对人的激励——它是人类活动的一种内心状态。"就人力资源开发与管理而言，激励特指"组织创造满足员工各种需要的条件，激发员工的工作动机，使其产生实现组织目标的特定行为的过程"。这意味着，激励的实质是一个满足员工需要的过程；是激发员工动机、调动员工积极性的过程；是引导员工的行为指向组织目标，并为实现组织目标而努力工作的过程；也是减少员工挫折行为、增加建设性行为的过程。可见，激励是一种促进行为的刺激手段，目的是为了调动人的积极性。人们常说"管理的深处是激励"，道理就在于此。不论哪一类组织的管理，都必须建立健全员工的激励系统，用好激励手段。人力资源自身的特性及其人力资源构成的特殊性决定了激励在人力资源开发与管理中起着更加突出的作用。正是基于这样的判断，本章首先重点分析激励何以成为激发人力资源员工活力的关键一环，接着围绕如何激励人力资源员工介绍相应的方法和原则。

激励包括外部激励和内部激励，外部激励是组织为员工提供的包括奖金激励、荣誉激励等在内的激励，这些措施都是从外部刺激员工的积极性；内部激励则是员工发自内心想做好工作的欲望和动力。管理学的实践证明，真正提供效率的激励不是外部激励，而是内部激励。对人力资源员工的激励不能忽视外部激励，但更应该重视内部激励，使努力工作成为员工发自内心的追求，将人力资源事业的发展作为自己的责任和使命。人力资源的人力资源管理还应该着眼于未来、着眼于长远发展，因此，合理对待员工的流动是激励员工在未来从事人力资源工作的重要措施，只有善待员工，才能建立人力资源可持续发展的基础。

第一节　建立员工的激励机制

激励是人力资源管理的重要内容，也是激发员工工作积极性和责任心的重要手段。如果说在党政机关和企事业单位中，激励是提高工作绩效的有效手段的话，那么在人力资源中激励则是激发人力资源员工活力的关键一环。有效的激励不但能够提高组织的工作绩效，而且能够使员工建立对组织的认同感和归属感，在工作中实现自己的价值，从而真正将工作看作人生不可或缺的组成部分，在工作中获得幸福感和满足感。对人力资源而言，激励不但是管理的重要手段，也是改善人力资源员工当前面临的非公平待遇、人力资源及其员工社会认可度不高等现实问题的重要手段。因此，激励对人力资源不但发挥着一般的管理功能，还有更为特殊的使命。人力资源与政府和企业的差异决定了人力资源的激励也存在着与政府激励和企业激励迥异的特殊性，这既表现在非物质激励为主的激励方式上，也体现在激励对象的多元化上。同时，人力资源的激励还面临着比政府激励和企业激励更大的困难。

一、激励是人力资源开发与管理的重要手段

如何激发员工的工作热情，使员工高效地工作，是人力资源开发与管理的重要内容，激励是实现这一管理目标的重要手段。具体而言，激励是通过满足员工的需求、端正员工的动机来实现激发员工的积极性。通过激励，可以把有能力的人才吸引进来，可以使员工充分地发挥其技术和潜能，可以使积极的员工更加积极，使中间的员工或消极的员工转变为积极的员工，使每个员工都愿为组织多做贡献。哈佛大学教授威廉·詹姆斯（William James）在《行为管理学》一书中谈到，他曾做过一个调查，经研究发现按时计酬的职工每天一般只需发挥 20%~30% 的能力用于工作就可以保住饭碗，如果工作环境和条件比较好，职工能力的发挥最多也不超过60%，若能受到激励，充分调动其积极性，那么他们的潜力可发挥到 80%~100%。也就是说，同样一个人在受到充分激励后发挥的作用相当于受激励前的 3~4 倍。这之间的差额是非常可观的。

激励是以员工需要为基础的。员工之所以可以被激励，就在于他们有一定的需要。这里的需要是指缺乏或期待某种结果而产生的心理状态，包括对食物、水、空气等物质层次的需要和对尊重、认可、归属等精神层面的需要。根据马斯洛的需求层次理论，每个人都有五个层次的需要：生理需要、安全需要、社会需要、尊重需要和自我实现需要。每种需要都包含两种成分：一是定性的、方向性的成分，反映需要对特定目标的指向性；另一种是定量的、活力性的成分，代表了指向该目标的意愿的强烈程度。马斯洛的需要层次理论启示管理者，在工作中要找出有关的激励因素，采取相应的措施来满足不同层次的需要，以引导员工的行为，实现组织目标。针对各个层次的需要，人力资源的管理层应该满足员工的基本需要；满足和谐人际关系的需要；满足尊重的需要，提高工作的自豪感；促进员工创新和发挥潜能。

需要是激励的起点与基础，是人们积极性的源泉和实质。然而，仅仅满足员工的需要是不够的，动机也很重要。动机是推动人从事某种行为的心理动力，是激励的核心要素。当人们产生某种需要而未能得到满足时，就会引起人们的欲望，从而成为做某件事的内在驱动力，这就是动机。

需求和动机是激励的依据。员工的能力和天赋只有被最大化地激发出来，才能够为组织带来益处，而这很大程度上取决于其需要的满足程度、动机水平的高低。需求与动机密切联系：需求是人们积极性的基础和根源，动机是推动人们活动的直接原因。人类的各种行为都是在动机的作用下，向着某一目标进行的。而人的动机又是由某种欲求或需要引起的，需要只有达到一定的强度才能成为动机并引发动机。需要转化为动机还要有适当的客观条件，即诱因的刺激，它既包括物质的刺激又包括社会性的刺激。员工激励的目的在于激发人的正确的动机，调动人的积极性与创造性。依据不同的标准，激励可划分为物质激励和精神激励、外在激励和内在激励等不同类型。但不论哪种激励，其在管理中的核心作用都是调动人的积极性。积极性是人们从事某项活动的能动的心理倾向。从这个意义上看，调动积极性就等于激发动机。

任何组织的管理都需要处理好需求、动机和积极性的关系。人力资源作为组织的一员，在进行人力资源管理时，也需要满足员工诉求、激发员工动机、激励员工积极性。从人力资源的发展来看，所有的项目和活动都是由人来完成的，因此员工的素质与活力已成为人力资源发展的根本动力。随着社会发展的多元化和人们需求的多样化，对人力资源的发展提出了更高的要求，人力资源的发展必须建立一支训练有素、具有较强执行力的员工队伍。同时，在人力资源发展过程中，要不断发展、提高员工素质，调动员工的积极性。只有这样，人力资源才能在竞争中发展壮大。

需求、动机与积极性是激励的三个关键要素，三者紧密相连，构成了组织人力资源管理的关键环节。对人力资源而言，要满足员工的需求，必须首先正确认识员工的需求。人力资源的一个优势是组织成员不是为了生存而是为了理想而工作，因此，人力资源要首先对员工的工作需求进行分析和研究，尽最大可能满足员工的工作需求；不是为了生存而工作并不意味着员工不需要满足生存要求，在考虑员工的工作需求之外，也需要对员工的生存需求进行关注，针对不同的员工，可以通过个别面谈、问卷调查等形式，了解他们的需求、动机和工作的积极性。在此基础上，有的放矢地采取激励措施。要做到有效地激励员工，必须了解激励的原理。在管理学领域，人们通过应用心理学和社会学方面的知识去探讨如何预测和激发员工的动机，满足人的需要，引导员工行为，调动员工工作积极性。经过大量的研究，国外学者提出了许多激励理论。本书无意对这些理论进行重复性阐述，但这些理论为我们探索建立人力资源的激励机制提供了理论基础。

二、人力资源员工尤其需要激励

随着人力资源在我国的发展，人力资源的从业人员数量不断增加。从人力资源的非营利性来看，它主要提供公共产品、为公益事业服务，因此，它自身的职业特点决定了社会公众对人力资源的期待较高，尤其是对人力资源承担的道德义务期待较高。但实际上，人力资源自身及其员工并没有获得与对其期待相匹配的社会待遇。比如，对人力资源的税收优惠力度较小，尚无法与国家对小微企业的税收优惠力度相比。国家对人力资源的办公成本和行政经费控制严格，主要表现在两个方面。一是《基金会管理条例》第29条规定，基金会工作人员工资福利和行政办公支出不得超过当年总支出的10%。针对这个规定，《慈善法》第60条做了稍稍灵活性的规定，即慈善组织中具有公开募捐资格的基金会开展慈善活动的年度管理费用不得超过当年总支出的10%，特殊情况下，年度管理费用难以符合前述规定的，应当报告其登记的民政部门并向社会公开说明情况。二是财政部、国家税务总局联合下发的《关于非营利组织免税资格认定管理有关问题的通知》（财税〔2014〕13号）中规定申请非营利组织免税资格的人力资源工作人员平均工资薪金水平不得超过上年度税务登记所在地人均工资水平的两倍。这些硬性规定都限制了人力资源员工的收入水平，实际上人力资源员工的平均工资不但不会超过当地工资平均水平的两倍，往往还低于当地的平均工资水平。2014年度"中国公益人才发展现状与需求"的调查结果显示，上海的公益人才平均月薪为5500元，而城镇职工的平均月薪为7490元；北京的公益人才平均月薪为5101元，城镇职工的平均月薪为8067元；江苏的公益人才平均月薪为4278元，城镇职工的平均月薪为4821元；四川的公益人才平均月薪为3339元，城镇职工的平均月薪为4031元；陕西的公益人才平均月薪为3167元，城镇职工的平均月薪为4100元。即使在人力资源发展最早、最成熟的深圳，人力资源从业人员的工资水平也很低，甚至出现了很多人力资源的从业人员月工资比保姆的月工资还低的现象，导致35%的从业人员流失。

从全国的情况来看，由于人力资源为员工提供的工作环境并不优越，但是对员工的奉献精神、价值追求、责任意识、专业化水平等要求较高，导致人力资源普遍面临招人难、留人更难的问题。尽管从价值目标的追求来看，人力资源的工作人员有着更高的价值追求和志愿精神，对精神层面的激励更为重视，但是对绝大多数人力资源的从业人员而言，在人力资源工作首先是一份职业，需要满足其养家糊口的需要。尤其是对于在人力资源就业的青年人来说，养家糊口是其需要负担的基本责任，而现有的人力资源薪资远远不能满足这一要求。"据了解，许多应届毕业生对从事公益事业怀有很高的热情，最终却因为薪资问题离开了这个队伍。"上海市在2015年年初公布的一项数据显示，34.78%的青年人力资源从业者月收入在1000~3000元之间，56.52%的月收入在3000~7000元之间，月收入在7000~15000元以及15000~20000元的比例均为4.35%。因为报酬偏低，致使大量优秀的人才不愿意投身到人力资源领域工作，人力资源领域人员流动性极强。青年人力资源出现"一将难求"的现象已经引起了政协委员的关注。2014年上海市"两会"期间，有政协委员专门针对青年人才从人力资源流向政府部门、商业领域提出议案，建议推动出台社会工作领域从业人员薪酬指导体系和职称评定体系，增强从业人员的稳定性，调动领袖人才的积极性。由此可见，对人力资源员工尤其是青年员工进行合理的物质奖励，满足其生活需求是稳定人力资源员工的首要选择。

人有寻求尊重和被认同的心理需求，人力资源的工作人员本身从事的工作的性质与社会公益密切相关，因此理应得到更高的认可和尊重。但事实恰恰相反，我国人力资源工作人员社会声誉低、人们对之认同度更低、人力资源工作人员的职业声望低。这一方面与人力资源在我国的发展时间相对较短，人们对人力资源的了解不够有关；另一方面，由于个别人力资源暴露出来的诚信事件导致人们对人力资源持普遍的否定和不信任的态度，人力资源甚至被污名化。在这种情况下，要使人力资源的员工仍然能够留在人力资源工作，并且高效地工作，必须进行激励。

从人力资源的服务对象来看，人力资源员工在工作过程中需要付出大量的情绪劳动。情绪劳动是指理解他人、移情于他人处境，并将他人情感视为自己的一部分。由于人力资源的服务对象往往是弱势群体，如鳏寡孤独人群、自闭症儿童、残障人士、受灾群众等等，当对这些人群提供服务时，人力资源员工需要表现出理解、尊重、关心、同情等情绪，然而，如果长期面对这样的弱势群体，对人力资源员工也是一种心理考验，由此可能使员工产生情感懈怠，对工作产生负面影响，甚至会对其个人生活产生负面影响。因此关注员工的心理健康、及时给予员工心理辅导和安抚，是激励员工坚持下去的重要因素。人力资源管理中情感支持和咨询是很重要的内容，一些对我国商业领域的实证研究也发现，组织的情感支持对员工的忠诚度有显著影响。目前虽然有研究开始注意到人力资源员工的情绪劳动管理，但是仍然只停留在理论层面，缺乏具体的可以指导操作的方法。

人力资源面临的上述人力资源管理的问题表明，人力资源对员工进行激励不但是必需的，而且是紧迫的。

三、人力资源员工激励的特殊性

人力资源对员工的激励需要遵循组织激励的一般原则，如公平性原则、成本—收益原则、赏罚并举原则等。但是，人力资源的非营利性、非政府性、志愿性等特点决定了人力资源的激励与政府和企业的激励存在明显的差异。政府部门对公务员的激励以职业理想、社会声望等符号激励为主，因为政府掌握以权力为基础的公共性资源，对社会中的各项公共事务负有管理职责。政府部门的科层制晋升机制对公务员发挥着很好的激励作用。企业是以营利为目的的组织，它往往拥有雄厚的经济实力，对员工的激励主要以薪酬、奖金、津贴、股权等物质激励为主。人力资源既不具有公共权力，又不具备雄厚的经济实力，它对员工的激励更强调志愿、奉献、爱心等概念，因而也体现出以参与型激励为主的特点。也就是说，人力资源对员工的激励主要是非物质性激励。

人力资源对员工激励的特殊性还表现在人力资源激励对象的多元化上。

如导论所述，人力资源的人力资源主要有三部分构成：董事会成员、领薪员工和志愿者。董事会成员包括理事会成员和监事会成员，他们大都是在社会上有一定声望或者是在其所从事的行业领域内做出了一定贡献的人，他们参与人力资源更多是因为认同人力资源的价值理念和使命感，因此，对他们的激励和对领薪员工的激励存在差异。在领薪员工中，又分为人力资源正式员工和兼职员工，正式员工和人力资源有直接的隶属关系，他们在人力资源的工作更为持久和稳定；兼职员工则有可能是人力资源出于某项特殊的需要而聘请的外部人员，如财务管理人员、项目顾问等，他们与人力资源不存在直接的隶属关系，而是临时性的雇佣关系。对正式员工的激励和对兼职员工的激励方式也存在鲜明差异。对正式员工更可采取事业激励的方式，通过将人力资源的价值观、责任感和使命感传递给员工，通过在工作中让员工获得成就感而实现激励；对兼职员工的激励则需要根据兼职的具体情况来设定。人力资源为了开展社会服务经常需要招募大量的志愿者，对志愿者的激励与对董事会成员、领薪员工的激励也存在着较大差异。因此，人力资源人力资源构成的多样化决定了激励的多元化。

激励方式的差异性也决定了人力资源员工激励的困难性。与政府和企业相比，人力资源尚没有得到人们的普遍认可。人力资源的公众认可度低导致人力资源员工难以获得较高的社会声望，更无法与公务员的社会地位相比拟。与企业相比，人力资源不具备经济优势，不能为员工提供与企业相类似的物质激励。同时，受到《慈善法》《基金会管理条例》及非营利组织免税资格认定条件等的限制，人力资源支付员工的薪酬受到严格的限制，这客观制约了人力资源对员工的物质激励。在既不能提供好的社会声望，又不能提供丰厚的物质保障的情况下，人力资源在人力资源开发与管理中如何选择合适的激励手段和激励方法，成为面临的重要问题。

第二节　物质激励是激励员工的基础手段

各种激励的理论都启示我们，满足人们的需求是有效激励实现的前提。人们的需求是多样化的，而且在同一时期人们可能有多种需求，面对这种情况，需要采取多种激励方法，常见的激励方法包括目标激励、责任激励、工作激励、事业激励、培训和发展机会激励、晋升激励、经济激励、强化激励、参与激励、尊重激励、荣誉激励和情感激励等。在人力资源管理过程中，要采用哪种激励方法，应该根据人力资源的情况和员工的情况来决定。但是无论采用哪种激励方法，在确立之前都必须明确激励的原则，建立公平公正、合理适度、有章可循的激励方法，不能随意对员工进行激励，也不能过度对员工进行激励。对人力资源而言，尽管员工参与人力资源主要是依靠价值理念和志愿精神等来维系，但是人力资源的员工以在人力资源工作为职业，人力资源首先要满足他们基本的物质需求，才能使员工"安其所，遂其生"。因此，人力资源对员工的激励，既要充分发挥原有的价值观念的激励作用，又要适当运用经济激励，给予员工一定的物质激励。

从当前我国人力资源对员工的激励来看，一方面由于人力资源资源的有限性，另一方面由于过于重视员工对共同价值的认同，导致了对人力资源员工的激励措施中物质激励有限，呈现出激励手段倒置的现象，即在低层次需求（生存需求和相互关系需求）没有满足的情况下，对高层次的需求（成长发展需求）进行激励。这种忽视物质激励的方式在一定程度上造成人力资源员工的基本生存需求得不到满足，尤其是当与周围从事其他行业的社会成员比较时，这种相对剥夺感会更为强烈。从国外的经验来看，在人力资源工作的收入并不低。以澳大利亚为例，调查数据显示，社会工作者每年的年薪中位数为 55378 澳元，与办公室经理（年薪中位数 55612 澳元）、会计师（年薪中位数 54385 澳元）的收入相当，但是比律师（年薪中位数 67575 澳元）、医生（年薪中位数 100547 澳元）的收入要低。因此，对人力资源员工实施必要的物质激励，能够更好地满足他们的生活需求，使其全身心地投入人力资源工作。

一、物质激励是激励的常用手段

人首先有生存的需求，只有在生存得到保障的基础上，才能有进一步的目标追求，正所谓"仓凛实而知礼节，衣食足而知荣辱"。无论政府机关、企事业单位还是人力资源，满足员工的生存需要是最为基本的。员工从事工作，首先是要满足养家糊口的需要，如果员工通过辛勤劳动获得的薪资无法满足个人或家庭生活的正常需要，那么员工必然无法安心从事工作。物质激励作为常用的激励手段，也是基础的激励手段。物质激励主要是指包括薪酬、奖金、股权、奖品等在内的与物质利益直接相关的激励方式，也有研究者将舒适的工作环境、宽敞的办公室、便利的停车位、宽裕的午休时间等包括在内。但是整体而言，这些激励都是与有形的物质相关的，因此有时候也称作经济激励。

管理学的研究发现，物质激励能够很好地激励组织员工做出组织期望的行为。即使是承认非物质激励重要性的研究者，也没有忽视物质激励的作用。诺贝尔经济学奖获得者斯蒂格利茨就曾经指出："有时，非经济激励作用十分强大，以至于看起来似乎可以从根本上取代经济激励。但就其长期效果来看，非经济激励本身并不能满足需要。非经济激励是经济激励的补充而非完全替代物。"因此，在市场经济条件下，企业主要是通过物质激励手段对员工进行激励。在对物质激励手段的使用方面，企业最为得心应手。针对员工的物质激励，企业发展出了一套行之有效的激励方法。企业往往有短期激励计划和长期激励计划。短期激励计划是通过为员工提供年度奖金而实现，年度奖金与员工的工作绩效密切相关；长期激励计划则是通过使员工关注长期的效益来实现激励，如分配股票期权、制订股票增强计划等。

随着物质激励手段的推广，政府部门也开始寻求给予职员一定的物质激励。尽管对政府给予公务人员物质激励有着不同的声音，但是伴随"高薪养廉"等观念的发展，使用适当的物质激励对公务员进行管理成为一种趋势。虽然当前我国对公务员的物质激励尚未形成固定的机制，但是随着对公务员合法权益的重视，物质激励必然会逐步实现制度化和规范化。

物质激励直接与人们的生活质量挂钩，物质激励要实现既保障员工的基本生活质量、促进员工的工作积极性，又不使员工对物质激励着迷。设定合理的物质激励的原则和标准是进行物质激励的前提。

首先，物质激励要适度。物质激励太高或者过度，一方面会增加组织的运营成本，增加组织的负担；另一方面会导致员工过于关注经济利益，而忽视组织的发展目标。物质激励过低或不足，会导致无法产生激励作用，难以调动员工的积极性。

其次，物质激励要区分层次。平均主义的物质激励无法区分出员工的贡献，产生不了激励的作用。恰当的物质激励应该是根据员工的绩效、表现等划分层次，进行分层激励。

最后，物质激励要与非物质激励相结合，在满足员工物质需求的基础上，寻求合适的途径和方面满足员工对声誉、情感、责任、自我实现等方面的需求等。经济学、管理学和心理学的研究一再证明，单纯的物质激励并不能留住人才，尤其是当员工本身已经拥有了较高的收入之后，再对其进行物质激励，难以产生激励的效果。因此，必须将物质激励与非物质激励结合起来，加强对员工的支持、价值观倡导、荣誉激励，使员工实现自我价值。

二、对人力资源员工的物质激励不可或缺

人力资源作为政府和企业之外的第三部门，是迅速发展的社会力量。人力资源既不追求公共权力的行使，也不追求利润的最大化和利润分配，它关注的是社会福祉的提升。因此，与企业员工相比，人力资源员工更多的是出于利他主义而不是受金钱驱使从事人力资源工作。但是，从当前我国人力资源的运行来看，它的发展是高度市场化的，它没有政府的财政资金供应，主要是依靠事业的发展为员工提供工资和福利。在这种市场经济机制下，人力资源要能够与企业单位竞争优秀人才，就必须考虑物质激励，而不是仅仅考虑人们是否关心组织的使命。尤其在当前我国人力资源的从业人员主要是青年人的情况下，对他们进行物质激励是十分必要的。因为青年人面临着成家立业、养家糊口的巨大生存压力，如果他们致力于人力资源的事业而使自身处于弱势地位，那么他们从人力资源中流向企业或政府部门也就不足为奇了。事实上，由于当前我国人力资源对员工的物质激励不足，因此人力资源员工的流动性非常高。如2011年深圳市社会工作者的流失率达到17.6%，而人力资源从业人员整体的流失率则达到35%。人力资源从业人员普遍感觉从事人力资源工

作很清贫,当年轻人进入结婚生子的阶段后,经济因素成为直接制约他们的关键因素。从《人民政协报》对人力资源从业人员的访谈中可以发现,从事人力资源工作的大学毕业生4年之后与当初的同学比较,发现同学的收入是自己的两三倍,考虑到未来发展,青年人选择离开人力资源。深圳市慈善会秘书长房涛在谈到青年人离开人力资源的原因时指出,"从事社工的大学生,生活压力大、多在基层服务导致流失率高"。

获得一份与自己的贡献相称的报酬并使自己能够享受自己创造的财富,已成为今天人们择业的重要决定因素。人力资源要想吸引、使用、留住所需要的核心人才,必须重视物质激励,只有满足了员工最基本的需求,才谈得上对员工更高层次的激励。面对人力资源员工的高流出率,考虑到青年群体的生活压力,对人力资源员工实施物质激励是不可或缺的。

当前,人力资源对员工实施物质激励面临以下挑战:首先,人力资源拥有的资源有限,又受到国家相关的管理制度的约束,对员工的工资支出和行政管理费用支出有严格的要求,不能超越。这就需要人力资源加强自身整合资源的能力,尽可能多地吸纳社会资源,拓展自己的资金来源渠道。其次,人力资源要积极与相关职能部门进行沟通,寻求职能部门对人力资源管理的机制。也就是说,对于那些规模较小的人力资源,应该允许其适当增加行政成本在总开支中的比例。一个年度支出规模为3个亿元的基金会,工作人员的工资福利和行政成本可以达到3000万元;但是对于一个年度支出规模只有300万元的基金会而言,其工作人员的工作福利和行政成本必须维持在30万元以内,这是巨大的挑战。最后,人力资源进行物质激励要与人力资源的道德使命相协调。人力资源尤其是慈善组织,担负着很强的道德使命,加之我国人力资源公信力备受质疑,在这种情况下,人力资源对员工进行物质激励,易受到社会公众的质疑。如何引导社会公众正确认识和看待人力资源的物质激励,使人力资源员工能够在不受过重的社会压力的情况下接受物质激励,是人力资源面临的另一项挑战。在当前我国的社会环境下,要真正建立社会公众对人力资源的正确认知,不仅需要人力资源自身的努力——提供优质的社会服务、建立良好的公信力,也需要国家的引导。通过创造有利于人力资源的文化环境和社会环境,使人们更加了解人力资源,将其平等地看作社会的组成部分,而不是戴着有色眼镜对人力资源提出过高的价值期待。

三、对人力资源员工实施合理的物质激励

概括而言,物质激励就是设计一种如何监督与奖励的结构。人力资源的物质激励就是要在人力资源内部建立一套完整的监督和奖励人力资源员工的组织结构和行为规范,使员工更为积极地投入人力资源工作中,更为高效地提供优质的社会服务,实现人力资源的目标,同时也在这个过程中实现自身价值。人力资源对员工的物质激励主要基于两

个方面的考虑：一是要保障员工的基本生活，使员工能够安心工作；二是通过物质激励奖励先进、鞭策后进，促进员工更为积极主动地投身社会服务事业。

人力资源的物质激励首先涉及人力资源的薪酬。尽管薪酬待遇并非是留住人才的唯一手段，但是薪酬的高低在很大程度上决定着人才的去留。从我国的现实情况来看，对人力资源员工的薪酬激励普遍不足。四川省对人力资源从业人员进行的一项调查显示，2013年度人力资源员工月均收入在2300元左右，其中月收入在1500元以下的有31.7%，月收入在1500~2000元的有24.7%，月收入在2000~3000元的有33.7%，月收入在3000元以上的仅占9.9%。同期四川省社会平均工资水平已达到3483元，人力资源员工收入水平显著低于社会平均水平。因此，运用好人力资源的物质激励，首先要建立合理的薪酬制度。薪酬包含基本工资、岗位工资、津贴、奖金、福利等等。人才的工资、奖金和福利，要根据效率优先，更加注重公平的原则，使组织成员获得的收入报酬和享受的福利待遇与其能力、业绩和经历挂钩，做到恰如其分，公平合理。从本质上讲，任何激励都应该达到促进员工做出卓越的努力和实现公平公正的目标。本书第六章专门讨论了人力资源薪酬体系和福利管理，此处不再赘述。

人力资源对员工的物质激励不仅体现在人力资源内部，还体现在人力资源之间。整个人力资源作为一个行业领域，应该积极谋求人力资源之间的合作，实现互利共赢。就物质激励而言，人力资源应该积极磋商，一方面寻求建立人力资源行业的薪酬标准，通过普查的方式向社会公布人力资源员工的薪酬待遇，通过广泛宣传引起社会的普遍关注，增强人们对人力资源和人力资源员工的认知；另一方面，各个行业范围内的人力资源要努力向该领域范围内的企事业单位的平均收入靠拢，确保自己的薪酬制度具有外部竞争性。

除了人力资源内部的奖金制度外，同行业的人力资源可以联合设立一些带有物质激励的奖项，以荣誉激励和物质激励相结合的方式促进人力资源员工建立对本行业的认同。如可以设立行业年度人物、最可爱的志愿者、人力资源形象之星等奖项，在给予荣誉激励的同时给予适当的物质激励。

无论采用哪种形式的物质激励，要使物质激励真正发挥激励作用，必须制定明确而相对固定的物质激励原则。这些原则包括：制定相应的绩效考核标准，使激励与绩效相挂钩；保证基本工作需求，在工资基础上进行激励；激励办法必须易于理解，并且适于操作；坚持客观公正的立场，确保激励办法得到有效执行。尽管企业发展出了一套较为完善的薪酬体系，但是人力资源在借鉴企业的物质激励模式时，必须明确人力资源与企业存在的鲜明的性质差异。人力资源除了不能对员工进行股权分配、利润分红等物质激励外，对员工进行的物质激励也不可能像企业给予员工的物质激励那么丰厚，而且物质激励的效果也存在边际效益递减效应。在物质激励的同时，要结合其他的激励手段，才能真正实现激励的效果。

第三节　非物质激励是激励员工的主要方式

诺贝尔经济学奖获得者西蒙在论述组织管理时指出，"对任何一个真实的组织来说，企业家不仅仅依赖单纯的经济诱因，还依赖其他许多诱因，如威望、信誉、忠诚心等等""经济诱因在工商、政府组织中往往占优势，这一事实并不妨碍其他诱因的重要性。另外，我们也不应忘记那些无形的利己价值，诸如地位、声誉、组织交往中的快乐等等"。就物质激励和非物质激励的结合而言，日本企业往往使用物质激励和非物质激励结合的方式推动员工在满足经济需求的同时，建立对企业的归属感，并通过提供不断的晋升机会使员工实现自我价值。与美国企业往往采用单一的物质激励相比，日本企业的激励方式更受推崇。非物质激励在商业中的广泛应用，也使其逐渐被推广到政府部门和人力资源领域。简单地说，非物质激励就是不能直接转换为金钱价值的激励，比如认同、尊重、责任等。使用非物质激励对人力资源员工进行激励，关键是让人力资源员工建立对职业的认同感，用人力资源的事业留住人才；同时，人力资源要注重对员工的情感管理，使员工建立对组织的认同感和归属感，从而坚定地从事人力资源工作。此外，还应该通过建立人力资源的荣誉激励机制，及时认可员工为组织发展做出的贡献，巩固员工的事业认同和组织认同。

一、以人力资源的事业发展激励员工

作为事业，人力资源更多的是依靠利他主义的价值观念来引导员工建立对人力资源的认同，通过"赠人玫瑰，手留余香"的精神来促进人力资源的发展。中国扶贫基金会副秘书长陈红涛曾坦言，"在机构中最能吸引人的还是事业留人"。所谓事业留人，对人力资源而言，就是通过吸引人才参与到人力资源事业的发展中来，在事业建设和发展的过程中，让人才发挥专长，由人才推动事业的发展，也使人才在事业发展的过程中实现自我价值。研究发现，对人力资源员工的动机进行激励是比技能激励更为有效的激励方式。要实现事业留人，首先就需要对员工进行使命感和责任感的教育和培训，激励员工建立内在驱动的、利他导向的服务动机，使员工建立对社会公益事业的责任，认可人力资源的使命和价值。其次，要建立员工的职业生涯发展规划，使员工看到自己在组织内的长远发展目标和发展前景，结合自己现有的条件，脚踏实地地朝未来的发展目标迈进。员工个人的职业生涯规划包括职业选择、职业生涯目标的确立、职业生涯通道的设计及职业生涯发展战略与策略等。人力资源参与员工的职业生涯规划的指导与管理就是帮助员工具体设计个人合理的职业生涯发展规划，根据员工本人的优势、劣势、兴趣及岗位特征进行评价，并且帮助员工进行修改，使它成为一个具体的、富有挑战性的、可以实现的规划，更重要的是，人力资源要承诺帮助员工实现规划。这是人才提高工作满意度、实现自我价值的需要，是留住人才的重要方面。

要真正实现让员工将人力资源事业作为自身的事业追求、用人力资源的事业激励员工，最为关键的是要让员工在人力资源的发展中感受到自身的价值，即让员工在人力资源中发挥自己的能量，这包括安置合适的岗位、发挥个人专长、及时提拔和使用、充分授权和信任等。对于人力资源员工来说，合适的岗位是个人事业的开端。人力资源在安排员工岗位时，要充分考虑员工的能力、价值和兴趣；要把重点放在赋予发展机会来稳定和培养组织现有的人才，而不是简单地引进人才。要通过组织各种类型的培训，将员工的职业培训与员工的职业发展规划结合起来，在促进员工的学习中提升员工的能力，也促进员工自我提升的动机。要通过授予员工合适的财权、人权和事权，让员工参与到日常管理中。具体而言，要实现事业留人，人力资源必须坚持用人所长、用当其时和用当其位。

第一，用人所长。古人说，用人如用器，用其所长。人才用得好，以一当十；用得不好，多也无益；浪费人才，反会误事。想让成员在组织中表现卓越，就必须发挥他们的优势，而不是强调他们的弱点。卓有成效的人力资源管理者的任务之一就是用人所长，充分发挥每个成员的长处来共同完成任务，从而使个人目标与组织需要相融合，使个人能力与组织成果相融合，使个人成就与组织机会相融合。人才作为特殊的资源，具有类别性、层次性、相对性和动态性。每个人都有长处、短处。合理用人，就在于最大限度地发挥人才的专长和优势，根据人才个性特点安排任务，使他们的长处得到发展、短处得到克服。就人力资源的人力资源管理而言，首先就是要了解每个员工的"所长何在"。这一方面可通过员工招聘时的面试、选拔等了解，另一方面可通过员工的日常表现去发现。对于人力资源的管理者而言，要善于去了解员工，利用员工的所长——擅长做项目规划的，就应该去进行项目规划，而不是做财务管理；擅长与人沟通的，应该做项目执行或宣传营销，而不是做项目设计。人力资源的管理要做到用人所长就应遵循以下原则：

（1）职务是由人来担任的，是人就有可能犯错，因此决不要设计组织成员无法胜任的职务；（2）每项职务都必须在要求高低和范围大小上有伸缩性，这样才能使组织成员尽量发挥其长处；（3）用人时必须首先考虑其条件，了解他能做什么，而不是先看职务的要求是什么；（4）用人所长的同时要能容人所短。

第二，用当其时。新科技革命的发展使得知识和技术的更新换代速度越来越快，在今天流行的知识和技术，有可能在明天就会被超越。因此，对知识和技术的使用必须用当其时。同时，人才的成长也遵循一定的成才规律，在每个年龄段人掌握的知识和技能不同、经验不同，发挥的作用也大不相同。在年富力强的时候，应该尽量让其发挥骨干作用。让人才用当其时，就是要求不延误对人才的及时使用时效，把对的人在对的时间放在对的工作岗位上，使其充分施展才华，实现人尽其才、才尽其用的目的。对人力资源而言，这一点尤为重要。好的用人机制，既能使少年英才辈出，也不会把大器晚成者埋没。不仅要大胆选拔优秀年轻人才，还要合理安排使用其他年龄段的优秀人才，充分发挥各个层面人才的积极性，保证各类人才都能在"保质期"内释放出最大能量。因此，要敢于起用一批风华正茂、思维敏捷的年轻人才，对他们不抱成见、偏见。在这方面，我国的人力资源已经开始积极探索，如中国扶贫基金会从公益慈善教育中心招录了4名经过专业训练的学生，该基金会的人力资源负责人表示："这些学生不仅本专业知识扎实，对公益行业也有全面、充分的认识，而且实干能力非常强。更重要的是，他们对投身公益有着极大的热情。"此外，人力资源在使用人才的时候，不但要在合适的时间使用合适的人才，还应该着眼于长远的发展，不断提升人才的能力和素质。因此，要制订人力资源的人才发展和培训规划，对员工进行定期培训和长期培训，使员工真正实现在人力资源的长远发展。

第三，用当其位。就整体的人才而言，充分用足人才就要树立"人人皆可成才"的理念。"人莫不有才，才莫不可用"，一个组织的管理者要争当木匠，而不要当医生。因为在医生眼里，见他的每一个人都是患病在身的；而在木匠眼里，手中的每块材料都是可用之材。废物是放错地方的宝贝，宝贝放错地方也是废物。人才只有放对地方，才能大显身手。同样一个人，在某个岗位是人才，在另一个岗位就不一定是。人力资源的工作包罗万象，要将合适的人才配置到合适的位置上，就应按岗位任职要求选用人才。对人力资源管理者而言，要坚持适才适所，对员工进行深入的了解，要尊重个性的差异和每个人的兴趣特长。根据人才的专长、气质和兴趣，尽可能地安排他们到最适合的工作岗位上去，实现人与事的最佳组合。

总之，通过用人所长、用当其时和用当其位，以及相应的人才选拔机制、人才培训制度和人才晋升机制的建立和完善，人力资源能够不断吸引优秀的人才进入人力资源、留在人力资源，将人力资源的目标和个人的发展目标结合起来，真正实现事业留人。

二、以情感管理感化人力资源员工

情感是人们体验到的所有感情，情感纽带是密切人际关系的重要环节，也是增强人力资源向心力、凝聚力、战斗力的主要途径。现代组织充满着竞争和压力，情感管理成为舒缓人们的压力、建立良好组织文化的重要途径。在国外，组织内部常常设有心理咨询中心或类似机构，专门对员工的心理健康给予关注和指导。国内目前也正在进行这项建设，一些大型的组织机构开始关注员工的心理健康，进行情感投资。实际上，情感管理不仅仅涉及心理健康，更涉及管理者对员工的人文关怀，是实现有效沟通、体现温情管理、建立员工归属感的重要措施。

　　情感管理的核心就是坚持以人为本，将以人为本的理念贯穿员工管理的各个环节。人力资源用情感留人，首先需要有效沟通，让员工感受到管理的积极态度。有效沟通是联络感情的基础，要开诚布公、有效倾听、注重对员工的关爱与表扬。美国微软公司是实施有效沟通的成功典范，公司的"内部电子邮件系统"，除了用于上层对下层布置工作任务、员工彼此之间相互沟通、传递消息外，最重要的是员工可以方便地使用它对公司上层，甚至最高领导提出个人的意见和建议。人力资源应该借鉴类似的管理方法，通过邮件、微信、QQ等多种形式，实现管理者和员工的平等交流，通过交流及时了解员工的情况，并适时给予安慰、关怀、扶持和鼓励。

　　人力资源用情感留人，还可以利用期望效应进行情感管理，激发员工的斗志。期望效应在管理学中往往被认为是积极的心理暗示，能够产生积极的效果。日本"松下电器"创始人松下幸之助就是善用"期望效应"的管理高手，他首创了"电话管理术"，经常给下属包括新招的员工打电话："也没有什么特别的事，就是想问一下你那里最近情况如何？"当下属回答说还算顺利时，松下又会说："很好，希望你加油。"接到电话的下属每每感到总裁对自己的信任和看重，精神为之一振。对人力资源而言，管理者应该保持与员工的积极沟通，用鼓励的话语建立对员工的正面期待，在提升员工士气的同时，促进人力资源的效率。

　　人力资源用情感留人，还要注重培养团队精神。团队精神是任何组织的发展都必不可缺的，对人力资源而言，从一个项目的论证、设计、组织、实施到评估，每个环节都需要团队的合作。要形成良好的团队合作，必须善于用情感来建立团队的认同感。人力资源可以通过形式多样的团队建设活动，在活动的开展过程中增强团队成员的向心力。同时，应鼓励团队成员之间彼此多加关照，关注团队其他成员的情绪反应，及时给予相应的关怀，让团队中的成员感受到组织的力量和温暖。

　　情感留人对人力资源而言，还有一层特殊的含义。人力资源的服务对象很多是弱势群体，人力资源员工在救助他们的过程中，要表现出相应的同情、尊重和关心，不能过于冷漠，这是职业要求，但是，人力资源员工长期从事救助弱势群体的工作，可能会给自己带来负面情绪。对此，人力资源应该建立培训机制和疏导机制。建立情感培训机制，可引导员工在从事社会服务的过程中表达合适的、符合情境的情绪；建立情感疏导机制，可及时对员工进行安慰、劝诚，给予鼓励，使其能够坚持下去。实践证明，员工感知到的组织支持是员工建立对组织的认同感、忠诚度的重要因素。有条件的人力资源应该建立员工心理咨询中心或心理健康中心，使员工能够寻求专业的心理咨询师或社工师的帮助和支持。此外，人力资源还可以通过经验丰富的老员工带新员工的方法，以老员工的经验来帮助新员工解决此类适应问题。

三、建立人力资源员工的荣誉激励机制

人有追求被尊重、被认可的需要，人力资源要建立对员工的有效激励，应该设法使员工得到尊重和认可。建立荣誉激励机制是对员工表现给予肯定和认可的重要方式，也是对员工价值进行认同的过程。人力资源从事的事业本身就是具有奉献精神、体现爱心、利他的崇高事业，对人力资源员工的荣誉激励首先是对人力资源事业的肯定和认可。这种荣誉激励能够更好地提升员工的自信心，提高员工的工作干劲，鼓励员工做出更大的贡献。但是，从我国人力资源的人力资源开发与管理现状来看，无论是人力资源内部还是人力资源外部，对人力资源员工的荣誉激励都明显不足。从人力资源内部来看，人力资源尚没有将荣誉激励纳入人力资源开发与管理中，没有建立对员工进行荣誉激励的制度和相应的机制；从人力资源外部来看，无论是人力资源整个行业，还是政府层面，都没有建立对人力资源员工的荣誉奖励。尽管近年来民政部开始推行先进人力资源的评选和表彰、优秀专业社会工作服务项目的评选和表彰，但是至今仍然缺乏对优秀人力资源从业人员的表彰。在人力资源员工的荣誉激励方面，做得比较好的是对志愿者的荣誉激励，但这种荣誉激励也都是政府层面推动建立的，人力资源对志愿者的荣誉激励仍然有限。当前对志愿者的荣誉激励已有优秀志愿者评选机制、星级志愿者评定机制，一些地方政府还推出了专门的志愿者奖项，如广东省设立的"红棉奖"。

人力资源员工的荣誉激励机制应该借鉴志愿者荣誉激励的经验，从两个方面加强建设。一方面，人力资源要呼吁政府、人力资源联合会等关注对人力资源员工的荣誉激励，推动从政府层面、人力资源行业发展层面建立对认可度较高、社会影响较大的人力资源员工进行荣誉激励的奖项，如可以借鉴民政部和中国社会工作者协会联合评定优秀社区志愿者的经验，设立全国人力资源先进个人、优秀社会工作者、人力资源年度人物等荣誉奖项，对人力资源员工进行激励；同时，应该鼓励个人和团体设立对人力资源员工进行奖励的基金项目，并且从税收管理等角度对这类公益项目实施税收优惠。另一方面，在人力资源内部，应该尝试建立年度优秀员工、"理事长特别奖"等奖项，在组织内部运用荣誉激励措施鼓励员工的工作积极性和对人力资源事业的热爱。

榜样的力量是无穷的，人力资源的荣誉激励就是要为人力资源员工树立学习和效仿的榜样，在激发员工的荣誉感的同时，以榜样的力量激励员工不断向榜样看齐，从而更为积极主动地从事人力资源工作。

第四节　以"终生交往"促进员工可持续发展

对任何组织而言，人才流出都意味着人才资源的失去，尤其是在今天，人才的流动变得频繁。在这种情况下，无论人力资源还是其他组织，都应该正确对待员工的流动。从人力资源开发与管理的角度来讲，坚持长远目光是其应该遵循的基本原则。人力资源应该从人力资源开发与管理的角度，以长远的眼光来看待员工的流动。人力资源员工的流出对人力资源虽然是损失，但是也是潜在的人力资源。一方面，这些流出去的员工因为熟悉人力资源事务，有可能在条件允许的情况下选择重新回到人力资源工作，甚至可能会选择自己成立人力资源，从而使人力资源的力量更为壮大；另一方面，即使这些流出去的员工不再回到人力资源工作，由于他们在人力资源的经历，也会使他们成为人力资源的传播者，将人力资源的形象传播出去，从而吸引其他人加入人力资源。从人力资源长远发展的角度看，善待员工、正确看待员工流动十分必要。

一、辩证地看待员工流动

所谓人力资源流动，一般是指员工相对于人力资源市场条件的变化，在岗位之间、组织之间、职业之间、产业之间以及地区之间的转移。这种流动是双向的，即员工炒老板的鱿鱼和单位主动辞退员工两个方面。随着我国人力资源市场的不断成熟，企事业单位、组织内外部环境和员工自身情况的变化，这种流动有些是在合理限度之内的，它们对组织和员工是有益的。有些人力资源流动超出了合理的限度，就构成了人力资源的流失和浪费，这对单位和员工都可能是有害的。随着国家人事管理体制的改革，特别是在市场经济条件下，人力资源流动越加频繁，国内人力资源流向国外，国企人员流向外资、合资企业以及民营中小企业等人力资源流动现象都是突出的表现。从我国人力资源的情况来看，人才流出的现象较为严重，人才流出的比例远远高于政府和企业的人才流出比例，这是多方面的原因造成的。整体而言，社会公众对人力资源的认可度不高、人力资源拥有的资源有限、工资水平较低，这些共同制约了人力资源员工的经济收入、社会认可度，影响到员工的基本生活和社会地位，从而导致部分员工流出。

面对员工流动，人力资源往往显得无能为力。这种无能为力既是因为受到人力资源资源有限性和相关管理制度的制约，也是由于人力资源自身对员工流动的认知不当——人力资源通常将人才流出看作组织的损失，消极对待员工的流出。事实上，人力资源应辩证看待人才的流出。首先，在市场经济条件下，每个人都有自己的理性选择，人力资源应该尊重个人选择。优秀员工的离职虽然会给人力资源造成一定的损失，但是也给人力资源提供了机会反观自身的管理。如果员工流向其他人力资源，那么人力资源应该考虑自己与其他人力资源的差距在哪里，哪些因素导致了员工流出；如果员工流向了政府机关或企事业单位，人力资源应该来思考整个人力资源行业与其他行业的差距在哪里，并且要想出合理的改进方法。

其次，保持一定的人员流动率能够使人力资源更加富有活力。人员流动给人力资源提供了机会进行结构调整或职位调整，给人力资源内部的员工提供了机会，给更多的人提供了发挥自己才干的机会，并且为减少冗员提供了可能，从而能够激发组织内部产生适当的竞争，增加工作效率，为其他员工留出更多的发展空间。此外，人员的流出往往意味着新鲜血液的注入，有利于增强组织活力。

最后，员工流动有利于形成人才汇集。人才汇集意味着人才来源的多样化与全球化。汇集本身就意味着动态、流动、创新。汇集意味着个体的主动，意味着一种驱动机制，意味着人才的来源的立体化与多样化。人才汇集还形成能量场，带来人才的互补性整合，从而提高人才的综合竞争优势。

当然，大批的员工流动也会对人力资源造成损伤和危害。员工流动的负面影响表现在：员工离职率一旦超过一定的限度，特别是人力资源员工主动离职的情况增加时，会给组织带来不利影响。骨干员工的流失或者普通员工短期内大量离职，不仅会增加人力资源开发与管理成本，对人力资源目前工作的开展造成损失，同时也可能影响整个组织的工作气氛，产生诸多消极影响。

综上可见，适度的员工流动是保持人力资源人员系统新陈代谢、增强人力资源活力、提高系统功能的重要方式。人力资源应辩证地看待员工流动，在人力资源管理上需遵循依法管理和区别对待的原则，规范员工流动行为，保证流动者与人力资源双方的利益，平衡各自的权利与义务，减少纠纷。并应根据自己行业的特点，确定适度的员工流动率范围。一旦员工流动率超过允许范围，就应该及时采取措施，防患于未然。人力资源内有众多人才，他们在组织内的岗位层次不同，掌握技能的重要性和稀缺程度不同，人力资源给付的报酬福利及投入的培训费用等均有不同，对于不同类型的员工流动，应该有不同的控制策略、有不同的规定条款。

二、合理改变员工流动的方向和频率

一个人力资源如果人员流动率过高，不仅会影响组织的日常运作，还会造成人员的"习惯性流动"，所以将人员流动率控制在良性范围内，在保持人力资源活力的同时留下优秀人才，应是人力资源人力资源管理的重要目标之一。美国宾州大学沃顿商学院教授卡培里曾经说过："不要把人才当作一个水库，应该当成一条河流来管理；不要期待它不流动，应该设法管理它的流速和方向。"换句话说，组织不能再把留住人才当作一个目标，而应设法通过工作设计、团队建立等，影响员工流动的方向及频率来解决这个问题，使人力资源成为吸引人才流入的目标。

要实现合理地改变员工流动的方向和频率，首先应降低人力资源员工流出去的频率。在对人力资源员工流出去的原因有清楚的了解后，要改善人力资源的内部管理，通过提升薪酬待遇、给予员工合适的晋升机会、使有能力的员工处于合适的位置、保障员工的合法权益等，留住优秀的员工。其次，鼓励员工内部流动。员工流动可分为内部流动和内外流动。人力资源应立足自身发展实际，结合员工发展要求，鼓励员工在组织内部流动，代替向外流动，难以匹配时再在内外之间流动，由此可以减小员工流动的损失，更好地实现企业与员工的共同发展。再次，通过多种形式的人力资源内部建设，增强人力资源员工的归属感和认同感，建立员工对人力资源的价值认同。人力资源员工大都是为了共同的理想而从事人力资源工作的，人力资源应该充分利用这一点，加强员工对组织的价值认同，将员工的个人发展目标和人力资源的发展目标有机结合起来，用共同的价值导向留住员工。最后，建立人力资源吸引人才的长远目标，在满足员工基本需求的基础上，进行创新性建设，使人力资源成为吸引人才流入的重要力量。尽管短期来看，这样的措施收效甚微，但是从人力资源和社会事业长期发展的角度来看却是十分有益的。

三、建立"终生交往"机制

人才的流动不仅是困扰人力资源的事，也是所有的组织都面临的难题。企业最早感受到员工的高流动，并且采取了诸多的尝试。如今，面对越来越激烈的商业竞争，很多企业摒弃了"终生员工"的概念，更愿意和员工保持"终生交往"。正如罗格·赫曼在《留住人才》一书中论述的："你对员工离开时所做的反应将筑成你跟他们永远的关系。"从一定意义上说，人才流出并不是坏事，关键在于善于挖掘人才流出资源，保持与流出人才的"终生交往"，以真诚的态度对待人才流动，永久开启人才进入的大门。这为人力资源合理对待流出去的员工提供了崭新的视角。

对人力资源而言，如果员工决定离职，首先应该设法挽留，之后考虑如何重新建立新的关系，充分挖掘他们的离职价值。由于组织成员关系是一种人际互动，因此这种互动包含相当程度的情感成分。在进行离职员工关系管理时，要注意与离职员工建立情感联系，这也是管理的一种策略。正面的情感来自一方成功超越了另一方的期待，负面的情感则是未达到另一方的期望。这种情感会从离职员工与人力资源其他员工、组织系统和离职及以后的过程中产生。在离职员工关系管理的实际操作过程中，还要注意双向的价值交换和个性化沟通。所谓双向的价值交换就是指人力资源如果期望离职员工在新的环境中提供诸多最新信息，那么人力资源本身必须向离职者提供具有足够价值的对等信息。而个性化沟通是指要根据离职员工的特点和个性来展开有效的一对一沟通，这样才能真正实现沟通的效果和期待的目的。

离职员工关系管理是一项系统工程，需要收集、管理大量的数据，需要信息技术做支持，但最重要的还是观念上的转变。只有把离职员工看作人力资源的朋友、资源，他的价值才能体现出来。人力资源要学会与员工终生交往的方法。从员工提出离职开始，离职员工关系管理的第一步就是建立离职员工面谈制度，建立离职员工面谈记录卡。所有的面谈内容用规范化的文件表格保存下来，以便于周期性地统计分析和改善人力资源管理。第二步是保留离职员工过去的信息资源和通信方式，甚至建立离职员工数据库。这样在离职员工正式离开人力资源后可以不断保持电话、信件的密切联系，把组织新的信息、新的发展战略及时告知离职员工，而且对离职员工在新公司或组织的发展状况做跟踪记录，形成一个离职员工信息库。第三步要安排固定的联系人，定期开展一些关系的维持活动，让离职员工感到人力资源还在关注他们，让他们仍然保持一种归属感。通过对离职员工的情感管理，建立终生交往，可以使流出去的员工保持对人力资源良好的口碑，充当人力资源理念的传播者，还有可能吸引离职员工在条件允许的时候再回到人力资源，甚至通过自己的力量成立人力资源，在更广的范围内推广人力资源和社会服务事业。

实际上，人力资源往往不是不想和员工建立终生交往，而是迫于资源的有限、人手的紧缺等问题，面对与离职员工的终生交往心有余而力不足。首先，人力资源要建立一套离职人员的档案，不但需要花费时间成本和经济成本，而且需要花费大量的人力成本。对大多数人力资源而言，他们既没有丰厚的经济基础，又没有充足的人力资源，因此不可能抽出人员、时间和金钱来从事离职员工的档案建设和管理。其次，即使能够建立起离职员工的档案信息，要想通过定期的沟通和联络建立起终生交往也存在着两方面的制约：一是我国尚未形成与离职员工建立终生交往的社会氛围，人力资源与离职员工尝试保持的联系可能会被离职员工认为是具体联络人与自己的交情或友谊的延续，从而并不能真正体现人力资源的意图；即使是能够体现出人力资源想与离职员工保持长期联络的努力，由于缺乏这样的社会文化环境，也有可能会被离职员工误认为是人力资源有"不良企图"（如期待自己对人力资源做出捐款承诺、去人力资源参与志愿服务等）。二是与离职员工建立长期联络受到人力资源行政成本的硬约束，根据当前我国相关法律法规对人力资源的要求，人力资源的行政成本受到严格限制，因此，要在本已有限的行政成本中剥离一部分，用于与离职员工的长期联系，而这种联系很有可能是徒劳无功的，这对于人力资源而言可以算是奢望。人力资源要建立与离职员工的终生交往，必须突破现有条件的约束，由易而难，从相对简单易行的事情入手，如可以通过定期向离职员工发送电子邮件，告知其人力资源工作进展，通过短信或微信平台向离职员工送上节日祝福等，逐步开展起来。

第五节　人力资源激励战略的实施

一、人力资源激励战略的特点

1. 系统性

人力资源激励战略是由多种激励方式构成的战略体系，这些激励方式互相联系、互相补充，共同发挥作用。激励战略运用的主体和客体不再局限于某一单位或部门；激励的方法与手段多样化，不再局限于单一或固定的几种模式；不仅注重结果激励，也注重过程激励。

2. 遵循心理规律

人力资源激励战略同样遵循心理规律。心理过程包括三部分，即认识过程、情绪和情感过程、意志过程。人力资源激励战略便是遵循人的这一心理过程而制定的。这一战略要求在激励员工及团队时，首先要从认识开始。企业应当把有关的知识、做法、要求、规定、目标、奖惩措施等信息传送给激励对象，使其在获得较为清晰明确的认识后对激励的内容与要求等产生积极的情感，并进一步在积极情感的推动下产生意志，从而引导到自觉的行为。

在激励战略实施的过程中，企业还要从动态的角度认识企业成员及所在团队的动机和行为，关注其需要的变化，据以调整各种激励战术。

3. 具有弹性

人力资源激励战略是有关企业激励的总体战略，但就其战略构成的各种激励措施而言，应具有弹性。由于激励对象具有较大的差异，这种差异性主要来源于企业成员及团队在需求和动机方面的不同。因此，企业在激励员工时，应针对不同的人员、不同的团队采取不同的措施，以便取得预期的成效。

4. 目的性

人力资源激励战略具有强烈的目的性。不论是物质激励战略还是精神激励战略，其制定和实施均以绩效的提高、企业及其成员的目标达成为最终目的。并且，通过人力资源激励战略的制定和实施，使员工的潜能的发挥达到最大化，企业目标得以最大限度的实现；员工对企业目标实现所做的一切贡献由被动变为主动，由引导变为自觉自愿、自发进行。

5. 注重团队激励

人力资源激励战略注重对企业中以团队形式存在的企业成员的激励，而不是单一地针对成员个人——这是与传统激励的重要区别。由于企业管理方式的变革，通过运用人力资源激励战略，充分发挥团队的作用，完成艰巨的任务，成为处理复杂工作任务的一种最有效的方式。尤其是对于中级管理层而言，参与到群体之中，相互协作，解决问题，迎接挑战，其奋斗过程可以很好地激励员工。一旦团队圆满地实现了目标，彼此合作的经历又会变成令人欣慰的回忆，使员工拥有强烈的归属感、自豪感、成就感，从而进一步受到激励。

二、人力资源激励战略的要求

从企业管理实践的发展趋势来看，灵活、敏捷、开放、民主成为企业的基本要求。尤其是企业日益民主和开放的特点，进一步对企业的人力资源管理提出了更高的要求：要求企业对员工的管理能够做到公平、透明，能满足员工参与管理的需求，从深层次上对员工进行更为有效的激励。

针对人力资源管理的变化趋势，结合人力资源激励战略的特点，在制定和实施人力资源激励战略时，应以最大限度地调动全体企业成员的积极性、实现企业的整体目标为标准。具体而言，人力资源激励战略的要求有以下几点：

1. 激励战略应与企业目标紧密结合

在实践中，目标的一致性对于企业而言有着积极的意义。人力资源激励战略是企业目标与个人目标的统一，这一战略能最大限度地激发员工的积极性，推动企业不断发展。

在构成激励战略的激励机制中目标的设置是一个关键环节。目标的设置必须体现企业目标的要求，否则激励将偏离企业目标的方向；目标的设置还必须满足企业成员个人的需要，否则将无法提高员工的目标效价，达不到满意的激励强度。如果企业目标与企业成员个人目标脱节，必将相互制约，不利于企业的发展。

2. 应做到物质激励和精神激励相结合

制定和实施人力资源激励战略应做到物质激励和精神激励相结合。物质激励和精神激励的结合，不仅表现在整个激励工作的全过程中，而且表现在每一次具体的激励行为中。

物质激励与精神激励具有不同的功能。它们相互补充，缺一不可。物质激励能够满足企业成员在物质利益方面的需要，能鼓励员工更关心自己的本职工作，对提高员工队伍的素质、促使企业发展有积极作用。实行物质激励，也是社会发展的重要目的。

随着社会生产的发展，人们物质生活日益改善，对精神利益的追求和需要也越来越迫切，精神激励在人力资源管理中的作用日益突出。精神激励能促使员工不断发展完善自己，能够产生强烈而持久的动机效应。从战略角度来看，要调动人们强烈而持久的积极性，仅靠物质激励显然是不够的，只有同时使用精神激励才能把外部刺激转化为员工的内在需要，有效地克服某些消极因素。

只强调精神的作用而不计较物质报酬，以及一切用钱来解决问题的做法均会挫伤企业成员的工作积极性。大多数调查统计表明，对员工有吸引力的因素主要包括所希望的薪酬、有意思的工作、保持本人好的工作声望、工作的重要性、有表现自己能力的机会、喜欢共同工作、有机会得到提升。这些调查结果充分反映出人们对物质和精神的激励都是需要的。

总之，物质激励是精神激励的基础，精神激励是物质激励的根本保证。在两者结合的基础上，制定和实施人力资源激励战略应逐步过渡到以精神激励为主。

3. 具有合理性

合理性要求激励战略的各种措施要适度，要根据所实现目标本身的价值大小确定适当的激励量。奖惩要公平公正，否则不仅收不到预期的效果，反而会造成许多消极后果。为此，制定和实施人力资源激励战略必须做到以下几点：

（1）激励的程度与被激励者的功过相一致，功过相一致是确保激励战略公平公正最起码的要求之一。

（2）标准的一致性，即在实际的管理过程中，赏罚均为一个标准；机会均等，即要为广大员工创造平等的竞争环境和条件。

（3）公平公正，即让所有的人处于同一起跑线，在过程中提供同样的条件和环境，结果用统一标准来衡量。

4. 确保公开透明

制定和实施人力资源激励战略应公开透明。这是保证激励积极有效，更好地调动企业成员积极性的重要途径。公开透明，也是人力资源激励战略公正的保证，没有公开就没有公平。企业在民主与公开化的过程中，自然会形成公平与公正的作风和机制，这反过来又推动了企业的民主化和公开化。企业在这一良性循环中能够不断取得能源和动力，从而推动自身不断向前发展。

人们在社会劳动中结成各种关系，由于不同的利益关系会产生种种矛盾，特别在薪酬发放过程中，实行公开透明，让员工了解激励的全过程，就容易消除因消息闭塞、封锁而产生的猜疑。而且，由于公开透明，先进者的思想和行为为大家所知，后进者的错误和不足为员工知晓，这样就能产生较强的激励力；激励中存在的问题和误差容易被发现和纠正，能保证其合理性。

5.严格把握时效性

制定和实施人力资源激励战略应严格把握时效性。即是说要把握激励的时机，激励越及时，越有利于将人们的激情推向高潮，使其创造力连续有效地发挥出来。把握激励的及时性，能充分调动员工的积极性，使员工的业绩能够达到最大化。在激励中，如果能够敏锐地察觉、巧妙地运用"时机"进行激励，往往激励的效果会倍增；否则，反应迟缓，优柔寡断，不但会错失良机，起不到激发人们积极性的作用，而且很可能把事情办糟。但是，及时激励并非单纯求快，及时的前提在于激励的正确、明确和准确。

6.注意正激励与负激励相结合

所谓正激励就是对员工符合企业目标的期望行为进行奖励。所谓负激励就是对员工违背企业目标的非期望行为进行惩罚。对于企业中各个团队和成员个人来说，正负激励都是必要而有效的，这有利于奖励先进，鞭策后进，调动大多数人的积极性。为此，在制定和实施人力资源激励战略时必须体现这一点要求。

7，按需激励

激励的起点是满足员工的需要，但员工的需要存在着个体差异性和动态性。因此，激励应因人而异、因时而异。只有满足企业成员最迫切的需要，即主导需要，激励的效果才明显，激励的强度才大。按需激励要求在制定和实施人力资源激励战略时必须深入地进行调查研究，具体问题具体分析，不断了解员工需要层次和需要结构的变化趋势，只有这样，才能使战略具有弹性，从而收到实效。

8.持续性和有效性

这就是说，所制定和实施的人力资源激励战略要使员工始终保持饱满的工作热情、旺盛的创造力。企业应通过战略的实施，对员工进行持续、有效的激励，充分发掘企业成员所蕴藏的潜力，从而推动企业的进一步发展。间断性的激励措施非但不能保持以前的激励成果，而且会严重影响到员工以后的工作态度。

9.注意短期激励和长期激励相结合

在制定和实施人力资源激励战略时，还应注意将短期激励措施和长期激励措施相结合，以避免企业成员的短期行为，尤其是长期激励措施的制定和运用，对于吸引并留住人才有重要作用。

由于同一激励手段的重复使用会降低其效用，因而不能将激励限于特定的类型。同时，同样的激励对不同的人而言效用是不同的。这也需要企业在制定激励战略的时候一定要留有余地，即具有一定的弹性，以便在员工的需求改变时能迅速地实施相应的激励，使员工的积极性不因激励措施的不当而有所减弱。这也是保持激励连续性的一个前提条件。

三、人力资源物质激励战略管理

绩效与薪酬是人力资源战略性激励机制的两个关键环节。战略性激励的基本工作内容，就是通过绩效考评，判别不同员工的劳动支出、努力程度和贡献份额，有针对性地支付薪酬、给予奖励，并及时向员工反馈信息，促使其调整努力方向和行为选择组合，使他们最大限度地利用其人力资源来实现企业目标。

（一）工资激励战略管理

1. 工资激励战略管理的重要性

薪酬是产生工作动机的媒介理想的薪酬制度能吸引有才能的劳动者进入企业工作，留住有利于实现企业发展战略目标的各层级员工，并能通过工资激励战略提高员工的工作绩效。

有效的员工绩效评价，是工资激励的基本依据。如果员工绩效评价流于形式，那么以此为依据评定工资收入高低，就会打击工作努力、业绩突出者的积极性，助长工作松散者的惰性，从而使企业陷于困境。而将绩效考评落到实处的一个重要措施就是"按业绩付酬"，因此，设计适合企业情况的薪酬体系对企业来说就显得非常重要。

工资作为薪酬的重要组成部分，是员工从事企业所需的劳动而得到的货币形式的回报，是企业直接支付给员工的劳动报酬。工资是保证社会再生产得以进行的必要条件，也是按劳分配主体原则的重要体现。

工资管理是现代人力资源管理的一项主要内容。在现阶段，工资仍然是企业员工收入的主要来源。所以，做好工资管理工作，特别是战略管理具有重要意义。工资管理的水平和效果，直接影响整个企业的经营和管理，关系到员工队伍的稳定和团结。因此，必须要有管理的灵敏性和动态化措施，以保障工资在激励过程中的作用。

2. 绩效工资的应用

（1）传统薪酬结构的变化。

从企业目前的薪酬结构来看，主要包括工资、奖金、长期资本收益及福利等内容。由于经济全球化的影响，许多公司越来越倾向于把薪酬与个人能力和业绩表现联系起来，弱化基本工资，而工资中体现业绩的部分增加。个人的工作能力、绩效在工资的组成结构中占有合理的位置，并成为个人工资提高的主要因素。

（2）绩效工资的含义。

绩效工资是依据员工个人绩效增发的奖励性工资。绩效工资制度的前身是计件工资，但它不是简单意义上的工资与产品数量挂钩的工资形式，而是建立在科学的工资标准和管理程序基础上的工资形式。

（3）绩效工资的基本特点。

绩效工资的基本特征是将员工的薪酬收入与个人绩效挂钩。绩效是一个综合的概念，比产品的数量和质量内涵更为宽泛，它不仅包括产品的数量和质量，还包括员工对企业的其他贡献。

与传统工资制相比，绩效工资制具有诸多优点：一是有利于员工工资与可量化的绩效挂钩，将激励机制融于企业目标和个人绩效的联系之中；二是有利于工资向绩效优秀者倾斜，提高企业效率和节省工资成本；三是有利于突出团队精神和企业形象，增大激励力度；四是有利于管理者与其下属之间加深沟通，增加员工的凝聚力。

但是，绩效工资制的效果依赖于绩效评估体制是否有效，如果绩效评估被认为是不公平的，那么以此为基础的绩效工资也必然是不公平的。这样绩效工资的激励效果就会大打折扣，因此，对员工绩效的准确评估和有效监督是绩效工资实施的关键。

（4）绩效工资的具体形式。

现在，企业常使用的绩效工资制有两种形式：一是绩效加薪；二是一次性结清加薪总额。

绩效加薪是将基本薪酬的增加与员工的绩效评价等级相联系的绩效工资制度。通常是在年度绩效评价结束时，企业根据员工的绩效评价结果以及事先确定下来的绩效加薪规则，决定员工在第二年可以得到的基本工资。一次性结清加薪总额是一种一次性支付的绩效加薪。这种形式的加薪总额不带入以后的年份，因此它具有以下优点：①由于一次结清了员工的绩效加薪总额，因此不会导致基本薪酬的增长，有助于控制工资成本；②具有更显著的灵活性，使管理人员在决定是否提高员工绩效加薪总额时有更大的伸缩余地。

（5）绩效工资的实施条件。

绩效工资的实施需要具备以下条件：

①工资范围足够大，各档次之间拉开距离。

②业绩标准要制定得科学、客观，业绩衡量要公正有效。

③有浓厚的企业文化氛围支持业绩评估系统的实施和运作，使之起到奖励先进、约束落后的目的。

④将业绩评估过程与企业目标实施过程相结合，将工资体系运作纳入整个企业的生产和经营运作系统之中。

同时，要想有效地调动员工的积极性，必须考虑以下几个因素：

①员工必须明了何种工作绩效将获得回报。

②员工必须拥有机会（工具、时间）去实现预期绩效。

③员工必须相信自己有达到所要求绩效目标必需的知识和技能。

④必须让员工相信，如果他们工作出色，企业将对他们进行金钱上的奖励。

⑤应让员工感觉到金钱奖励将会公平地分配。

此外，一些因素的存在，也使绩效工资制度的有效实施复杂化。第一，并非所有工作都适用绩效工资制。在那些工作目标难以确定或量化及个人工作难以区分的领域，绩效工资方案面临严峻的障碍。第二，某些企业文化与企业结构也不适用绩效工资的采纳。例如，那些以"团队""合作"精神为骄傲的企业经常发现，绩效工资制所内含的竞争性和个人主义规则与其理念相抵触。第三，一些外部因素，如工会的介入、法律限制或政治力量的介入等也可能阻碍绩效工资制的成功实施。

因此，在实施绩效工资为主的激励战略时，应顾全大局，因地制宜。

（二）奖金激励战略管理

1. 奖金的含义

奖金是一种补充性薪酬形式。奖励薪资也称奖金，它是根据员工超额完成任务或取得优异的业绩而计付的薪资。奖励薪资可与员工个人绩效挂钩，也可与群体（班组、科处室等）乃至企业相结合，其作用在于鼓励员工提高工作效率和工作质量。劳动者在创造了超过正常劳动定额以外的劳动成果之后，企业以物质的形式给予补偿，其中以货币形式给予补偿就是奖金。

2. 奖金的主要特点

（1）具有较强的针对性和灵活性

奖金有较大的弹性，它可以根据工作需要，灵活决定其标准、范围和奖励周期等，有针对性地激励某项工作的进行；也可以抑制某些方面的问题，有效地调节企业生产过程对劳动数量和质量的需求。

（2）弥补工资制度的不足

任何工资形式和工资制度都具有功能特点，也都存在功能缺陷。绩效工资也不例外，通过奖金形式可以进行适当的弥补。

（3）较强的激励功能

在各种工资形式中，奖金的激励功能是最强的。这种激励功能来自依据个人劳动贡献所形成的收入差别。利用这些差别，使员工的收入与劳动贡献联系在一起，起到奖励先进、鞭策后进的作用。

（4）将员工贡献、收入与企业效益有机结合

奖金不具有保证企业员工基本生活需要的职能，它既随着企业的经济效益而波动，又能体现个人对企业效益的贡献。例如，当企业经营效益好的时候，企业和员工的总体

奖金水平都提高，但个人奖金不一定与总水平同步提高，因为每个人的贡献是有差异的；反之，企业经营效益不变，总体收入水平下降，但贡献大的奖金收入不一定会下降，甚至会脱离总体奖金水平而提高。

3. 采用年度奖金进行短期激励

在进行奖金激励战略管理时，企业应当实行旨在激励其中、高层管理人员提高短期绩效的年度奖金计划。年度奖金总额通常随绩效的改变发生波动，波动幅度一般在25%左右。

年度奖金的实施通常要考虑以下基本问题：

（1）资格条件。资格条件通常可用以下三种方法之一来确定：第一种方法是关键职位。这需要对职位进行逐个评价以确定关键职位（通常是直线职位），这些职位对企业利益的影响是可以测算的。第二种方法是通过设定薪资水平值来确定资格条件。任何收入超过这个值的员工都有资格参加短期激励计划。第三种方法是可以通过工资等级来确定资格条件。它规定所有在某一工资等级或其上的员工都具备加入短期激励计划的资格。一般来说，高层管理人员奖金的数额较大。

（2）支付数额。确定资格条件后，接下来必须做出有关支付数额确定的决策——数额为多大是合适的。这可以通过几种办法予以解决。例如，有些公司采用非扣除法，即抽取固定比例（公司净收益）作为短期激励基金。有些公司则使用扣除法，这种办法是基于这样的假设：企业只有在其净盈利达到一定水平以后才会建立短期激励基金。在实际操作中，奖金应该占利润的多大比例并没有一个一成不变的原则。

（3）个人奖励的确定。通行的做法是先制定每个具备资格的职位的奖金标准，然后再依据实际绩效上调或下调其奖金，实际所获奖金最多可以是标准奖金的两倍。要制定每个管理人员的绩效标准，并对其所获奖金额进行初步估算。为此，要对短期激励基金的开支总额进行估算并同可用的奖金基金进行比较。如果有必要的话，再调整个人的奖金估算额。

高层管理人员的奖金通常与公司的整体状况（如果这位高层管理人员是一个主要部门的副经理，则同个人绩效）挂钩。这里蕴含的假设是：公司状况可以反映个人绩效。但如果仔细研究公司的管理层级，就会发现公司利润是测量某位管理人员贡献的精确指标。

大多数企业的中高层管理人员的奖金水平应同企业和个人的绩效相联系，如二分奖励法。这种方法是把奖金分为两部分，管理人员实际得到的是两种形式的奖金：一种以个人业绩为依据，另一种则以企业的整体绩效为依据。这种方法的不足是：对于绩效平庸的管理人员来说，因为其至少可以获得第二种奖金，即公司绩效奖金，所以他们的收入仍然过高。对此的一个解决办法就是使用复合法，奖金的确定要综合考虑个人绩效和整体绩效，只有个人绩效和整体绩效同时达到既定标准才能获得奖金。那么，一个绩效水平"低劣"的管理人员在企业整体绩效达到既定目标的情况下也可能得不到公司的奖金。

无论使用何种方法，要注意的基本问题是：无论企业的绩效如何，支付给绩效确实突出的管理人员的奖金应明显高于其他管理人员。在企业的激励制度之中，业绩突出的管理人员应获得相应的高额奖励；对于绩效水平恰好或略低于平均水平的管理人员而言，其奖励额应低于正常水平或平均水平；至于绩效低劣的管理人员，他们不应得到任何奖励，从他们身上省下来的奖金应发给那些绩效水平显著的管理人员。

4. 实施奖励的条件

要想使奖励发挥最大的作用，必须注意以下几点：

（1）奖励必须在目标行为结束时实施。换句话说，奖励必须视员工的行为而定。如果奖励在目标行为没有结束时实施，就会失去其激励作用。

（2）在实施奖励时，应看其结果是积极的还是消极的。积极的结果是员工所期望的，并能满足他们的需求。

（3）奖励的数量或规模对奖励的影响。一般来说，奖励的数量或规模越大，就越有可能在将来发挥作用。当然，奖励的数量或规模是相对的，对不同的人有不同的作用。同时，奖励也应具有一定限度，并非奖励面越广、奖励程度越高，其效果就越好。

（三）长期激励战略管理

长期激励计划的目的在于：为企业的长期发展和繁荣，激励和奖励管理人员，并使高层管理人员在决策时更注重长期观念。例如，如果依据短期标准，一位管理人员可能会为获利能力的短期增长而减少设备保养，当然，这种策略在三四年内会提高公司的绩效。长期激励计划的另一目标是：在企业长期成功发展的基础上，通过为高层管理人员提供积累财富（如公司股票）的机会，鼓励他们与企业共同奋斗。长期激励通常只用于中高层管理人员，其形式主要有员工持股和股票期权等。

1. 员工持股

（1）员工持股的内容

员工持股的最终目的是要调动员工的积极性，为员工也为企业创造更多的财富。标准的员工持股计划的主要内容应包括以下几方面：

①工作一年以上和年龄在 21 岁以上的员工均可参加。

②股份或股票分配以工资为依据，兼顾工龄和工作业绩。

③员工持有的股份或股票由托管机构负责管理。托管机构可以是公共托管机构，也可以是企业内部自己的托管机构。

④到了规定的时间和条件，员工持有的股份或股票有权出售，企业有责任收购。

⑤上市公司持股的员工享有与其他股东相同的股票权，非上市公司的持股员工对企业的重大决策享有发言权。

⑥政府给实行员工持股的企业以税收优惠。

员工所持的股份或股票，不到规定时间不得兑现，只有在规定时间届满后或离开企业、退休时才可转让持有的股份或股票（一般由企业收购）。但也有企业规定，员工在医疗、购房和支付教育费等特殊情况下，可以卖掉自己持有的股份或股票。

（2）员工持股激励的原则

设计和实施员工持股计划的目的是给员工的累计贡献以应有的回报，更重要的在于激励员工为企业做出更大的贡献。但是这种激励绝不是以持股换取积极性，用钱是买不到积极性的。何况持股成本是收不回来的，为此，应贯彻以下原则：

①必须有严格和规范的绩效考核制度

只有通过绩效考核制度加以甄别，才能明白员工对企业的贡献，并在这一前提下给予持股激励。

②必须有配套的约束机制

员工持股激励是基于约束的激励，是基于责任的激励，必须加强对持股对象、持股额、持股权力、持股责任等方面的控制，借以吸引、激励优秀的人才，留住人才。

③必须有足够的倾斜力度

员工持股并不表示全体员工平均持有股份，相反，员工持股必须拉开距离，否则又会走上内部员工股的老路。员工持股的激励力度之所以大于其他报酬形式，一是其回报的长期性，二是其回报的不确定性，三是其有足够大的倾斜力度。问题的关键是应该组合使用多种员工持股形式，拉开持股差距，即坚定不移地向那些为企业创造价值的部门和员工倾斜。

2. 股票期权

（1）股票期权的含义和内容

所谓股票期权，就是以一定价格给予公司员工在未来购买本公司股票的选择权，即在签订合同时给予员工在未来某一特定日期以签订合同时的价格购买一定数量公司股票的选择权。这样，企业员工的未来收益就与企业的发展保持一致，员工与企业共命运，实际上就是使"剩余所有权"与"控制权"最大限度地对应。因此，股票期权只能在股票增值和员工长期为企业工作的情况下才有意义。

高层管理人员希望利用这种期权，以现在的价格购买股票，并在将来获利。这里蕴含的假设是：股票价格以后会上涨，而不是下跌或停滞。然而，这部分地取决于高层管理人员不能控制的因素，如经济的整体状况。当然，股票价格受企业获利能力和利润增长的影响，高层管理人员在一定程度上可以影响这些因素，这样股票期权才能具有激励作用。企业利用股票期权，可以使员工长期留在企业工作。所以它被一些员工称为"金手铐"。股票期权制避免了由于利己动机和信息不对称造成的道德风险和逆向选择问题，与传统的以工资和奖金为主的薪酬制度相比，其激励效果更为显著。

股票期权的规定较为复杂，有特价期权，即股票的价格比市价高，员工必须工作一段时间，股票增值才能体现效益；优惠期权，即股票的价格低于市价，决定卖给员工那天股票已有盈利。与股票期权相联系的还有股票增值权，享受股票增值权的员工在股票增值的情况下，可以在规定期限内，付出现金，获得股票增值部分的收益。有关资料表明，国外金融界、网络界人员流动较频繁，采用股票期权的奖励办法可以留住人，所以股票期权已为这些企业所普遍采用。

（2）建立股票期权制度的必要性

实践证明，股票期权是一种行之有效的激励方式，各个国家纷纷引入这一制度，在全球排名前500强的大工业企业中，至少有89%的企业对经营者实行了股票期权制。股票期权制具有传统薪酬制度所不可比拟的优势。

①它有利于降低代理成本，促使经营者行为长期化。股票期权将公司的效益与经营者的预期收入结合起来，使经营者更加关注企业财务指标，降低运营成本，实现利润最大化；同时减少经营者在传统薪酬制度上追求自身利益的短期行为，更加注重企业未来的发展。

建立股票期权制度使企业中高层管理人员的灰色收入多、收入构成不合理的现象趋于消失。建立股票期权制度，使得中、高层管理人员权责分明，利益与风险成正比，极大地调动了他们的积极性，减少了不正常现象的出现。同时，这也成了企业中、高层管理人员的激励保障机制，形成了企业中、高层管理者对出资者的贡献相联系的制度化报酬体系。

②它是一种低成本的激励制度。许多企业所有者都有同感，无论企业出多高的价码，总有人会出更高价把企业想重用的人才挖走，出价过高又会影响企业经营成本，加重企业负担。

③股票期权制度是一种非现金激励方式，即使经营者行使权力时也是在公司的现金流动之外进行的，同时经营者拥有股票期权后较易接受低一些的薪酬。

④股票期权制也体现了现代经济中人力资本作为一种稀缺资源的价值，使经营者对"身价"有了一个判定，有利于高级人才市场的建立和职业企业家的培养。股票期权作为激励中、高层管理者的一种方式，其理论基础是人力资本理论，因为不管是普通员工还是中、高层管理者，他们其实都受雇于企业，都是企业的雇员，都有自己的需要，都需要激励。因而针对中、高层管理人员的股票期权制度，是建立在经济学中的"激励"

理论基础上的。建立股票期权制度为企业剩余所有权的转让提供了一条有效的途径。

国外一些咨询有限公司研究结果进一步表明：对于中层管理人员而言，股票期权是个简单的权宜之计；对于高层管理人员而言，却是简单明智的长期激励计划。

（3）分配股票期权应考虑的因素

①美国分配股票期权考虑的因素

美国是实行股票期权制度最为广泛而成功的国家，其分配股票期权时主要考虑的因素包括：

A. 业绩表现及工作的重要性。

薪酬委员会根据年度各员工的业绩和表现，结合各岗位工作的重要性，通过系统的业绩评价，决定授予的期权数量。

B. 职位。

从董事会主席、首席执行官到部门经理、普通员工，职位越高，期权越多。如惠普公司董事会主席持有激励性期权 10 万股，首席执行官 7.5 万股，普通工程师 1 万股左右，员工 2000 股左右。

C. 在企业的工作年限。

一般而言，在岗位和业绩表现同等时，在企业工作时间越长，所得到的期权数量会越多。

D. 企业留存的期权数量。

不同企业由于资本结构、成立时间不一样，所留存的期权数量也不同。一般来说，新上市的高科技公司留存的股票期权比较多，因而授予的数量也较多；反之，上市时间长的老公司较少。

E. 企业的其他福利待遇。

在美国，大型企业工资、资金及退休计划等福利待遇较好，工作稳定性较高，而股票期权数量较少；小型新创办的企业，工资、奖金及其他福利较差，发展前景不太明朗，而股票期权的数量较大。其中，业绩评价是最为重要的考虑因素。

②我国分配股票期权考虑的因素

近年来，我国许多地区和企业也进行了设定股票期权评价标准的尝试和探索。特别是沿海地区的一些企业，经过尝试和探索，取得了一些经验和教训。这些都是我国企业进行员工激励、推行股票期权的宝贵财富。

就目前已实施的股票期权制度而言，其股权分配主要依据以下几个指标：

A. 职务。

目前我国许多实施股票期权的企业授予范围还比较窄，大多集中在董事长、总经理一级。如北京市股权激励限于企业法定代表人，武汉市则针对董事长，上海市则是董事长和总经理。目前我国实施的股票期权方案中，职务所占比重最大。

B. 经营绩效。

如北京市股票期权制度是与经营期内企业净资产收益率挂钩的。企业需要达到一定的收益率其管理者才能获得期权。

C. 工龄、学历及其他因素。

（四）福利激励战略管理

1. 福利的含义和种类

福利是为了吸引员工到企业工作或维持企业骨干人员的稳定而支付的基本薪资的补充的若干项目，如养老金、失业金、退休金、午餐费等。从本质上讲，福利是企业给予员工的一种保障性质的薪资。

如果说高薪可以激励员工，那么福利则能更持久地激励员工；高薪是企业对员工的短期报偿，而福利才是企业对员工的长期可靠承诺。

根据福利本身是否涉及金钱或实物，我们可以简单地将之区分为经济性福利和非经济性福利，它们各自又包含丰富的内容。同时，考虑到保险是福利的重要部分，我们可以将福利体系分为如下三类：

（1）经济性福利

A. 额外收入：节假日加薪、节日礼物或优惠实物分配等。

B. 住房福利：以成本价向员工出售住房、房租补贴等。

C. 交通福利：为员工提供免费班车，为员工免费购买公共汽车月票等。

D. 餐饮福利：免费供应工作午餐，误餐补助，有员工食堂或伙食补助等。

E. 教育培训性福利：员工的脱产进修，短期培训，员工子女入托补助等。

F. 医疗保健性福利：免费为员工进行例行体检等。

G. 带薪休假：节日、假日以及事假、探亲假等的带薪休假。

H. 文化性福利：为员工祝贺生日，集体旅游，提供疗养机会，体育锻炼设施购置等。

I. 金融性福利：家庭特困补助，家庭红白事慰问金、抚恤金，为员工购买住房提供的低息贷款等。

J. 其他生活性福利：洗理津贴、服装津贴或直接提供工作服。

（2）非经济性福利

A. 咨询性服务：比如免费提供法律咨询和员工心理健康咨询。

B. 保护性服务：平等就业权利保护，如反种族、性别、年龄歧视隐私权保护等等。

C. 工作环境保护：比如实行弹性工作时间，缩短工作时间，员工参与民主化管理等。

（3）保险福利

保险福利包括企业缴纳应当由企业交纳的社会保险费用和为员工购买必要的商业保险。企业应当缴纳的社会保险费用包括：①员工意外伤害保险；②员工失业保险；③员工养老保险；④员工医疗保险、大病统筹等。

企业为员工购买的商业保险包括：①个人意外伤害保险；②个人财产保险等。

2. 福利的特征

与其他薪酬相比，福利具有这样几个特征：福利的项目或待遇标准一旦确定，就不大可能取消，因而福利水平比工资和奖金更稳定；福利中很多项目是免税的或者税收是递延的，这样员工获得可支配的收入会随福利项目待遇的增加而增加，无形中提高了税后收入；企业通过提供各种福利和保险待遇，获得诸如社会责任感强、关心员工等好的社会声望，同时也使员工对企业有一种信任感和依恋感，自发忠诚地为企业工作。

3. 福利的激励作用

福利的激励作用主要体现在以下方面：

（1）完善的福利制度可以满足和保证员工生活工作的需要，解除员工的后顾之忧，因而可以调动员工的积极性，提高其工作效率。

从战略角度考虑，改善福利措施与高工资、休息日多，并称为三大法宝。在日本，首先，对员工最重要的是企业能够资助住房。一些大企业扩大了以员工为对象的住宅融资网，以3%的利率借给管理人员3000万~5000万日元，这比银行的住宅贷款5.5%的利率低得多。另外，企业还利用本身所拥有的不动产来改善员工的居住条件。原先员工独身宿舍有不少是简易的木结构，有的是2人同室或3人同室，这种状况只会使年轻人厌恶。现在已经有了用电脑管理的单身宿舍了，住在那里的员工都由电脑来控制，只有持宿卡的人才能进去，私生活绝对保密，安全上也完全保证。

在这三大法宝中，中小企业最不愿花费资金解决的就是福利措施。但是，如果站在员工的角度来看，他们要长期在这家企业工作，最关注的就是福利措施。提高工资和增加休假日，都好解决，而员工住宅和单身宿舍则与公司的房地产密切相关。提高福利待遇，能够使员工无后顾之忧，能够促使员工心情愉快地投入到工作中去。

（2）可以激发员工的进取心，企业福利搞得好可以提高企业声誉，也能吸引更多更好的人才加盟，这可以激活企业的创造性和动态性，这样的企业必然会营造出积极向上的竞争氛围。

（3）有利于增强企业内部的协作精神，由于全体员工都享受到了充分的福利，这可以减少由于薪资不同而造成的差别感，从而减少员工之间的利益摩擦，和谐员工之间的人际关系，增进全体员工之间的集体感和团队意识。可见，福利的激励效果持久而彻底。

4.设计有效的福利制度

福利费用和薪酬一样也是公司的一项人事成本，福利好，薪资差，员工不满意；相反，薪资好，福利不好，员工还是有抱怨。因此，如何安排好薪资与福利的支出比例以及如何安排好福利的支出结构，也是一门大学问。

传统的福利计划对员工提供统一的福利，这样员工能做的只是接受这道"菜"，不管它是不是对自己的胃口。而且员工会认为，反正这是免费的。这在一定程度上，不仅不会让福利发挥出必要的激励作用，而且可能会引发员工的抱怨。要想改变这种状况，就需要设计具有弹性的自助福利制度，以便将经费公平地分布到每个人，并且项目又顾及大家的需要。

弹性自助福利计划最大的特点是富有柔性，并能体现参与精神。员工参与到了企业的福利计划的设计，可以增强员工对企业的认同感和主人翁意识。这样，企业的凝聚力就会大大增强，从而激发员工的积极性和工作热情。

在弹性自助福利计划中，企业提出一份供选择的福利清单，清单的内容包括福利体系的全部或者一部分项目。该计划允许企业员工在一定要求下，选择清单上所列的全部福利，或者是其中自己最感兴趣的部分。参与该项计划的员工可以在一种福利的不同等级之间，也可在多种不相同的福利之间进行选择。例如：单身汉不选择儿童保健，但可选择附加养老金福利；夫妻双方可以选择不同的福利项目，比如一方选择子女保健，一方选择住房或休假。

由于弹性方案的实施允许员工把所得到的福利收入花在他们自己愿意接受的地方，因而自助餐式福利方案成本要低得多；让员工自己选择，自己衡量，自己打算盘，他们会逐渐清楚他们所享受的福利（特别是保险）值多少钱，有利于强化福利的激励作用。

另外，弹性自助福利计划能够帮助企业管理者加强对福利成本的有效管理，许多企业开始使用弹性自助福利计划将福利开支直接与企业盈利能力和实际福利成本联系起来，并在给予员工自助福利时，根据员工的业绩来决定其可以得到的福利总金额，从而使弹性自助计划真正成为可以有效激励员工的福利方案。

如果福利制度中，所设计的项目只满足少数一些人的需要，让大部分的员工认为，福利并不是大家都享受得到的，这样的福利制度得到的认同就比较少。并且，薪酬高到某种程度之后，员工拿自己跟别人比时又会以福利为比较项目。所以，如何让公司的福利项目增多，一方面要满足员工的需求，另一方面要兼顾费用的支出，这就是设计自助餐式福利制度的主要目的。

5. 福利管理方式的创新

深得人心的福利比高薪更能有效地激励员工。现代社会福利管理，已经转变了传统管理的旧模式，将福利管理纳入企业目标和企业人力资源的开发，并与员工的薪酬管理形成一个有机的报酬管理体系。

（1）变化特征

福利和服务在许多企业内统称为福利性工资，包括带薪休假、人寿保险、教育计划、医疗保险和服务、儿童福利以及员工的一些生活娱乐服务等等。

福利管理是一个越来越受到重视的问题，原因在于：一方面，许多国家的法律规定企业必须做出整体的福利计划；另一方面，企业为加强对员工的激励，也把提高福利水平、加强福利管理作为调动员工积极性的重要措施。根据美国 1995 年的调查：有 97% 的大中型企业和 69% 的小型企业提供健康保险，同时提供补充健康福利计划；还有 25%~40% 的企业提供视力保健计划；50% 左右的企业提供医疗药品计划；55% 左右的企业提供健康资助计划及保健教育计划，等等。大部分企业提供各种形式的养老保险计划。随着福利类型的增多，福利开支已成为员工收入的一个重要组成部分，而其趋势还在上升。但是在员工福利管理中，也普遍存在一些令人担忧的问题。例如，福利开支加大了企业成本，许多经营状况不佳的企业已经实施"成本抑制"计划，其中一项重要措施是削减福利开支。一些企业的雇主和员工都没有对福利进行科学的预算和管理，造成福利成本上升、效率低下的现象。此外，改变福利的均等性质问题也越来越引起管理人员的注意，福利不再强调它的"人人有份儿"，而是与员工的业绩更紧密结合起来。

（2）管理创新

现代企业在福利管理上也不断地进行改革和创新，主要做法包括：

①创建"一揽子"薪酬福利计划

许多企业不再将薪酬与福利管理分成互不搭界的两项管理工作，而是成为一个有机的组成部分。两种手段互相配合，共同围绕企业目标运转。例如，一些工资适宜货币化，就采用货币支付的方式；反之就采用非货币即福利支付的形式。对一些奖励性报酬，可以采取货币与福利并用的方式。

②降低福利成本，提高效率

为提高福利服务效率，减少浪费，许多企业也进行了一些改革，以严格控制福利开支，提高福利成本的使用效率。比如：兴办员工合作医疗，弥补健康保险的不足；通过其他的福利计划诱导员工降低对健康保险的兴趣；通过增大企业对门诊治疗费用的支付比重，降低员工的住院比例。

四、人力资源精神激励战略管理

物质激励和精神激励是两种内容不同的激励方式，两者相辅相成，互为补充，缺一不可。随着人类社会的进步，人们的生活水平日益提高，人们在物质生活方面的需求不断得到满足，高层次的需求日趋强烈，精神激励也日渐成为人力资源激励的主要形式。

人力资源精神激励是十分重要的激励手段，它通过满足员工的自尊、自我发展和自我实现的需要，在较高层次上调动员工的工作积极性，其激励深度大，效果维持时间长，其主要形式有荣誉激励、参与激励、培训激励、目标激励等。

1. 荣誉激励法

荣誉激励是一种高层次的激励方式，这是根据人们希望获得尊重的心理需要，对于那些为社会、为集体、为企业做出突出贡献的人，给予一定的荣誉，并将这种荣誉以特定的形式固定下来。这既可以使荣誉获得者经常以这种荣誉激励自己，又可以为其他人树立学习的榜样和奋斗的目标。因而荣誉激励具有强大的社会感召力和影响力，能使企业具有凝聚力、向心力。

荣誉激励的具体做法主要是通过企业内部的文件通报、报刊、会议、墙报、广播等方法，对员工先进事迹进行表扬。其内容一般是企业对其下属部门单位或个人授予一种荣誉称号，对一段时间的工作给予全面肯定，对某一方面的突出贡献予以表彰。

领导给员工意想不到的荣耀，会使员工格外地兴奋，因为他们感到自己得到了领导的关爱。这种非同寻常的关爱会给他留下刻骨铭心的记忆，使他终生难忘。给员工意想不到的荣耀可以用来表达自己对员工的器重、赏识和厚望，以此来达到凝聚人心的目的。

给优秀的员工授予值得炫耀的荣誉，就是采取一种方式给他们带来一种极大的荣誉感和自豪感，当他们得到这种奖赏后，会感到极有面子，为了维护这种面子，同时也为了回报给他面子的人，他必定像以前一样，甚至比以前更加勤奋地工作。这也正是奖励的本意。

对优秀的员工授予值得炫耀的荣誉，是许多聪明的领导者都曾采用过的管理方法，以这种方法激励自己的员工，屡获成功。

2. 情感激励法

情感是人们对客观事物所表现出的一种感觉的态度。它能反映出人们对事物作用后的好恶倾向。情感在人类的生活中起着巨大作用。人的任何认识和行动，都是在一定的情感推动下完成的。积极的情感可以焕发出惊人的力量去克服困难，消极的情感则会大大妨碍工作的进行。情感激励的形式多种多样，从帮助员工解决生活与工作上的实际困难到促进他们积极上进，努力提高自身素质实现职业发展计划。也就是所谓"人情味"

的管理，能够形成一种团结和谐、上下级之间感情融洽的氛围。这是一种比什么都重要的力量，它可以大大推动工作进展，促进工作效率提高。

3. 目标激励法

（1）目标激励的含义

目标激励，也可称为期望激励，就是企业为员工确定适当的工作目标，诱发员工的动机和行为，达到调动员工积极性的目的。目标具有引发、导向和激励的作用。企业管理者可以通过启发员工对高目标的追求，激发其努力奋发向上的内在动力。

（2）目标与激励的关系

在人力资源管理中，目标就是企业、群体和员工个人要努力达到的预期结果。这种预期结果通常可以用一系列数量指标来表示。比如某石油企业的目标是 5 年之内进入全国 50 强企业的行列。这是企业的总体目标，企业的各分支团队和个人也有与这个整体目标一致的具体目标。目标一旦确定并得到企业上下的认同，它就会产生激励作用，引导企业行为、分支团队行为和个人行为朝着既定的目标努力。目标有利于激励企业和个人行为，目标之所以能够对企业和个人产生激励，主要原因是目标已成为企业或个人奋斗和努力的方向。

（3）运用目标激励应注意的问题

①所定目标必须有适当的高度。这个适当的高度就是既需要人们付出一定的努力，又需要人们在努力后确实能够达到的高度。如果员工认为目标太高，难度太大，因而对实现目标缺乏自信心，目标就不能产生激励；如果员工认为目标太低，目标也就没有鼓动性了。

②所定目标必须贴近员工的预期愿景。如果所定的目标离员工的预期愿景过远，尽管领导者十分强调这个目标的重大意义、深远影响，但员工总感到这种目标与自己无关或关系不大，甚至认为这种目标仅仅是领导者个人的利益，那么这种目标就没有什么感召力。

③所定目标必须包含个人的目标。企业的大目标能否具有强大的感召力，不仅在于它定得是否得当，是否代表了员工的要求，而且在于它是否涵盖了员工的小目标。在现实社会中，员工的兴趣、爱好和追求是客观存在的，是否定不了的。如果领导者承认个人目标的合理性，并将其与企业的目标统一起来，这样的个人目标就会成为促进企业目标实现的强大动力。如果盲目地排斥个人的目标，把它们与企业目标截然对立起来，就会严重挫伤人们的积极性。

4. 晋升激励法

所谓晋升，就是企业的领导者将员工从现有岗位提拔到新的较高的岗位，同时赋予他与职务相符的权力和责任。

在现代企业中，无论是优秀的管理者，还是科技创新的优秀者，都可以根据实际情况晋升到更高职位来激励他们的工作热情。

（1）晋升员工遵循的两个原则

提拔员工应当遵循两个原则。第一个原则是称职。一个员工是否应该提升，关键看他是否能胜任将要从事的新职务。能够说明这一点的，唯有他在现有职务上所取得的实际工作绩效。只有胜任现有职务并确实获得成绩者方可予以提升。这一原则是"德才兼备"标准和"量才任职"原则的延伸和具体化。坚持这一原则，才能避免"任人唯亲""唯派"等错误倾向，从而才能真正实现量才任职。当然，现有工作成绩不可能保证在更高的职位上仍然一如既往，甚至会提过了头，发生所谓"彼得原理"效应。但如果不让其尝试一下，就永远无法知道他究竟能否胜任。况且任何职务都不应该实行终身制，不适合的还可以随时撤换。第二个原则是适时。对于确有较高才能的员工，应该及时地把他们提拔到更为关键性的岗位上来，让他们得以尽早地、充分地发挥才干。这样才能早出人才，快出人才。有了优异人才而迟迟不重用，不仅对事业和员工无益，而且在当今人才可以自由流动的条件下，也留不住那些真正有才能的人。因此，员工晋升管理过程中领导者应当具有高度的责任心，做好每一个环节的工作。

（2）晋升员工的两种方式

提拔员工的基本方式有两种：一种是"阶梯式"，即从基层工作做起，一步一步地逐渐提拔到较高的职位；另一种是"跳跃式"，即跃过一系列中间环节，从某一较低职位直接提拔到某一个较高职位。这两种方式各有长处和短处，可以根据工作的需要而加以灵活运用。按照阶梯式提拔员工，可以使其在不同层次和岗位上积累全面、丰富的经验，能力稳步提高，还可以有充分的时间和机会进行观察和考核，故选人会准些，风险也会小些，但却容易滋生和助长论资排辈、因循守旧的思想，压制人才，使事业发展失去活力。按照"跳跃式"提拔员工则是破格选用人才、迅速更新员工队伍，使事业发展永葆活力的一条重要措施。

作为现代企业的领导者要善于发现人才，把他晋升到合适的位置，用晋升的方法来激励员工努力工作。采用晋升的激励方法可使企业的领导者变得更加完美无缺，使用能力非凡的员工，将使他与企业领导者之间发生有益的互补共振效应，产生思想互补、个性互补、见识互补，从而极大地提高和增强领导者的实力，使本来并非十全十美的领导者，无形之中变成了一个神通广大，无所不能的完人。采用晋升激励，"廉价"获取员工对自己的"忠心"。

5.尊重激励法

尊重是人的基本情感需要，尊重可以激发人的自信心。企业管理人员与员工之间的相互尊重是一种强大的精神力量，它有助于员工之间和谐，有助于企业团队精神和凝聚力的形成，有助于激发员工参与管理的积极性。尊重激励法的操作要注意：

（1）为员工参与民主管理和决策提供有利条件，建章立制，激发员工当家做主的热情。

（2）尊重员工的地位，采用民主管理方法，集思广益。

（3）尊重员工的人格，包括员工的价值观念、需求期望、性格爱好、生活方式、习惯等。

6.参与激励法

（1）参与激励的含义

员工参与不再是一个简单的提法或管理方式，它已经成为一个包含一系列方法的、内容广泛的词。员工参与管理是企业为了发挥员工所有的潜能，为了激励员工对企业成功做出更多努力而设计的一种参与过程。

现代员工都有参与管理的要求和愿望，创造和提供一切机会让员工参与管理是调动他们积极性的有效办法。让员工参与管理，是人本管理思想的体现。它既是员工满足自尊和自我实现需要的途径，也是企业开发人力资源潜能，获得员工有价值知识的形式，可以增强员工对企业的归属感和认同感。许多研究者都认为，有效的员工参与会增加员工的自主性，加大他们对工作生活的控制力度，从而提高员工的工作积极性，对企业更忠诚。

（2）参与激励的方式

①征询员工意见

征询意见是指要倾听对方的心声，要让对方畅所欲言，要让对方敢于说出心里话。同时应兼顾两个方面的内容：如何改进工作，如何改善生活。意见的形式可以是书面的，也可以是口头的；可以以团体集会的形式征询员工各自意见，也可以一对一地个别沟通。

②与员工进行沟通

双向沟通是当今一个比较流行的话题。这里所说的双向沟通，主要是指双方态度的交流。

7.培训激励法

（1）培训激励法的含义

培训激励法是指采用提供培训和再教育机会以激励员工积极性的方法。知识经济的特点是知识更新的速度不断加快，员工的知识结构不合理和知识老化现象日益突出。虽然员工在实践中不断丰富和积累知识，但仍需对他们采取各种形式的培训激励措施，充实员工知识，提高工作适应能力，以获得进一步的发展条件，满足自我实现的需要。

（2）培训激励的具体措施

培训是一项重要的人力资源投资，越来越多的企业也非常重视培训工作。但要想使培训成为一种有效的激励因素，就应使一些有吸引力的培训项目变成奖励，通过员工的参与来激励员工。为了更好地发挥培训的激励作用，许多企业设计出一些与培训相关的奖励措施。比如：送优秀员工参加一个带有旅游性质的培训班；业绩优良的员工去外地参观著名企业；鼓励员工利用业余时间进修学习，并对成绩优异者给予奖励；让一些有培养潜力的员工参加专门为经理举办的管理培训班；定期选拔优秀员工出国考察等。

培训是一项投资，也是一项福利。但是如果想让培训发挥出必要的激励作用，那么，还要尽可能地使培训成为一种人人都渴望的奖励。

8. 职业发展激励法

马斯洛的需要层次理论认为，物质需要是人类较低层次的需要，而自我实现才是人的最高层次的需要。职业发展属于满足人的自我实现需要的范畴，因而会产生更大的激励作用。员工职业发展阶段大致如下：

（1）探索阶段。探索阶段指初就业期，员工发现和形成自己的需要和兴趣，为进行实际的职业选择打好基础。这个阶段从参加工作起，一般到 28 岁左右，具体时间长短根据员工个人知识掌握程度、学历不同而有所不同。这个阶段中，员工个人在探索性地选择自己的职业，试图通过不同的工作或工作单位而选定自己喜欢、适合自己并将长期从事的职业。这段时期，员工希望经常调换不同工作的愿望十分强烈。

（2）尝试阶段。判断自己当前的职业是否合适，不合适，会有调整的需求。这个阶段大体上在 28~40 岁。这个时期，首要的问题是确定自己的职业方向。中国有句古话"三十而立"，这里我们可以将立业理解为选定职业方向。员工个人立业之后，十分关心自己在工作中的成长、发展或晋升。这个阶段，员工应该知道自己的贡献在企业中什么地方、什么岗位，对待问题也趋于比较理智、客观。

同时，这个阶段的员工是最有追求、最有抱负的，他们投入的多少将成为日后成就的基础。对于一些机遇较好的人来说，这个阶段，也是最能出成绩的阶段，甚至是整个职业生涯的高产期。

（3）职业确立阶段。此阶段员工发展目标明确，实现期望的动机较强，企业应给予重视。这个阶段一般在 40~55 岁。处于这一阶段的员工根据个人志向、以前的发展基础、机会的多寡会渐渐细分为两个方向。

一部分有希望更大提升的人或专业技术大大提高的人，开始追求自己职业生涯的高峰期，比如企业高层管理者和专业技术专家等。

另一部分机会较少、个人志向一般的人，开始将注意力转向家庭生活与企业活动，专业发展停滞不前。这种现象有时被企业称为"中年职业危机"。

（4）职业守成阶段。员工接近退休年龄阶段，员工发展的需求期望度相对降低。鉴于职业发展阶段的特点，企业要做的工作是强化、促进员工的行为动机，引导员工职业发展目标与企业目标保持一致，帮助员工实现需求期望，从根本上调动员工积极性。这是职业生涯的最后阶段，从 55 岁左右到退休。大多数人对成就和发展的期望减弱，而希望维持或保留自己目前的地位和成就，开始注重做一些有意义的事。当然，也有一部分人依然保持向上发展的势头，特别是一些专业人士。

职业发展规划作为员工职业生涯设计的一个子系统，它是规划一个员工职业生涯的程序。通过职业规划，把员工个人的发展与企业的发展结合起来，使两者的利益在发展过程中能够共同实现，对满足员工的需要和激发员工的积极性与创造性有重大作用。

参考文献

[1] 郭云贵，黄艳艳，魏珂，等 . 人力资源管理专业毕业生就业素质模型的构建：基于 435 则招聘启事的统计分析 [J]. 吉林工程技术师范学院学报，2022, 38(5)：6.

[2] 何陆坦 . 人本管理在医院人力资源管理中的运用 [J]. 中国产经，2022(16)：2.

[3] 王玉梅，熊莉娟，李凌，等 . 一种基于 Django 架构的医院人力资源管理方法及系统：CN202210451158.5[P]. 2022.

[4] 杜佳庚 . 绩效考核措施在医院人力资源管理中的运用价值研究 [J]. 首席财务官，2023, 19(4)：3.

[5] 李涛 . 大数据时代企业人力资源管理模式创新研究：评《大数据背景下企业人力资源管理研究》[J]. 领导科学，2023(1)：1.

[6] 柳宏海 . 新形势下我国发电企业人力资源管理面临的挑战和对策 [J]. 企业管理，2022(S1).

[7] 杜艳华 . 发挥人事档案信息在人力资源管理中的作用 [J]. 兰台内外，2022(11)：13-15.

[8] 胡博 . 跨国企业人力资源管理中激励机制的应用研究 [J]. 经济技术协作信息，2022(28)：60-62.

[9] 张建民，顾春节，杨红英 . 人工智能技术与人力资源管理实践：影响逻辑与模式演变 [J]. 中国人力资源开发，2022, 39(1)：18.

[10] 喻欢，王林，王欢 . 企业经济发展与人力资源管理对自然生态环境的改善与优化 [J]. 环境工程，2022, 40(2)：1.

[11] 刘媛媛，李恩平 . 煤炭企业员工绿色行为激发：环境价值观与绿色人力资源管理的作用 [J]. 中国矿业，2022, 31(6)：8.

[12] 缪明 . 关于公立医院人力资源管理的人才引进与培养探究 [J]. 中国卫生标准管理，2022, 13(17)：87-90.

[13] 刘芷溪 . 国际组织人力资源管理相关理论与实践：评《国际组织人力资源管理概论》[J]. 国际经济合作，2023(1)：1.

[14] 刘美霞 . 饲料企业强化人力资源管理的意义：评《人力资源管理》[J]. 中国饲料 , 2022(7)：153-153.

[15] 岳秀红 . 双因素理论在饲料企业人力资源管理中的应用 [J]. 中国饲料 , 2023, 1(8)：90-93.

[16] 李根强 , 于博祥 , 孟勇 . 发展型人力资源管理实践与员工主动创新行为：基于信息加工理论视角 [J]. 科技管理研究 , 2022, 42(7)：8.

[17] 王莉 . 基于员工视角的人力资源管理与组织绩效关系探讨管理方面 [J]. 今商圈 , 2022(17)：145-148.

[18] 黄灵肖 , 李璐 , 罗桢妮 . "去编制化"背景下深圳市新建公立医院人力资源管理 SWOT 分析 [J]. 中国医院 , 2022(7)：26.

[19] 赵晨 , 林晨 , 周锦来 , 等 . 变革人力资源管理与领导行为对组织创新的组态效应 [J]. 科学管理研究 , 2023, 41(1)：8.

[20] 阮晓敏 , 肖顺春 , 钟娜 , 等 . 一种人力资源管理用人脸识别打卡装置：CN202220846779.9[P]. 2022.

[21] 孙凯洁 , 曲颖 , 黄宇 , 班志森 , 张华宇 , 罗涛 . 基于人力资源成熟度模型搭建医院人力资源管理体系研究 [J]. 中国医院 , 2022, 26(3)：65-67.

[22] 刘华 . 电力企业人力资源管理问题及对策 [J]. 中文科技期刊数据库 (全文版) 工程技术 , 2022(2).

[23] 张雯雯 . 战略人力资源管理对公司绩效的影响及建议 [J]. 经济学 , 2022, 5(6)：4-6.

[24] 王悦莹 . 浅论企业战略视野下的人力资源管理 [J]. 现代管理 , 2023, 13(4)：4.

[25] 熊军 . 企业人力资源管理信息化的应用研究 [J]. 中国管理信息化 , 2022, 25(4)：3.